博瑞森图书 BRACE

企业阅读 本土实践

管理·人文·生活

新零售新终端

NEW RETAIL TERMINAL

迪智成咨询团队 ◎ 著

中国青年出版社

律师声明

北京市中友律师事务所李苗苗律师代表中国青年出版社郑重声明：本书由著作权人授权中国青年出版社独家出版发行。未经版权所有人和中国青年出版社书面许可，任何组织机构、个人不得以任何形式擅自复制、改编或传播本书全部或部分内容。凡有侵权行为，必须承担法律责任。中国青年出版社将配合版权执法机关大力打击盗印、盗版等任何形式的侵权行为。敬请广大读者协助举报，对经查实的侵权案件给予举报人重奖。

侵权举报电话

全国"扫黄打非"工作小组办公室	中国青年出版社
010-65233456 65212870	010-50856057
http://www.shdf.gov.cn	E-mail: bianwu@cypmedia.com

图书在版编目（CIP）数据

新零售 新终端/迪智成咨询团队著. —北京：中国青年出版社，2019.1
ISBN 978-7-5153-5488-0
Ⅰ. ①新… Ⅱ. ①迪… Ⅲ. ①零售业－商业经营－研究 Ⅳ. ①F713.32
中国版本图书馆 CIP 数据核字（2019）第 010559 号

新零售 新终端
迪智成咨询团队 / 著

出版发行：	中国青年出版社
地　　址：	北京市东四十二条21号
邮政编码：	100708

责任编辑：	刘稚清
封面制作：	仙　境

印　　刷：	河北宝昌佳彩印刷有限公司
开　　本：	710×1000 1/16
印　　张：	16.25
版　　次：	2019年4月北京第1版
印　　次：	2019年4月第1次印刷
书　　号：	ISBN 978-7-5153-5488-0
定　　价：	118.00 元

自从马云先生2016年10月提出"新零售"概念,时至今日已经近两年时间。在这两年里,不乏优秀企业展开各种营销创新活动,实践、诠释"新零售"。同时,也不乏学者、专家及工商界人士从不同侧面对"新零售"进行了各种解读。此次,迪智成企业管理咨询团队基于十几年的企业管理咨询服务经历、经验及十几年来对众多行业的持续跟踪研究,加上对各行各业实践"新零售"的优秀企业的最佳实践的解读,系统梳理了"新零售"各类实践活动,从而提炼出我们对新零售的系统认识,包括新零售的基本思想、实践原则和系统实践方法,力求能够为有志于对自己企业的营销战略、营销模式进行创新、升级,谋求更优客户价值体验及更优运营效率的企业家提供一套实用的"新零售"战法。

本书共分为8章,附加1个附录,围绕新零售背景下的"企业营销战略、营销模式创新及升级"这一主题,对新零售的思路和"打法"展开系统论述和探讨。从解读新零售崛起的历史背景、商业条件、竞争环境、结构优势入手,再依次分七个方面展开——新生代消费者的本质特征、终端建设提升方向、终端建设场景化、终端促销创新、终端服务、终端运营管理、终端建设的厂商协同。

以往关于"新零售"的书籍，大多就新零售本身进行论述，我们撰写的《新零售　新终端》第一次将新零售的系统打法做了梳理和提炼，并将新零售的系统打法落地在"新终端建设"上，让新零售这一看似形而上的商业概念有了可以落地的立足点，即新终端建设是企业实现新零售转型和实现新零售价值体验的抓手。

与以往不同，我们打破了单人撰稿的传统做法，本次全书正文8个章节分别由8位资深咨询顾问分著。第一章由迪智成首席咨询顾问程绍珊老师对全书整体思路、脉络、要点进行综述，后7章，分别由对应领域最资深的咨询顾问撰写，保证了每章内容都是由最资深的作者贡献内容。

关于终端建设，涉及方方面面的工作，大到企业战略的表达，小到一分一厘费用的支出。本书不求事无巨细，而是强调对打造新终端的最本质、最核心的要点进行深度剖析和生动呈现。书中内容既包括新终端建设基本原理、基本原则的提炼，也包括实践新零售的优秀企业的最佳实践的案例展示和剖析，力求将新零售、新终端建设的精妙打法深入浅出地呈现给读者。

另外，在全书结尾，我们采取了一种开放式的方式，向网友征集了对新零售、新终端未来发展态势和呈现样貌的设想，并进行了精选、精编，也一并呈现给读者，供大家开阔思路。

关于新零售、新终端的探讨，我们仅希望以此书作为抛砖引玉之作，引起社会各界朋友的兴趣，希望能有更多的朋友与我们进行更充分的探讨，一起探索新时代背景下营销战略、营销模式创新的各种可能性。

最后，欢迎大家随时与我们联系、交流，希望我们共同成长，日益精进。

范保禄

2018年8月

目录

第一章 "新零售"崛起下的营销创新

一、新零售崛起的背景 / 003

二、新零售带来的新价值体验及效率提升 / 006

三、传统营销模式加速失效 / 010

四、营销战略与模式升级成为必然选择 / 011

五、案例：孩子王用"三板斧"脱颖而出 / 022

第二章 解读新生代消费者

一、从最近10年企业盛衰看新生代消费者 / 029

二、新生代消费者的消费价值观 / 033

三、新生代消费者的价值"导航图" / 040

四、以"场景"为核心的新生代传播策略模式 / 047

第三章 终端建设的提升方向

一、传统终端运作中的困境及原因 / 051

二、新零售时代营销的创新方向 / 054

三、终端布局的全渠道、立体化趋势 / 056

四、终端建设的场景化策略 / 059

五、终端促销的娱乐化策略 / 062

六、终端服务和终端运维的策略 / 064

七、建立厂商一体化的终端协作体系 / 066

第四章 终端建设的场景化

一、终端场景化的概念和设计逻辑 / 071

二、终端场景化的具体落地 / 075

三、终端形象与氛围"场景化"的五大策略（上）/ 082

四、终端形象与氛围"场景化"的五大策略（中）/ 089

五、终端形象与氛围"场景化"的五大策略（下）/ 097

第五章 终端促销创新

一、不忘初心 / 108

二、系统规划促销活动 / 111

三、塑造终端促销的六个维度特征 / 113

四、从关注到购买的动销实现路径 / 126

五、"被动"促销——从行为入手的隐性促销设置 / 130

六、促销外围资源联动——跨界合作，同业、异业联盟 / 131

七、高效推进和持续进化 / 133

第六章 终端服务的"情感化"

一、终端服务提升的基本导向：情感化 / 141

二、终端服务情感化的内容和形式创新 / 146

三、终端服务情感化内容和形式的创新方法 / 155

四、终端服务情感化内容和形式创新案例 / 159

五、终端服务情感化的发展：客户关系深化 / 163

六、终端服务情感化的拓展案例 / 168

第七章 新终端运营管理的升级

一、新终端特点及运营管理要点 / 180

二、新终端建设对品牌厂家提出新的要求 / 184

三、新终端运营管理体系的升级方向 / 186

四、新终端运管职能发育及流程优化 / 189

五、终端营销团队的建设与提升 / 194

六、智慧终端运营管理——欧珀莱化妆品
终端运营管理升级 / 199

第八章 厂商协同下的新终端建设

一、新零售给渠道商带来的挑战和机遇 / 209

二、新零售是营销动作逐步下沉的结果 / 213

三、渠道商如何参与新零售 / 215

四、厂家如何协同渠道商做好新零售 / 220

附录

未来新零售畅想 / 229

新零售发展的未来 / 230

智能化客服端 / 231

未来世界的超级综合体 / 232

第一章
「新零售」崛起下的营销创新

☞ 程绍珊

一、新零售崛起的背景

"新零售"概念被马云、雷军及刘强东等为首的互联网企业大佬提出后,很快得到国内工商界的普遍认同和响应。不管是互联网化的新型企业还是传统企业,都一致认同和点赞,有些进取心强的企业积极行动,开始了很好的营销创新尝试,同时关于"新零售"的各种理论及实践模式都在不断推出和更新。这种各类企业高度一致、相向而行的情形是近年来难得出现的,以往一个市场趋势判断或一种商业模式的推出,大家往往众说纷纭、各执一词。(如"互联网颠覆""互联网+""+互联网"等概念的提出)这主要是因为大家对"新零售"出现的时代背景和市场表现出的变化趋势,有高度一致的认识和切身的体会。

至于什么是"新零售"及其典型做法,在各类网站和课堂上都不断在讲述,几乎成为"常识"。我们就不再重复了,而是重点揭示其产生和发展的背景、逻辑及其对企业的影响和启示,尤其是对传统品牌企业的营销

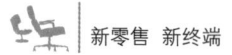

模式及策略组合有何启迪意义。

迪智成营销管理咨询团队认为,"新零售"迅猛发展的行业及市场大背景主要是以下几个方面:

(1) 国内市场消费升级加速

以90后为主体的新一代消费者崛起,成为拉动消费市场的主要力量。他们的消费价值取向和需求特点与以前的消费者相比有很大的不同,在个性化、参与性、体验感等方面都有新主张,要求原生态、高品质、新科技、高颜值的魅力化产品和增值温情的贴心服务。智能化的消费电子、家电及家居类产品的逐步热销,一些提供专业服务和情感互动的母婴行业企业,如孩子王、宝宝树等,也快速成长起来,都是得益于消费升级的风口!

(2) 新时代消费者购买行为的"全渠道"变化

作为互联网的原住民,新生代消费者早已在PC、移动互联网电商环境下如鱼得水,其生活的数字化、智能化程度较高,信息高度对称。对品牌和产品的认知途径和手段更加丰富,且购物和消费的场景发生了巨大变化,他们更注重社交娱乐、实景体验、即时便利和专业服务等。这种购买行为的变化直接导致近年来城市商圈的变化特点——中心商圈越来越趋向娱乐化和社交化,而社区商圈越来越趋向便利化。如永辉超市在中心商圈开的是大型全品类超级市场,同时加速进军社区开"永辉优选"便利店,"旨在深入社区,离顾客生活更近"。

每个社区门店面积定位在300~800平方米,前期主要辐射周边1公里内发展较为成熟的中高端社区。店里经营生鲜、当季精包装水果蔬菜、袋装干货及部分肉类和冻品鱼类、休闲零食、粮油调味、酒水冲调品等商品。同时将提供线上下单、线上互动、收发快递等生活服务项目,支撑京东到家线上平台等,主要为满足中高端社区中等收入群体的便利生活的需求,致力打造成为"O+O"社区型的便民生活服务中心。

（3）国内线上、线下渠道加速整合与升级

国内电商企业的多年高速发展，推动虚拟零售业基础建设实现了规模化和超前化，如移动支付、各种消费贷等互联网金融工具，基于大数据的运营管理体系、高效物流的配送体系等。这使得"新零售"的发展有了基础条件，再加上国内传统分销渠道及实体零售业集中度低、竞争无序、运行效率低、成本高企，难以面对消费升级和迅猛发展的电商冲击，急需进行结构优化、业态升级和运营管理变革，这样发展"新零售"就成为其不二的创新方向，企业不约而同地加大投入、加速推进。

家电行业的渠道变化就是很好的证明，以京东、天猫为代表的电商势力，加速向线下实体门店发展，并积极下沉次级区域市场，在五六级市场大力整合，招安"地头蛇"——区域地标性的传统家电卖场；苏宁、国美也不甘示弱，除了在一二级城市核心商圈升级核心门店外，都加大力度在次级市场进行网点开拓；传统渠道的经销商们也不甘被挤压，一边结盟品牌厂家、加快升级现有门店，一边创新经营模式，变"交易为合伙"——以前是加价批发，现在是合伙经营，迅速整合县、镇的家电网点。

（4）品牌企业经营战略升级，促进了"新零售"发展

近年来国家大力推动的供给侧改革，加速了大多数行业的整合与优胜劣汰，加上环保门槛提高、原材料涨价、人工工资上升等变化，企业各项运营成本及费用在不断提高，主力品牌企业普遍升级品质与性能，优化产品结构，加强了"推高卖贵"，需要具备"新零售"相应特点的渠道及网点保证销量，这些都加大了渠道变革与零售终端的建设投入。如美的家用空调的"面向零售，经营转型"的渠道变革，将渠道投入与管理重心下沉到终端门店，其备货计划、下单和结算等通过智能云平台直接与厂家对接，以提高资金、物流和服务的运营效率，同时将传统的渠道代理商转型为终端服务商，加强终端门店的品牌形象升级、场景化产品演示、娱乐化推广及促销活动等营销投入。

上述是"新零售"模式崛起的基本面，但任何成功的商业模式都需要在客户价值创造和运营效率提升两个方面有明显的创新和提高，才能真正成为可持续发展的主流商业模式。

二、新零售带来的新价值体验及效率提升

"新零售"业态及运营模式，如现在的"超级物种"和"盒马鲜生"等新终端业态给消费者带来了全新价值体验，其在顾客价值创造方面的优势主要体现为：

第一，能针对目标顾客——城市新兴的中产阶层，提供更多更优的精品，其经营产品品类和结构非常精致和精准，而且能根据不同消费者偏好提供个性化定制及服务，这些基于大数据支持的消费者画像，让顾客感觉"你真懂我"。

第二，能结合顾客偏好进行场景化展示与产品演示，针对不同消费与使用场景中的消费者痛点与刚需，结合产品核心卖点进行演示及对比竞品，直接满足了新生代顾客"感性认知"的特点，提升了消费者对精品产品的价值体验。如宜家家居的场景化展示、老板电器大吸力油烟机的尖叫性卖点演示和小米体验店的生态圈智能产品互动等。

第三，实现了线上、线下一体化的全界面的调动顾客参与和互动，很好地向消费者传播与沟通了品牌、产品和服务的差异化价值，赢得了认同和点赞。"新零售"在线上能进行顾客的社群沟通与互动，各种产品与服务的点评及达人、网红等意见领袖与粉丝互动都极大地满足了顾客社交与娱乐需要。同时，"新零售"又能基于线下门店，与顾客进行各类面对面的公关推广活动，进行情感化的互动和娱乐化的促销，增加了顾客的在感官、情感、行动、精神和文化等方面的软价值体验。

如母婴零售品牌企业——孩子王，在这些方面的很多做法就值得借鉴和学习，他们几乎做到"月月有主题、周周有活动"，一年能够举办一千多场的儿童运动、才艺、兴趣及亲子活动，在后面的章节中我们会重点介绍其在顾客吸纳、高效转化、个性服务、专业指导和情感互动方面的优秀

做法。

第四,"新零售"模式"智能零售+场景体验"的经营理念及策略手段,能持续深化顾客关系。同时,基于大数据的精准顾客画像及需求把握,真正做到了"需要时无处不在,不需要时无影无踪"的贴心沟通与个性服务,增加了目标顾客黏性,从而赢得了顾客的真正认同。所以,重复、相关购买及转介绍非常高,实现了顾客价值的持续经营。国内母婴行业及化妆品行业的品牌企业,都提出顾客关系经营的营销理念,并进行了成功的探索,像"孩子王""飞鹤奶粉""水密码"都强化了顾客会员制的服务与管理等。

此外,"新零售"模式在市场推广、产品销售、顾客服务及运营管理等方面的效率提升明显,除了提高了消费者的购买效率外,也极大地提高了零售商、制造商及相关服务商的运营效率。

首先,在"新零售"模式下,广大消费者不但可以实现线上、线下的全渠道购买,而且在"智慧零售"的相关技术和服务的支持下,能实现"所见即所得、所想即所得",在需求明确、商品搜索、促销信息获取、产品实景体验、购买决策和下单采购等环节都有极其便利和高效的服务响应,而且消费者在享受专业和个性化服务同时,还能在支付、结算、贷款等环节享受快捷的金融服务。

其次,"新零售"的实体零售门店的日常经营效率也得到极大提高,基于大数据的"人、货、场"的智能化管理系统,几乎改变了传统商业的运营管理模式。

(1) 在"人"——客户管理方面能做好三项工作

第一,潜客营销,引新增收。圈定潜客特征分析制定策略营销触达,挖掘并圈定潜在客户群体,分析群体特征,形成客群画像,制定针对客群的营销策略,以吸引潜客入店;针对老客户(会员),可分析老客户群体的特征,形成会员精准画像,制定针对会员的营销策略,以促进会员复购,提升客户消费。

第二,客户数据分析。企业需要进行到店客户数据分析、单店到店人物画像分析、单店消费顾客数据分析、会员识别与分析，统计客户到店次数、商品前停留时间等数据，分析顾客的消费习惯、消费总额、消费明细等，做到单店人群画像分析与单店消费顾客数据分析。针对会员要做到会员的识别，到店时间、到店频率、购物情况等会员特征的分析，以提升会员的品牌忠诚度。

第三，消费者人群管理。提炼人群分类/聚类特征，让线上用户行为数据反哺线下，输出广泛的基础属性标签，如基础人口特征、媒体爱好、消费爱好、地理分布等特征；输出垂直行业标签，如衣服、美妆、商超、数码等特征。结合 CRM 系统、各种活动的用户数据、门店客流数据等，形成人群库。以人为维度进行数据结构的组织，将客户分类成为相关的消费群体。

（2）在"货"——产品管理方面能做好三项工作

第一，智能分析。通过信息获取、差异分析，获得竞品在各方面的口碑差异和销量差异。从电商和社交媒体中搜集商品的评价和价格信息，或者仅从自身的销售系统中获得相关数据。然后全方位对比每一组竞品品牌和型号在各方面的口碑差异、销量差异。

第二，智能定价。分析每一种商品的价格和销量关系，智能进行统一定价和个性定价。分析每一种商品的价格与销量、季节、门店位置、消费群体之间的关系，进行智能化定价，可以做到统一定价和个性定价结合。同时有效统一和协调定价管理：在全渠道统一活动（如"双十一"）时，统一活动定价，快速响应调整。又能及时进行个性定价：根据某些商品在各个门店的销售情况，有针对性地进行个性定价、调价、打折，以提升销量。

第三，智能选购。智能分析每一类功能、每一类产品下最畅销、最受好评的商品，并结合会员的喜好及购物历史，智能化精准地向会员推荐商品和促销信息，不仅见利见效地扩大了门店销量，还让顾客有"你真懂我"的感觉。

(3) 在"场"——门店管理方面能做好四项工作

第一,门店配套设施和服务。架设数据服务盒子+数据服务摄像头+人脸识别电子价签+智能定价语音助手+知识图谱销售分析等基础设施和服务,完成空间价值计算;洞察周围人群客流,获取客群画像;对进店顾客、会员、购物行为、位置痕迹等进行识别,与顾客智能互动,指引门店区域,引导会员注册,并刷脸结账。还可对商品销售进行分析、智能定价、快速调价,并针对商品、货架、区域提供优化建议。

第二,新店大数据选址。指定自选区进行客流人群分析及周边分析,洞察自选区的人流热力变化、自选区人群画像及来源去向、自选区周边设施配套情况,最终针对圈定的区域给出最佳开店位置建议和指导。

第三,品牌制造厂家的市场营销及经营管理效率提高。在大数据及智能管理系统的支持下,制造企业不仅实现了客户细分、目标市场选择及定位、品牌传播、市场推广和促销等方面的精准营销,更在新品开发、产品线优化、市场预测及订单计划、产销协同、供应链管理和顾客服务等运营管理方面得到了有效提升。

第四,其他销售渠道的各个环节的经销商、物流商和服务商在"新零售"终端的拉动和品牌厂家的推动下,也都在整个分销运行系统中被带动加速和提效了。如美的空调的渠道变革就是很好的案例,在"T+3"产销协同模式的大框架中,现有美的空调的代理商和经销商的角色及其职能发生了重大的转移。由于摒弃了"大压货、大分销"的传统方法,渠道商不必为提货和压货分散资源,进而把绝大部分精力集中到终端,以直面用户的终端为牵引,带动美的空调产品从制造向市场的流通,产品周转的效率借此得到大幅提升。而且美的空调全国三十多个销售公司也实现了华丽的转身,从传统形式的公司化发展向平台化、中心化的方向转变。于是,产品流通的中间环节大幅减少,渠道费用也得到了极大的节约,由此而沉淀的所有资源则全部集聚到终端。尤其是"端到端一盘货"的物流配送体系改造,实现了工厂、销售公司、代理商、经销商、终端的库存共享。

渠道的再变革让美的空调的价值链释放出了庞大的空间,不仅提升了整条价值链的竞争能力，更是让终端建设具备了更雄厚的资源。比如美的空调某省级销售公司在2017年1月至7月于终端开展了7000多场小而美的促销活动，渠道策略与管理重心从"sell–in"（给渠道和门店压货）彻底转向"sell–out"（面对顾客的有效动销）。

三、传统营销模式加速失效

由于在顾客价值创造和运营管理效率两方面都有显著提高，使得"新零售"模式得以快速发展。相比之下，传统的线上电商和线下零售的营销模式劣势太明显了，而且有加速失效的趋势，不管是做电商，还是做线下实体分销的企业都不得不加速转型，加入"新零售"模式的行列。首先是传统电商"低价爆款"的营销模式失效了，主要表现在以下几个方面：

第一，经过近十年的高速发展和野蛮成长，纯电商模式的整体风口减弱了，新流量增长明显放缓，无论是平台型的，还是垂直型的电商基本都到了发展的瓶颈期。

第二，移动互联网时代，各种媒体和渠道几乎都碎片化发展了，消费者娱乐、社交和购物的入口日益多元化，电商被严重分流，导致其集客和导流成本越来越高企，而顾客的转化率和黏性却在不断下降。现在很多电商平台的顾客转化率1%都不到，集客成本人均超过260元了，超过了很多传统线下零售门店。

第三，传统电商"无爆款不电商"的低价爆促策略，导致其只能无节制地采用价格战和促销战，必然使得产品结构越来越低端，顾客服务越来越差，结果难以满足高价值顾客群的消费升级需要，导致其黏度和忠诚度下降，这种顾客的"逆淘汰"，又进一步加剧电商对"低价高促"策略的依赖。

第四，电商现在的各项营销、服务及运营费用不断高企，各类营销活动的投入产出不成比例，导致电商平台和各类商家盈利越来越难，这一点从几个上市电商企业公布的财务报表可以看出。

第五，传统电商"低价爆款"的玩法显然难以满足品牌厂家战略转型和产品升级的要求。现在各品牌厂家都极力"推高卖新",营销资源和销售政策不可能再去搞价格战和促销战了,所以上游厂家能给电商的投入资源不可避免地减少,这也加速了电商的经营亏损,甚至动摇了其盈利模式。

同时,以前成功品牌的制造厂家赖以成功的"广域分销"的线下传统营销模式也失效了,那些"渠道为王"的企业都出现了"盛极而衰"的拐点,如饮料企业中的娃哈哈、加多宝和六个核桃品牌等。分析其中原因,主要有以下几个方面:

第一,经过近三十年的发展,国内流通业的产业结构与分销效率得到极大提升,普遍实现了渠道的集中化和扁平化,加上近年来零售终端的业态加速升级,导致原来广域分销、渠道精耕的增量空间几乎消失。

第二,随着人口结构老龄化和城市集中的趋势加剧,更加加速了市场的城镇化集中,导致次级乡镇市场的发展红利迅速下降,这使得"农村包围城市"的传统营销打法失灵。

第三,90后为主的新生代消费者,其价值取向、消费场景、信息获取与购买行为的变化,使得以搞定导购和老板娘为抓手的,所谓"决胜和掌控终端"的传统营销策略也失灵了。

第四,互联网,尤其是移动互联网的高速发展,使得分销环节的结算、支付、物流和服务等方面都发生了颠覆性变化,其去中心化、去中介化之后的运营效率是传统分销方式无法比拟的。

因此,制造厂家如果还是采用"人海战术""超饱和进攻火力"和"密集分销"等策略手段,必然在资源、人员和管理等方面投入过高,难以承受。

四、营销战略与模式升级成为必然选择

基于以上市场趋势的分析和判断,我们不难得出结论,企业的营销战略与模式必须创新与升级。首先是企业的营销理念及导向的更新,我们必须明确以下六大营销战略及策略的创新方向:

第一，营销战略导向要由从前基于竞争的比拼消耗转向以顾客为中心的价值创造，放弃以前价格战、渠道战和促销战，而转向为目标客户提供更好价值及体验的产品与服务。新生代消费者属于价值敏感型，在积极以"闪电战"应对价格战的同时，要坚持"价值为王"的长期价值战。小米就是回归了顾客价值导向后东山再起的。

由于过去几年在出货量、品牌转型、专利技术积累、海外市场拓展等方面遇到了前所未有的巨大挑战，小米一度被业界唱衰，甚至有人认为小米已经不行了。面对绝境，向死而生的小米鼓足勇气，开启了以探索为主旨的二次创业过程。

2016 年雷军启动第六次转型，发出"回归初心，大胆探索"的全员号召，提出了减速转型，通过"补课、减速、调整"，陆续开始了新零售、国际化，尤其是科技创新等方面的布局。2016 年 3 月底，小米发布全新品牌"米家"，雷军宣称"小米要做的是科技界的无印良品"，核心内容就是打造 50~100 个小米生态链产品，以接近成本价销售，最终构建一个移动互联网平台，靠增值服务赚钱。为此，小米未来 5 年将通路重点放在线下门店小米之家。雷军说："计划每个月开 5~10 家，用 3~4 年的时间开 1000 家店，做到 400 亿元至 500 亿元的零售额。

2017 年，小米顺利完成"创新+质量+交付"的三大补课任务，迅速重回世界前列。除了小米，还没有任何一家手机公司在销量下滑之后还能够成功逆转的。小米独创的"铁人三项"商业模式：硬件+新零售+互联网服务，使其商品"既好又便宜"，造就了用户信任的基础，满足了用户对"感动人心、价格厚道"的产品的期待。一家工程师以文化主导的公司，其公司愿景就是持续探索先进技术，并惠及尽可能多的用户，做用户心中最酷。小米的公司精神理念是，科技创新进步带来的利益应该能被大众轻易共享，互联网精神的本质是透明、高效及平等普惠。

第二，坚持产品为王的新营销导向，致力于为顾客提供尖叫性的魅力化精品，基于顾客价值持续升级产品和服务，着力"推高卖贵"的价值战，要从以前同质化"山寨"多个产品型号"SKU"，企图打群架的思路，转向真正基于技术创新的魅力化精品打造，使得主打产品既能"天生丽质"，又能"风情万种"（具体实施细节参阅我们团队去年写作的书籍《大单品时代》），如格力和美的代表的品牌家电都在不断进行产品升级，纷纷推出中高端精品。

美的舒适星空调打造的"有凉感、无风感"的slogan，成为年轻消费群体对空调体验的一句口头禅。这并非惊心动魄的魔术，更不是科幻大片，而是美的空调专门为了解决用户空调使用过程中的"风直接吹人、风不自然、风太硬"等痛点，推出的舒适星空调的主打创新科技成果。一直以来，对于很多用户来说，空调无论是吹冷风还是吹热风，无论是一些厂家宣称的上下送风，都会感觉到不舒适。关键原因就在于，经过空调的热交换器吹出来的风与自然风存在很大的差异。在这种情况下，以挂机为例，美的空调首创三段式无风感技术，通过1906个排列均匀、大小不一、方向不同的散风微孔，实现空调冷风与自然风的融合后，给用户带来"有凉感、无风感"的体验。

在舒适星空调产品诞生背后，正是得益于美的集团独创的CDOC方法，通过用户访谈、入户调查、市场走访、竞品分析、结构设计、开模、供应及制造布局等一系列准备工作，美的空调舒适星空调找到了企业科技创新产品与用户需求精品的完美对接。

第一，积极构建全渠道模式，优化渠道结构与管理，实现高效分销与市场精耕，积极推进"O+O"的线上与线下的有效互动，真正实现全局覆盖，无处不在。结合"新零售"发展，打造全新顾客体验的新终端门店，新品牌专卖店应具备这些特点：迎合消费者不同消费场景的立体化终端布局、贴近顾客典型场景的产品卖点演示与体验、主题化和IP化的品牌形象与门店氛围、具有社交性娱乐化的推广与促销方式、"闺蜜"朋友式的温情服务，以及基于大数据的智能化高效门店运维。在渠道建设和终端升级方面，家居建材行业的欧普照明与顾家家居就有很好的实践案例。

渠道建设与终端掌控作为国内照明行业的市场竞争关键，领先品牌欧普照明深耕全国渠道二十多年，拥有核心优势与竞争壁垒。欧普照明主要通过分销、商用、电商和海外四大渠道，实现"全渠道"覆盖。如图1-1所示。

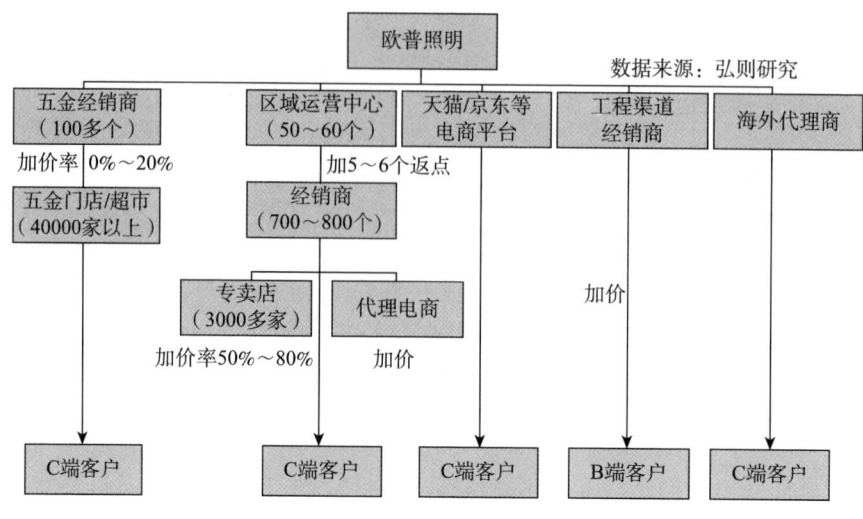

图 1-1　欧普照明渠道

线下渠道和实体门店，一直是欧普照明营销战略重心，通过在各地灯饰城、五金店、商超等网点的持续开发和建设，欧普照明现已拥有 3500 多家专卖店，超过 100000 家终端销售网点，在全国省、直辖市、州、地、市、盟市场，已基本实现较高覆盖，在县、旗和乡镇市场，也实现了一定程度的网络覆盖。如图 1-2 所示。

欧普照明不仅重视渠道网点数量的扩张，更重视网点营业质量的提升，为此每年推出网点陈列标准，以及销售管理行为的升级标准。欧普照明着重进行对经销商的管理，自主设计了经销商评估体系和数据库，定期对经销商进行评价和考核。同时，公司还积极建设销售管理信息系统，加强相关方的信息共享，在流程化的管理基础上确保各方责权利的协调一致，对各阶段的销售活动进行有效的监控和管理。在销售终端，欧普照明将导购人员纳入培训体系，提高销售人员的业务水平。

通过投入与整合搭建高效运作的渠道网络，欧普照明运营效率成为行业领先，且持续对渠道整合、扩张和提效进行投入，预计 2018 年新拓展千家门店，扩充面积升级为"千坪店"。此外，欧普照明还建立了与渠道相匹配的物流体系，公司在各主要市场建立物流中心，各级经销渠道层层配

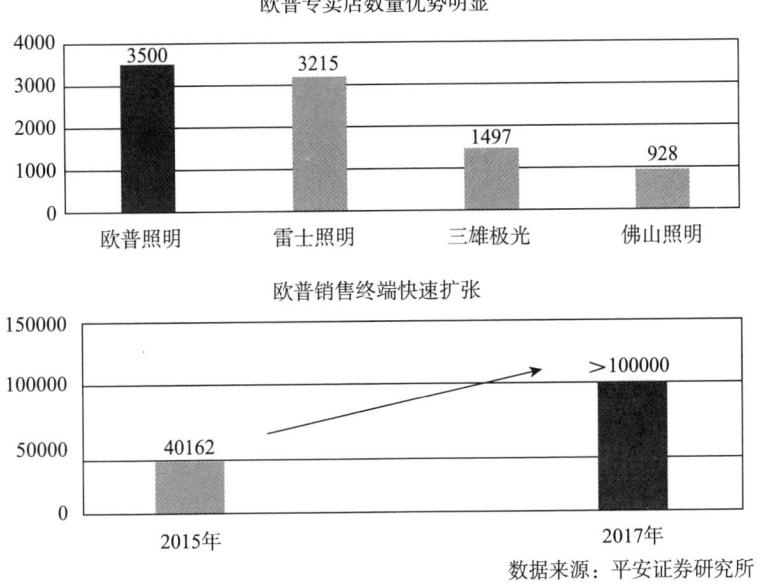

图1-2 欧普照明终端

送、统一管理，提高渠道的流通效率和对市场的响应速度。通过系统管控终端库存乃至消费者、升级订单直连系统、上线经销商进销存系统、优化区域配送中心、家居照明分销渠道，使得订单预测准确率提高30%以上，库存周转率提升25%以上。

在强化家居渠道的同时，欧普在商业渠道齐头并进。除了原来优势的精装地产、店铺连锁、百货商场等领域，欧普与餐饮、服装品牌等签订了采购协议，商业照明也获得了越来越多的认可。

在线上渠道建设方面，积极加强各类电商渠道的投入与运作。欧普在2012年成立电商公司，当时正处于移动电商红利期，使得欧普照明电商营业收入实现爆发式增长。2013年至2017年，公司"双十一"营业收入从0.6亿元快速增长至3亿元，2017年"双十一"共卖出640万个宝贝，"双十一"5年蝉联家装建材领域销售冠军。2017年电商渠道继续保持良好的增长势头，上半年销售额同比增长44.43%。线上产品提供包邮、上门安装服务，目前已经覆盖1200个城区。如图1-3所示。

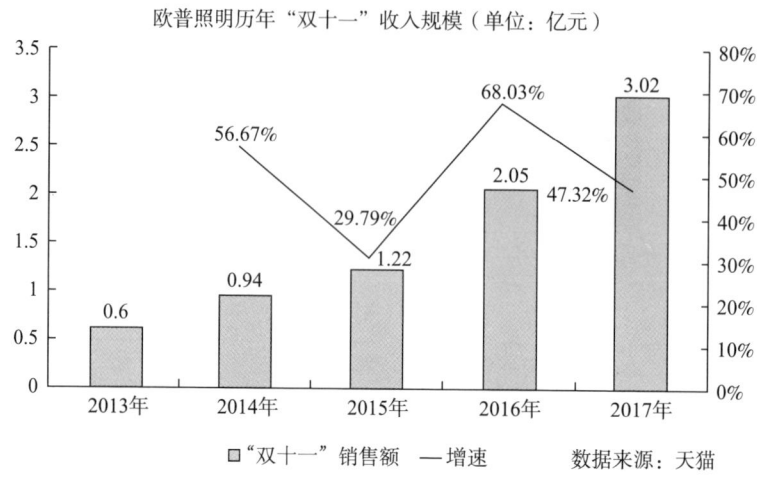

图1-3 欧普照明历年"双十一"收入规模

同时,公司进一步利用自身优势,围绕家装业务板块进行战略性布局。2017年上半年,在京东新建"OPPLE集成家居官方旗舰店"和"OPPLE厨房卫浴官方旗舰店",覆盖集成吊顶、厨房卫浴等品类,提供更全面的产品和服务。

对以上电商渠道取得的成绩,欧普照明总结了三点:

一是在发展线上渠道时,有大量专卖店做支撑,欧普照明为消费者提供了服务保障。

二是成熟的供应链体系促进了在电商渠道的备货、销售方面良性运转。

三是注重日销增强了品牌的抗风险能力。

顾家家居为国内软体家居龙头,品牌渠道优势领先。现有产品包括沙发、软床、餐椅和配套产品等,奠定了国内软体家居领导者地位,近几年综合毛利率稳步提升。境内销售主要采取"直营+特许经销"的销售模式,并辅以电子商务、厂家直销等其他销售方式;境外销售主要采取"ODM+经销+直营"的销售模式。截至2016年6月,顾家在国内拥有196家直营店与2686家经销商门店。

顾家是最早尝试O2O全渠道的品牌。此前,针对其线下用户年龄偏大的特点（顾家此前的用户年龄在 35～45 岁），顾家另外推出了针对年轻群体的新品牌米檬（针对 25～35 岁）在电商渠道销售，实现了连续五年天猫"双十一"排名软装家居第一。但经过几年的试验，目前顾家将电子商务定位为现有实体门店销售模式的有效补充，在坚持以实体门店为主体销售模式的前提下，进一步扩大电商销售规模，并将电商作为品牌营销、为实体店引流的重要渠道。目前，顾家家居的线上线下全部实行同款同价，线上下单，门店配送和服务。

在"新零售"崛起的时代，顾家家居的渠道建设思路更加明确。如图 1-4 所示。

- 持续推进线上线下"O+O"一体化融合，布局全渠道零售，建立基于信息系统的渠道管理体系，加强与用户的接触与沟通，深入研究、调查用户生活方式，通过信息系统尽可能多地留存用户，建立产品与用户的连接。

- 布局渠道四层级大店体系，从单品类门店向"一站式"的"旗舰型"门店转型，提升竞争力。针对三级市场进行产品专业化开发，提升顾家店面辨识度。

- 打牢定制业务基础，突破定制家居的一体化交付能力，实现有质量的增长，为将来全面发力奠定好基础。

- 推行全价值链产品数字化运作，尤其终端全部要实现数字化 3d 建模，推动 BPR（业务流程重组）的建设。

第一，在以前"疲兵耗战"的促销推广策略方面，我们要从烧钱的广宣轰炸转变为"小而美"的娱乐互动。同时，以娱乐化和社交性的策略手段进行市场推广与产品促销，让年轻的消费者能喜闻乐见，迎合其"感性的认知+理性的购买"的特点。

如美的空调融合和导入了很多经典 IP 内容，进行娱乐营销传播，提升了品牌建设和终端促销的流量聚集能力。不仅仅是终端促销，美的空调还将传统名著融入主推产品，在全国范围内进行声势浩大的巡展活动。孙悟空、牛魔王、红孩儿、铁扇公主、晴雯、王熙凤……这些在传统名著里耳熟能详的经典角色大面积地出现在了美的空调的各个终端上，相比于以往

图1-4 顾家家居

的终端品牌推广形式,以传统名著的经典角色为切入点,使得美的空调的各种活动更有趣味性和故事性,更能吸引新生代消费者。

以牛魔王角色和火焰山场景的导入,针对舒适星系列产品,美的开展的巡展活动达到了50场。如图1-5所示。

另外,对《变形金刚5》这样的大片资源进行产品嫁接,也是美的空调2017年品牌获得的重要方式之一,在这方面开展的巡展活动达到了16场。以马拉松为代表的体育营销在国内成为品牌形象提升的重要方式,全民健身热潮使企业在体育营销上可以找到更多的品牌契合点。美的空调在体育营销上一贯长袖善舞,从2016年的欧洲杯到赞助2017广州马拉松,

第一章 "新零售"崛起下的营销创新

图1-5 舒适星系列产品

不断探索和创新体育营销的模式,传达出美的"健康时尚、青春活力"的品牌内涵。

第二，针对顾客的痛点与刚需，提供增值服务，把顾客当朋友和闺蜜，并且有真诚的态度与情感的投入，真正实现温情关怀，深化顾客关系，持续开发其终身价值，如婴童行业的零售商——孩子王就是这方面的成功案例。其实，在传统建材家居行业，就有"三分产品+七分服务"的竞争秘诀，这方面顾家家居打造了行业服务的标杆。

自2015年起，以顾江生董事长为代表的领导团队就曾携手3000名店长共同上门为客户清洗沙发，并提出自家产品"5年修养"的承诺，顾家家居的服务在延续与不断升级中开创了一个又一个新里程。截至2017年年底，顾家家居累计为超过35万个家庭提供了沙发修养服务。2018年3月，顾家家居基于新时期的诉求，开行业先河，推出"1键服务"，以高标准的承诺，解决了广大消费者从产品选购到使用中的后顾之忧；5月再次携手居然之家，突破品牌的界限，面向全行业全品牌，打造服务新升级！发布会现场，顾家家居和居然之家共同启动了"顾家家居服务新升级"，在场的消费者朋友都对顾家的服务理念十分赞赏，纷纷预约。

不仅要有好的、实实在在的服务内容，更要让广大顾客体验和感受到，于是明星服务大使助阵，亲自示范体验。在"服务新升级"专场发布会上，顾家家居邀请了林依轮（成都专场）、水木年华（西安专场）及庞龙（潍坊专场）担当服务大使，传递"顾家关爱"的服务理念，并推动"服务新升级"惠民举措在当地的普及。现场，明星不仅演唱了大家耳熟能详的经典歌曲，将现场气氛点燃，还同顾家家居领导一起上台示范了沙发清洗的过程，专业细致的服务赢得了台下观众的阵阵掌声。最后，明星还抽取了"服务新升级"的第一批受惠用户，并同粉丝合影留念，给大家带来暖暖的福利。如图1-6所示。

第三，基于大数据的精准营销，深刻理解顾客消费场景，精确其画像，并实现顾客关系的智能化管理，让市场推广和服务做到"需要时无处不在，不需要时无影无踪"。

孩子王是一家数据驱动的、基于用户关系经营的创新型家庭服务

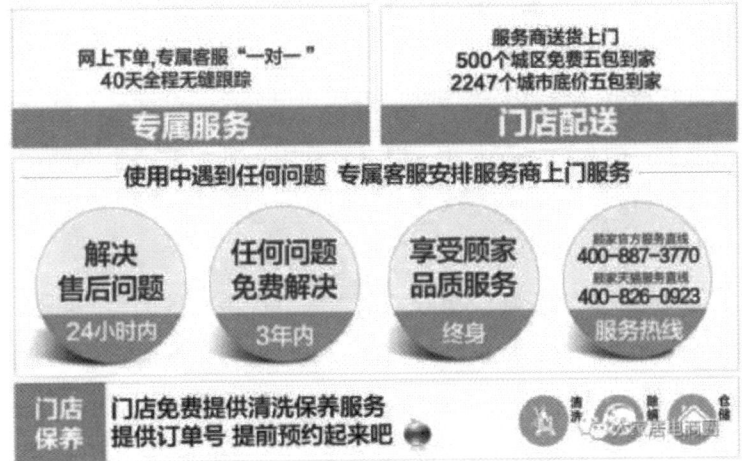

图1-6 "服务新升级"专场发布会

公司，主营母婴童商品零售与提供增值服务，为准妈妈及0~14岁儿童提供衣、食、住、行、玩、教、学等购物及成长服务的综合解决方案，拥有实体门店、线上PC端购物商城、移动端APP等全渠道购物体验。其会员数量达到1379万，销售收入95%的流量来自会员，5%的流量来自散客，用户的会员转化率高达76%，会员复购率约8成以上。其中，50%平均可达两个月购买3次的频率，会员ARPU值（Average Revenue Per User，指单客平均收入，它是衡量会员质量的重要指标）为1224元。一个万达店中，占1/35~1/40面积的孩子王，可以贡献14%的客流量，首家门店员工人均创造利润约120万元，与阿里

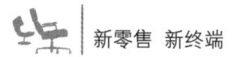

巴巴和世界零售之王——7-11人效比肩。

五、案例：孩子王用"三板斧"脱颖而出

在各大电商和零售巨头纷纷布局新零售、探索新模式的背景下，孩子王凭借哪"三板斧"劈开一条血路，脱颖而出的？

（1）从"流量思维"到"超级用户思维"

孩子王的顾客社区，是以意见领袖和孩子王育儿顾问、合作伙伴为主体的用户进行精神消费的一个场所，包括知识分享、社交、儿歌或故事分享、购物笔记、动态圈子、关注等内容。其中，有一个动态区域，也可称为妈咪秀或商品秀，让新妈咪或者宝宝们来秀的一个秀场，在这里可以有一个社交的属性，可以互相关注，发微信、私信。

孩子王致力于把服务体验做好，来为会员提供更多的商品和服务，并把线上线下库存、用户、订单等打通。不仅仅能购买商品，还能通过社区给新家庭提供一个精神消费的场所，通过APP社区、微信咨询、会员动态，借助文字、图片、声音、视频等形式，把育儿、生活经验、情感交流、互动分享的内容展现给用户。

孩子王还建立了独家的妈妈在线互助交流平台、DIY手工制作平台，举办各种亲子活动——按照宝宝年龄、居住区域来划分，在线交流育儿经、专家在线咨询、提供分门别类的育儿知识、丰富多彩的线下活动。这些系统化的独家活动，正是为了更好地培养孩子的多种能力，并且深入浅出、寓教于乐。首创了"妈妈后援团"，团员们全是25~45岁的妈妈，育儿经验丰富，她们负责配送，解决了陌生男性上门送货的种种不便。主要有三项工作：

一是准时送货。

二是提供专业的育儿知识，近距离指导产妇遇到的一系列问题，必要的时候，她们还会为宝宝做推拿。

三是为妈妈们提供全程顾问式关怀及产品导购建议，从孕妇第一次购物到孩子 3 岁前，团员们会一直跟进服务，带给顾客全新的服务体验。孩子王还配置了 2000 多名育儿顾问提供专业化的贴心服务，注重人性化的关怀。如为带着婴儿购物的顾客提供全程陪护，为哺乳期的妈妈提供专区，售前了解顾客需求，售中进行产品知识的全面介绍，售后交流育儿知识经验，这种"全程化"社区商务的营销模式，在国内还是第一家。

在会员管理上，孩子王关注的重点不是"流量"，它是典型的"超级用户思维"，在企业和消费者之间，建立一种可持续可信任的"关系"。孩子王把会员营销看得很重，通过线上内容和线下活动来深度经营用户关系，从店面95%的流量来自会员就可以看出这一点。在其他零售行业都追求规模的情况下，孩子王追求的是精准，不通过大规模的投放广告带来流量，反而把预算放在精准经营"超级用户"上。以海量会员数据与精准营销为基础，以会员资产为核心，通过提升会员数量与会员客单价值（ARPU 值），打造领先的会员经营模式。因此，其客户在用户黏性与客单价值上均具有极大的优势。

（2）盘活用户的数据资产

在孩子王看来，未来纯靠卖商品几乎没有生存空间，为了经营好用户关系，必须借助数据赋能。互联网发展如此之快，信息不对称越来越少，渠道极度扁平，未来一定是从商品到用户的使用过程中或某一个环节上创造价值，从经营商品到经营一个群体的生活、从提供选择到创造满足。孩子王成立伊始就定位为一家经营顾客资产的大数据公司，利用大数据思维和互联网技术进行运营。

孩子王把营销和用户的数据资产结合，精准地为用户推荐所需要商品。一方面，总部成立了精准营销部门，专门负责大数据分析；另一方面，致力于打造全员育儿顾问模式，门店销售员都是持有国家颁发过证书的育儿顾问。孩子王所有员工都有一个叫人客合一的工具，通过它，员工可看到所管理顾客的购买情况，并得到大数据推送的一些分析。比如这位顾客是否达到当月预期购买值，其消费额在整个育儿顾问体系里的排名、奖金情况等，还会推送信息告诉员工，什么时间应该给这位顾客打电话、某位顾客多久没有激活了、应该怎么激活。除了一些业务上的功能，也会做一些类似分享购的功能。

为保障数据赋能，孩子王还建立了数据中台，将资源数据化、电子化。根据领域不同，中台可以分为商品、商品池、用户、订单、库存、触达、支付、账户系统、积分系统、领券、发券、促销、红包等系统的研发，中台的宗旨就是把整个孩子王的资源线上化或是电子化。一系列的举措都是为了有效盘活顾客的数据资产，使数据的价值最大化。要让数据有"力量"，必须有三个特点：

一是参与度，获得的数据不仅要让供应链参与进来，还要让消费者及相关利益者没有距离感。

二是温度，有效的数据必须是有情感的，如果获取的数据不是消费者的真实想法，只能是滥竽充数。

三是黏度，通过数据的挖掘可以改变消费者购物的频率，而企业可以在消费者没有需求或者即将有需求之前满足需求，改变频率。

数据赋能只是手段，借助大数据、云计算等新型技术，盘活数据资产，根本目的还是最大化提升用户体验，重塑用户关系。

（3）极致化的会员用户体验

为了提升用户体验，线下的体验场景是必不可少的，强调线上和线下融合越来越成为零售企业实践升级转型的共识。围绕用户体验和强化用户关系，孩子王在场景的打造上也颇费功夫，线下门店已经升级迭代到了第六代。推出的 G6 智慧门店实行"降维零售"：大幅度减少产品展示，转而增加互动空间。虽然产品展示空间在减少，但是产品的精准度却大幅提升，通过科学精准的品类管理，比一般母婴商店节约 30% 的货架，却留出更多的互动空间，确保更好的娱乐体验。大胆地将"商品＋服务＋体验＋文化＋社交＋O2O"整合为一体，从一家售卖母婴用品的零售商转型为新家庭的全渠道服务商。

为了满足消费升级下用户的需求，G6 智慧门店在产品品质区间分配上也做了相应的调整。中端及中高端商品 8000 余种，占比超 45%。其中，引进纯进口品牌 130 个，覆盖 102 个商品分类。对于会员，门店还为其推出专属及定制商品，倾情为其打造独有商品，以稳定客户关系，提升客户的黏性和忠诚度。门店的体验场景的打造还聚焦于"智能化"，贯穿顾客进入门店后的全程体验。

- 扫码签到。当日活动信息，以及结合顾客消费习惯的商品推荐就会通过后台推送给消费者。
- 专属育儿顾问收到了顾客到店的通知后，为其提供更为精准的、定制化的服务。
- 手机 APP 或店内触摸终端一键查询商品详情、"扫码购"自助下单、"店配速达"24h 内送货上门服务。

如此一来，孩子王将渠道体验提升至最优化，也使渠道价值最大化。

打造的 G6 智慧门店，也是孩子王一直倡导的"单客经济"的具体体现。孩子王 CEO 徐伟宏表示，商业零售正在从价格型消费向价值类消费、体验式消费、个性化消费转变。通过基于人性服务的数字化精准营销，孩子王的单客产值（ARPU 值）是资本市场同行业企业的 2~7 倍，这也是新零售下以"用户关系"经营为核心，实现服务效率最大化的基本要求。

在新零售的实践中，孩子王其实就做好了一件事：经营用户关系。具体包含三个关系，即人和商品的关系、顾客和顾客之间的关系、顾客和员工之间的关系。通过构建以人性服务为核心的社区商务模式，借助数据赋能和消费场景打造，深入重塑用户关系、极致化用户体验、最大化挖掘会员消费的价值，并反作用于供应链，为每一位会员提供个性化育儿解决方案，这颠覆了传统零售业的商业逻辑，重构了"人、货、场"三大关键要素，围绕用户关系发起了一场零售革命。在竞争如此激烈的红海市场——母婴行业，孩子王如今市值已超过 140 亿元，找到了自己的新零售商业模式，成为行业龙头。如图 1-7 所示。

本文节选自《新零售：吹响第四次零售革命的号角》

图1-7 孩子王社区商务模式

  上述营销理念更新、战略升级及策略创新的要点,是我们营销管理咨询团队近年来的总结和提炼。它来源于一线最前沿的洞察与研究,并不断在市场营销实践中得到检验,希望能给各位读者及企业提供一些营销思维的启迪和实战的做法。在接下来的各个章节里,我们将具体展开基于这些创新思考的一系列具体策略及其实战案例。

第二章

解读新生代消费者

第二章
解读新生代消费者

☞ **张博**

没有消费者价值的商业，是无源之水，无根之树。任何企业战略、商业模式都必须清晰地表达出消费者价值，尤其是独特的消费者价值。被消费者认可的消费者价值，差异性越大，竞争力就越强，企业的盈利能力也就越强。

仅就 GDP 和恩格尔系数来说，目前中国中东部普遍进入中等发达或发达国家水平。在此大背景下，改革开放后出生的"泛 90 后"新生代逐步成为主流消费者群体。由于智能化、互联网化、可支配收入显著增加、消费者主权意识显著增强，新生代消费者在衣、食、住、行、游、购、娱等领域的消费习惯与消费偏好与传统消费者相比显现出巨大差异，这是未来所有消费品或消费服务型企业必须思考清楚的所谓"新零售"命题。

一、从最近 10 年企业盛衰看新生代消费者

存在即合理，大变局意味着大改变或大发现。"盛世下滑"的国际奢

佟品牌、"快速崛起"的雷军小米、"逆变转型"的优衣库的背后，我们依稀可以看到和感受到新生代消费者的决定力量。

(1) "快速崛起"的小米

2010年，雷军拿着三千万人民币创立的小米，进入全球竞争最激烈的手机行业，与苹果和三星同台竞技。2014年，站在移动互联网、智能手机"风口"上的小米，手机出货量为中国第一，公司估值达450亿美元，超越Uber（400亿美元）成为当时全球估值最高的互联网创业公司。小米用不到5年时间突破了100亿美元的销售额，创造了一个商业史上的奇迹。

雷军是企业家和营销大师！

这正印证了那句话："企业存在于企业家价值观中。"雷军的价值观很清晰：希望用户可以用负担得起的价格享用更好的产品。作为企业家，雷军界定了小米的使命——"让用户可以用负担得起的价格享用更好的产品"。

雷军的小米使命源于他对美国好市多（Costco）的深刻印象。好市多是美国第二大超市，被誉为"美国受欢迎的超市"。好市多的经营理念：尽可能以最低价格为会员提供高品质的商品。买好的还便宜的，这是很多大众消费者的"理想"。卖好的、大众消费者喜欢的、实惠的，自己还赚钱，这是很多企业的"梦想"。"理想"和"梦想"清晰、明了，但能做到的企业少之又少。

作为营销大师，雷军把"将消费者带入价值创造的过程"这个理念淋漓尽致地做出来了。

"又好又便宜的"，很多人都能想到，也有很多人知道怎么实现，就是要有规模成本优势。那么，怎样实现从零到有规模成本优势，如果没有实现规模成本优势的路径，"逼疯自己，逼死别人"就是一个笑话。

零订单的规模成本优势怎样实现呢？美国经济学家、密歇根大学商学院教授普拉哈拉德（C. K. Prahalad）2003年在《消费者王朝》一书中提出：在未来的竞争中，你的顾客不再只是你的产品的购买者，而是你的合作伙伴。只有能与消费者共同创造价值的企业，才能经得起时代的考验。

"自我卷入水平"心理学理论也表达了相关的观点：人们对一件事情的参与程度、卷入水平越高，那么他对这件事情就越热心、越拥护。所谓的共同创造价值也就是使得消费者对某件产品的卷入水平提高。消费者为这件产品动过脑筋，甚至产品中有他的影子，这都能使得用户更加坚定地成为产品的拥趸。

小米的成功完全是依靠这种与消费者（所谓的"米粉"社区）共同创造价值的模式，即消费者卷入模式。通过互动产生的粉丝心仪的产品，加强了体验感和参与感，使小米最初"颜值"不高、"系统"不畅的产品受到了追捧，通过"预订"，实现了从零到有规模成本优势。用雷军的话说："小米2代不仅是小米公司，还是众多'米粉'们创意与智慧的结晶——超过60万的'米粉'参与了小米MIUI操作系统的设计和开发，根据他们的意见，MIUI每周进行更新。"这是大实话！

2017年8月31日，雷军上海国际商业年会上发表《提升效率是新零售关键一环》的演讲时表示：小米的目标是做科技界的无印良品，即高品质、高颜值、高性价比，而且有丰富的产品组合。这是雷军对小米企业价值观的再次诠释，也是对小米使命和经营边界做个更清晰的界定。

新零售——"小米之家"是小米五大核心战略之一，用电商的技术做线上线下联动的新零售。截至2017年8月，小米之家在全国开店的数量已达到179家，小米计划在2018年年底开到200家，未来3年内开到1000家，力争中国市场的收在入五年内突破700亿元。统计日期截至2017年8月28日的结果：小米之家每店平均200平方米，单店月均流水5519万人民币，坪效达到27万人民币，排名世界第二，仅次于苹果。

线下开店的很多，如国美、苏宁易购……为什么小米能短期内有如此"成绩"？高品质、高颜值、高性价比，而且有丰富的产品组合，这就是答案。

（2）"盛世下滑"的奢侈品牌

从2013年开始，百达翡丽、HUGOBOSS、宝诗龙、D&G，甚至是入驻近10年的Giorgio Armani旗舰店均悄然撤离了上海外滩。2014年，HUGO-

BOSS在华关闭7家门店、杰尼亚（Zegna）关闭6家、Burberry关闭4家。迪奥（Christian Dior）也在广州市场撤柜。普拉达门店数量更是大减三成。据RET睿意德中国商业地产研究中心统计，2015年，Louis Vuitton、Gucci等11大奢侈品牌共计关店34家，新开门店数仅有14家。

奢侈品牌们归结中国市场业绩下滑、市场收缩的主要原因：

一是受经济增长放缓、股市动荡和反腐政策的多重打击。

二是国内外价格差异导致消费大量外移。奢侈品咨询公司Fortune Character的最新一份报告显示，高达78%的中国消费者在海外购买奢侈品。

三是产品创新不足。

事实上，奢侈品升级产品线、在中国市场去logo化等都在进行，除了对整体业绩影响有限的高端新品包包颇受欢迎，整体收效甚微。最后，假货伤害，尤其对"名声最大"的LV打击最大。据理财周报调查显示：94%的高收入群体表示不会再消费一个假货最多的品牌，LV就在其中。

根据凯络中国对一二线城市超过10000名年龄在18～50岁、收入位列中国消费者前15%的受访者进行了调研，得出中国奢侈品消费者三个典型的消费习性：

• 日益追求个性化，不能用一种放之四海皆准的方法来赢得他们的青睐。

• 经常在社交平台上分享对奢侈品的看法，消费自己的感觉，也影响了其他消费者对品牌的认知。

• 奢侈品消费者群体差异大，购买的商品和媒体接触类型上都有着明显不同的偏好。阔绰扫货族、地位彰显者、时尚追随者在减少，冷静务实派、专业级内行在增多，尤其是冷静务实派。和地位彰显者不同，冷静务实派认为奢侈品价高于实，他们更看重产品的质量和工艺。这群人对广告不太敏感，注重性价比，在考虑购买时十分看重价格因素。

（3）逆变转型的优衣库

业内公认四大快时尚服装品牌分别是西班牙ZARA、瑞典H&M、日本优衣库和美国老牌时尚品牌GAP。"四大"快时尚服装品牌对消费者反复宣传及强调自己的品牌与产品风格与众不同，实际他们也是以相似的方式来运作：普通简单的材料，平民消费的价格，快速更新的款式，年轻时尚的设计，高速扩张的门面，快速周转的存货及强大的供应链联盟。

进入2015年以后，四大快时尚都出现了全球跑马圈地迅速扩张的"速度后遗症"。ZARA、H&M、优衣库在2016年业绩都普遍乏力，GAP更是全线溃散，从"一线潮牌"濒临崩溃。为此，优衣库母公司迅销集团规划将优衣库向高品质服装品牌方向转型，摆脱只关注于时尚潮流的快时尚品牌形象，致力于专注设计生产高质量的衣服，正努力与H&M、ZARA及TOPSHOP等快时尚品牌划清界限。分析优衣库不要"快时尚"形象的主要原因有：

- 优衣库第一次进入中国市场以失败告终。第二次进入中国市场时，将品牌定位拉高，这正好迎合了这个阶段国内渠道模式转型的好时机——国内渠道业态向购物中心转型，这一阶段对国外品牌强烈渴求，对国外品牌给予超本土品牌优厚的待遇，给了这类所谓国际快时尚品牌群体高速发展的机会。

- 快时尚品牌在本土就是大众平价品牌，在中国品牌定位的提高，确实在近年满足了对时尚不知所云的中国消费者群体的消费需要。然而，随着国人对快时尚的新鲜感过去的同时，也较为充分地体会到欧美所谓快时尚风格，其实是打着时尚标签的廉价品牌而已。

- 快时尚品牌所谓的快，并不能满足消费者对生活方式的需求，反而其同质化、低性价比已严重制约其在国内的销售增长。

二、新生代消费者的消费价值观

不同于经历过物质贫乏生活的"60后""70后"，成长在家庭可支配收入显著增加和互联网改变生活的新时代的"泛90后"新生代消费者，心智和行为都发生了巨变。可以很时尚，也可以很内敛；可以很"烧包"（大手大脚），也可以"抠搜"（斤斤计较）；可以"信誓忠贞专一"，也可

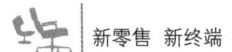

能"翻脸比翻书还快"……

新生代消费者个性上更追求自我、与众不同,消费行为也因此呈现出独有的特征:

其一,崇尚多元化的消费方式。喜欢尝试新品,在获得商品功能层面的基本利益外,更希望能够获得一种审美体验、快乐感觉的价值,会为买到最新的产品而欣喜不已。他们喜欢刺激,新奇的、好玩的产品往往能吸引他们的注意,从而进一步彰显自我的个性追求、生活品位、学识修养和社会地位。

其二,消费不失理性。更愿意为快乐花钱,迫于有限的赚钱能力,他们更崇尚"买对不贵""品质与价格兼得"和"品牌与实用不分"的消费理念。

其三,购买决策深受互联网影响。互联网不仅是一个工具,更是一种生活方式。新生代成长在互联网时代,在生活和消费等方面,他们也爱分享,更在意网络群体或社群的意见与观点。从互联网和移动互联网形成的超越时空的虚拟群体中获得的品牌效应、朋友推荐、网络口碑,潜移默化地影响着他们的消费决策。

透过小米的成功、奢侈品牌的衰弱、优衣库的自我救赎的案例,可以清晰地看出新生代消费者的众生相:品质主义者、性价比主义者、自我价值主义者、被尊重主义者。

1. 品质主义者——ZARA"快"的代价:陷业绩增速放缓尴尬

2014年3月20日,时尚品牌ZARA母公司InditexSA(ITX. MC)、全球最大的服装零售商发布2013财报,全年净利润增长不到1%,而在过去三年,Inditex一直保持双位数的净利增长。

对于业绩下滑,各方总结原因:汇率所致、一线市场饱和、近两年扩张太快和提价等原因,最终导致库存增加,毛利率下降。不可否认,这些原因都是有数据和事实佐证的,逻辑上也无可挑剔,但一切原因都归结为一个不可绕过的话题:"消费者为什么不买了?"

品质（感）太差、独特性降低和消费群体流失！

ZARA 制胜法宝就是"快"，从产品设计到店铺上市 15 天的时间，着实让半年才能上新款的服装企业汗颜。只是这种"快"的背后，损失的是产品质量。品质低劣，一直被许多消费者所诟病，也是回头客户流失的重要原因。

"与众不同""独一无二"一直是 ZARA 所推崇的价值观。真正的品牌都有自己独有的 DNA，许多追随者也因为这种特有的 DNA 风格而钟情于此品牌，而 ZARA 的粉丝明显就缺少这种忠诚度，这或许就是"快"的代价。另外，随着国内电商的迅速发展，消费者对于快时尚品牌的新鲜感和新奇度逐步回归平淡，ZARA 所谓的"爆款"已经很难有"与众不同"的效应了。根据 2017 年第一季网络购物行为研究：90 后女性网购最多的是衣服，而且更注重价位，ZARA 的销售额就是从这里流失的。

2006 年 ZARA 进入中国，随着时间的流逝，最初的 70 后、80 后追随者也逐渐成长，快时尚已不是排在第一位的追求，人们越来越能接受价格高、质量好、大品牌的商品，而 ZARA、H&M、GAP 和优衣库等快时尚品牌则是'低端消费'的代表。同时，也有更多新的时尚品牌不断分食。而新生代的 90 后、00 后并不是 ZARA 的主要消费人群。90 后、00 后的核心消费观是：从这个东西"值不值"，变为这个东西我"要不要"。

比如一款包，正在打折，质量好、很耐用，品牌也够"响亮"，但这个包包的配色非常不友好，款式也过时了。很多 70 后、80 后会因为它的质量和价格，忽略包包本身的配色和款式，从而选择购买，即便不是很适合他们的东西，他们也会被打折而吸引。但 90 后会更在意款式和配色，即便是再便宜、质量再好、品牌再"响亮"，也不是她们真正想要的。如果不是适合自己的，他们不会为此掏一分钱。相反，如果有一款包包非常受欢迎，还是限量款产品，80 后和 90 后都非常喜欢，但是它的价格不菲，许多 80 后会选择找替代品或者放弃购买；但 90 后，只要是适合自己的，就会选择买下来，背在身上。

这就是新生代 90 后、00 后消费者！如果你不能给予"与众不同"（哪怕是局部、一个小东西、小部分），她们也会很理性地选择"品质"和

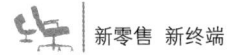

"价格",而不是品牌。

2. 性价比主义者——名创优品"野蛮生长"背后的逻辑

名创优品可以说是传统行业中杀出的一匹黑马,快速成长态势令人错愕!名创优品两年时间在全世界开1100家店,销售额突破50亿元,第三年目标是100亿元,在销售规模、店铺数和区域三个零售经营维度上取得傲人的成绩。

为什么名创优品人群是大量的80后、90后务实的身影?

名创优品有三个原则是产品开发必须坚持的:女性、刚需、快销。三个基本原则背后是"爆款"。名创现有几千个单品,都是从各个细分领域挑选出来卖得最好的。这保证了新的品类都是"爆款",对入店的消费者有足够的吸引力。

一般来说,门店平均每周都会推出2~3款新品。因为名创优品每个店都有固定的客群,要给客户不断的新鲜感,让消费者觉得每次来都有以前没见过的新品,并且又便宜又实惠,以此来提高消费者的重复购买率。

除了产品是"爆款",包装也采用"日式风格"。名创优品所有的外包装设计都是由联合创始人三宅顺及日本设计公司设计,满足年轻人哈韩和哈日的心理。同时,造成更强的外国品质,价格却如此低的"反差"感。

"我跟雷军的理念是一样的,大规模买断。我们的价格一定是超市的三分之一到五分之一,是商场的十分之一,价格没有三倍以上的差距是没有冲击力的。"这就是名创优品创始人叶国富认为的"高品质、低价格最具有杀伤力",也是名创优品成功的"密码"。

相比来看,ZARA并没有深刻检讨自己成功的"密码",而是向二三级甚至四级市场进军,吃中国地域的红利、人口的红利。虽然表面上门店数量和销售额在增长,但背后却是进一步的"滑落"。

3. 自价值主义者——不与风口的母婴电商为伍的孩子王

据测算,国内母婴市场规模超过2万亿元,远超过家电行业。与家电不同的是，婴童市场呈现明显的哑铃式结构，在制造商端，没有大厂商、大品牌，仍显小、散、乱、差；而在渠道端，业态仍呈现多样化，百货、商超、专卖店均有。

母婴市场巨大而散乱，一时间吸引了很多资本进入B2C垂直电商领域，但最后大多数都转型、被并购或消失。B2C垂直电商业务盈利效率低下的原因：

一是母婴类目的客单价不是特别高，毛利率有限。

二是电商业务的订单遍布全国各地，地理位置上特别分散，包装和配送成本只会逐步升高。

三是消费者希望通过电商渠道销售的商品价格越来越低，同时希望配送越来越快。因此，仅从组合产品和低价竞争难以做到持续性、有盈利地发展，这是孩子王创始人徐伟宏对B2C垂直电商的基本判断。

那么，怎样才能分享到母婴市场的巨大蛋糕。犹太人说："女人和小孩的钱最好赚！"小孩的钱都是女人花的，那么新生代妈妈的消费心理和行为特征是怎样的呢？

第一，重视孩子，但不亏待自己。新生代妈妈会对传统育儿方式产生一些质疑，质疑之下，她们会不断寻找新的育儿方式，以及作为女性的生活方式和存在价值。

第二，学龄前轻松快乐，学龄后英才教育。虽然有时新生代妈妈会屈从于"应试教育"的压力，但仍比较注重孩子的健康快乐成长，而不想过早给予孩子学习负担。

第三，社交平台的忠实用户。通常会同时下载多个母婴类APP，更关注育儿相关的信息。

第四，注重高品质。给孩子提供良好的生活环境，提高生活品质的消费项目随之增加。

第五，口碑效应显著。周围熟人的购买体验是新生代妈妈购买决策的重要依据，也是接触新产品和服务的入口。不熟悉的商品，价格再便宜，担心"不健康"，也不会购买。

传统零售模式的两种驱动力是产品与客流，产品要素在于品类管理，客流要素在于地理位置。如何顺应新生代妈妈的消费心理和行为特性，抓住她们呢？孩子王给出的解答是：孩子王商业模式核心驱动力是客户关系管理，一种把客户关系与场所深度捆绑的商业模式。

以客户关系管理为平台和工具，进行产品优化和获取客流，道理易讲，怎么做到？这是摆在孩子王面前的难题，是必须说清楚的问题。否则，客户关系管理的商业模式就是"故事"。

第一，客户信息获取问题。70后、80后甚至90后，他们对互联网非常熟悉，他到你这里来，把产品一拍、价格一拍，然后就回去了，在网上搜索、购买。有什么办法能够获取她们的信息，并留住她们？实质是产品差异化和吸引力的问题。

第二，圈层或社区化问题。潜在客户存在于不同的圈层或社区，不仅仅是地理意义上的，还是虚拟空间的圈层或社区。进入圈层和社区，并在圈子中施加影响，才会导致购买行为，乃至持续的购买行为。

创始人徐伟宏给孩子王的服务下了一个精确的定义：孩子王不只是个零售商，它是一个孩子成长的一站式解决方案提供者。通过线上和线下之间的融合"体验"，让孩子王成为各种社会关系的汇集之地，而不单纯是销售产品的卖场。商家要真正了解用户的需求，很多用户都喜欢到实体店逛的过程，这也是陪伴孩子的过程，这是很有价值的、很有黏性的服务活动。

孩子王线下实体店的经营要点：

第一，孩子王店铺的面积是普通母婴店的30倍。

第二，店铺只开在新家庭聚集的地方，比如万达、万象城等shopping-mall中。

第三，产品的丰富性。几千平方米的空间充满了孕妇婴儿、儿童有关的各种商品，满足了用户一站式购物需求。

第四，店铺内提供良好的服务，孩子也可以推着小型购物车选购，而且每个店都设有早教课、舞蹈课、钢琴课、新妈妈培训等课程和活动。这些活动有免费的，也有收费的，每天单个孩子王的店铺中至少办3场活动。孩子王的门店里还活跃着一支专业的育儿顾问团队，专业的育儿顾问会帮助顾客选购商品，同时提供科学的育儿知识和哺乳技巧。

孩子王的 APP 和微信商城等线上渠道的主要功能是和用户进行沟通和互动，而不主动引导用户在线上成交。孩子王主要交易还是在线下实体店完成的。在线下店完成有利于充分利用规模优势降低成本，避免单独发货所产生的包装和物流费用。

"会员制"是孩子王的内核模式。孩子王通过与会员互动，挖掘会员需求，来完善服务和优化产品。孩子王的会员获取主要通过三种途径：门店的自然客流转化、工作人员向目标用户地推促进转化、用户经过外界推荐，以及参与孩子王组织的相关活动主动转化。

线下门店提供各类服务和商品就是吸引用户成为孩子王正式会员的武器。妈妈们想要的"一站式购买"得到了满足，妈妈们想要的"家庭购物体验""带孩子娱乐购物"得到了满足，妈妈想要的各种母婴服务课程、项目得到了孩子王品牌背书的保证，同时，通过与孩子王进行互动，有可能得到自己想要的产品和服务。

这就是孩子王团队在市场夹缝中找到的机会！孩子王创立三年多来，推广上只投入很少的广告费，主要是通过客户口口相传及精准的 DM 广告来聚拢人气。

从本质上看，孩子王就是母婴产品和服务的整合者，秉持提供消费者需求强烈的产品和服务，选择、组合、优化产品和服务，并通过会员互动优化产品和服务，实现"适销对路"，也会提高会员黏度。

然而，很多企业的营销，首先或主要关注的是竞争。要不要关注竞争？要！但前提是先研究消费者，研究你能给消费者带来的独特的消费价值。如果你的产品与服务的消费者价值与竞争对手完全不在一个水平线上，关注竞争的意义就不大了。

4. 被尊重主义者——海底捞的成功密码

《海底捞你学不会》《海底捞，你可能真的学不会》把海底捞摆在了聚光灯下。询问大部分去过海底捞的人："海底捞哪里吸引你？菜很好吗？"

几乎百分之百的回答是"享受被服务、被尊重的感觉"!

认真服务和尊重顾客,很多服务行业的从业者都会这样做,但海底捞服务的特色是把功夫下在服务细节上,让客人有宾至如归的感觉。你会觉得过分的服务,甚至变态的服务,但这并不影响你消费海底捞的服务。

如何让你的消费者感受到你是在尊重他,真诚地尊重他,并有具体的产品和服务行为来持续保证,这是服务行业和零售企业必须思考清楚和具体落实的基本内容。否则,结果很可能是做不好,也做不火。海底捞的服务是成功的,但这不是唯一的方式,唯一的原则就是让消费者感受到"被尊重"。

三、新生代消费者的价值"导航图"

品质、性价比、自价值和被尊重是新生代的 4 种典型的消费心理,也可以理解为产品和服务的基本特征。品质和性价比更直接、直观,可以直接用价格来衡量;自价值和被尊重更综合,更能触动消费者。

借用一位 90 后的话说,品质和性价比是"值不值"的问题,但更重要的是"要不要"的问题,这就需要从自价值和被尊重两个角度设计产品和服务。那么,设计产品和服务有哪些基本方向和具体要点呢?如图 2-1 所示。

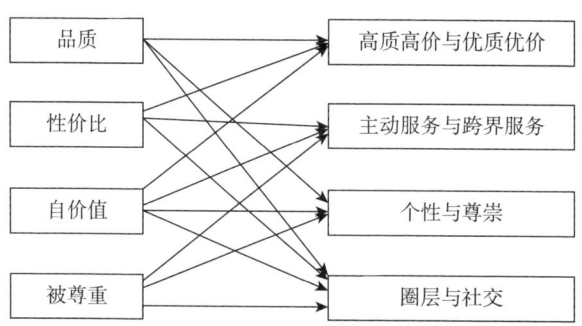

图 2-1 从自价值和被尊重两个角度设计产品和服务

（1）高质高价与优质优价

高质高价与优质优价是新生代消费者的基本消费者价值取向，或者说未来产品的基本特点，任何企业如果想健康发展，这两条路必走其一。

可能有人会问，即使是90后、00后消费者，消费能力也有强有弱，"低质低价"不行吗？2015年的"马桶盖事件"和名创优品的崛起背后揭示的是中国供给侧的不成熟和畸形，所以国家鼓励和推动供给侧改革。简单地说，改革的核心目标就是让国人消费优质优价的产品，不再去国外买"优质高价"的产品。

"低质低价"是高恩格尔系数时代的需求，不是低恩格尔系数新生代的需求。在中国一线市场，ZARA衰弱和优衣库壮大彰显的就是ZARA低质低价的失败和优衣库优质优价的成功。

优衣库的战略转型

从2016年业绩报告来看，虽然除GAP外，其他几大快时尚品牌的销售收入都在增长，但这种增长很大程度上要归功于门店数量的扩张，而不是其盈利能力的提高。伴随着消费升级大潮的到来，市场需求正在发生改变，ZARA、H&M、GAP、优衣库这些服装快时尚巨头不复当年的风光。廉价、同质化、缺乏个性成为越来越多消费者抛弃快时尚品牌的理由，曾经的繁荣似乎正在逝去。

2016年迅销集团将优衣库向高品质服装品牌方向转型，摆脱只关注时尚潮流的快时尚品牌形象，致力于专注设计生产高质量的服装，努力与H&M、ZARA以及TOPSHOP等快时尚品牌划清界限。

其实，早在2013年优衣库就进行了品牌重新再定位，将品牌理念从"Made for all（造服于人）"更新为"Life Wear（服适人生）"，并推出了一个Life Wear系列。优衣库创始人柳井正表示："与快时尚只注重于最新趋势潮流不同，优衣库关注的是完全不同的东西，在品牌的概念中，Life Wear指的是高品质、款式新颖和价格实惠、舒适的日常服装。"

虽然现在优衣库的战略转型成果还不显著，但优衣库的"优质优价"显然比ZARA的"低质低价"更顺应新生代的需求。

"高质低价"估计不会有人问，企业几天就得破产。还有人说不能"优质高价"吗？有没有这样的消费？有，但是在特定场合、特殊情景，比如轮船上、风景区里等。但深想一下，如果把"特定""特殊"加上去，就不会感受是高价了。大众商品"优质高价"是一条死路，毕竟"钱多人傻"是少数！是特殊情境下的行为。

"优质高价"的盒马鲜生能走多远

盒马鲜生是阿里巴巴旗下的新零售品牌，按照盒马鲜生的描述：

第一，我们的消费者是谁？从盒马鲜生来讲，80%的消费者是80后、90后。他们是互联网的原住民，是改革开放以后富裕起来的中国成长的新生代消费者，他们更关注品质，更关心对品质的追求，对价格的敏感度不高。

第二，盒马鲜生是基于场景定位的，围绕吃这个场景来构建商品品类。而我们吃的商品品类的构成远远超越其他超市卖场，所以在吃这个环节上，盒马鲜生一定能够给消费者满意的服务。盒马鲜生做了大量的半成品和成品，以及大量加热就可以吃的商品，希望让吃这个品类的结构更加完善、丰富。

第三，新环境下做店的境界：要让目标顾客一入店马上深刻感受到，这个店是为他开的，有他需要的商品和服务，是他想要的购物感觉和购物体验，能在较短时间产生比较强烈的感知，进而能通过一段时间的购物体验，对门店产生依赖。

基于新生代消费的需求特点，盒马鲜生重新设计了一套消费价值观："新鲜每一刻""所想即所得""一站式购物模式""让吃变得快乐""让做饭变成一种娱乐"等。

不可否认，盒马鲜生的模式有其消费群体。如果仅作为新零售的试验品是可以的，但作为一种普遍推广的商业模式，哪怕只在"北上广深"等人口密集的发达地区，都会有问题。毕竟"烧包"的90后只是少数，只是在特殊情况下的"烧包"。

我认为盒马鲜生最大的问题是：对新生代消费者价值选择的理解偏颇，新生产消费者看中优质，但不认同高价，更多的认同优价。去过盒马鲜生的消费者都会有这样的认识：有些商品是可以买的，比如进口红酒；生鲜产品买回家吃的，价格太贵；在店里吃，感觉是"以五星级的价格消费大排档"。

新零售再创新，通过客流量、客单价盈利的基本模式是不会变的。

（2）主动服务与跨界服务

主动服务尤其是超过消费者预期的主动服务，带来的就是"好口碑"，主动服务是对消费者"被尊重主义"充分理解和消化，海底捞的成功充分地揭示了这一点。

跨界服务是基于消费者"性价比主义"和"自价值主义"的深刻洞察和消化。孩子王不仅销售母婴产品，还做母婴服务，这算是相关性的跨界服务。虽然有些母婴服务是免费的，是市场推广或客情深化的手段，但对于消费者来说，自己的价值需求被满足了，甚至被超预期地满足了。有专业人士帮助你解惑，有会员朋友帮助你消除疑虑，少了精力和体力的成本消耗，也不会感知价格明显偏高，这来自于孩子王卓越高效的运营效率和规模成本优势的财务溢出。

跨界服务有两种：整合式和平台式。

整合式跨界服务是将相关内容整合为一个产品或服务。孩子王提供的就是整合式跨界服务，既提供母婴产品，又做母婴服务。从传统的围绕产品来销售变为围绕客户需求来经营，既增强了客户黏度，又扩大了销售机会。

不仅是快消品行业，工业或农资产品也存在很多跨界服务的机会和模式。三一重工是工程机械设备制造商，销售方式是卖设备。如果客户资金不足，就给赊欠、应收或租赁，这是大多数工程机械设备制造商典型的、传统的销售方式。三一重工的思考是客户买设备、没有钱，这是客户需求的表象。就像经典营销故事："客户要买孔，不是买钻头。"客户买设备的核心需求是设备正常运作时间，如何做到呢？要有熟练的工人，设备故障能够得到及时维修，并十分愿意为这些服务买单。三一重工的做法是客户不用购买设备，客户要的是设备正常运作时间，我就卖设备正常工作时间，客户按照工作时间付费。三一重工整合设备、租赁、熟练工人和设备维修资源，以增值服务和效率提升获得更大的收益。客户、自己（租赁）和熟练工人都满意，实现了"三满意"，也树立了差异化的竞争壁垒。

通过整合式跨界服务获得稳定的客流量，就可以利用高客流量提供增值服务、便利服务及非相关性服务，即平台式服务。平台式服务固然可以开放经营边界，规模和盈利可能会更好，但要注意保持产品和服务的品质一致性、稳定性，不能"丢了西瓜捡了芝麻""萝卜快了不洗泥"！

（3）个性与尊崇

新生代消费者最显著的消费者特性就是对"个性"与"尊崇"的狂热。个性就是要与众不同，可以是整体，也可以是一部分，让消费者认为你在"用心做"；尊崇是消费者感知"你在用心为他做""想他所想"，不是"想你所卖"！

苹果手机的热销不仅是因为是美国货、高价货、乔布斯的精神与审美，更重要是显著差异化的使用感受和体验。卖坚果的很多，能够生产出好坚果的也很多，为什么"三只松鼠"能够异军突起呢？

三只松鼠以"个性"和"尊崇"实现红海突围

"三只松鼠"是由安徽三只松鼠电子商务有限公司于2012年强力推出的第一个互联网森林食品品牌。品牌心智：天然、新鲜及非过度加工。2016年三只松鼠销售额55亿元，在5年时间里销售额超50亿元，创造了一个商业奇迹！

三只松鼠进入的坚果领域是不折不扣的红海市场，就是创业初期主打的碧根果也是红海市场，只不过是"浅红"而已。坚果有两个市场：散货市场和袋装市场。散货市场的典型特征：购买便捷、需求偶然、品牌弱化；袋装市场典型特征：需求相对稳定、严苛的综合质量要求、口味的独特性。袋装市场主要是办公室一族、宅里的年轻人。

三只松鼠创始人章燎原洞察这其中"不愉快"的巨大商机：买着太累，是不愉快；坏的太多，是不愉快；包装太蹩脚，是不愉快；外壳太硬，是不愉快；吃完了手太脏，是不愉快；壳子没处扔，是不愉快……这些不愉快都可以解决，价格会高，但袋装市场绝不是便宜，便宜有散装市场。

这么多不愉快解决了，客户也得到"尊崇"了，价格应该也不是问题了，但卖不出去，那就是"自娱自乐"了！

想清楚商机只是万里长征的第一步，怎么卖呀？用淘宝，被誉为"品牌的死亡泥沼"，做品牌没有出路！传统的"海陆空"传播，没钱做不起，即使做起了，也容易失败。

还是回归消费者本源思考，品牌就是识别，识别就要有个性，让消费者了解你，就要互动、体验，才能感知你、了解你。由此，三只松鼠公司和卡通代言人诞生了，品牌的个性化基因也深植其中，对松鼠的联想就是天然、新鲜及非过度加工。所以，不论是三只松鼠描述页的第一屏，还是松鼠包裹的附送物，抑或是松鼠客服的个性化，都是"三只松鼠"这个卡通形象的表现，这种塑造是全程的，是一以贯之的，是统一和谐的。

松鼠的拟人形象很容易实施互动，但是，怎样与消费者链接并实现互动，到哪去找大客流，并与之对接上？疯狂投入天猫的钻展、"双十一"、聚划算，对于"三只松鼠"来说，是"惊人的一跳"，但哪个现在风光的企业没有经过"惊人的一跳"呢？想清楚了，准备充分了，是"惊人的一跳"；没有想清楚，没有准备充分，就是"疯狂的一跳"。

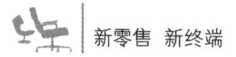

时至今日，随着"三只松鼠"IP的上市、产品线的丰富及线下实体体验店的扩张，"三只松鼠"在坚果行业的龙头地位已经无法撼动。

(4) 圈层与社交

"傻子过年看邻居"，圈层与社交是一种基本社会属性。自古就有，传销、直销是最典型的利用圈层、社交的销售方式。只不过在互联网即时通讯未兴起时，受时间、空间、关系、精力、成本等的限制，圈层和社交未被广泛地、充分地、有组织地利用起来。

圈层是状态，社交是手段，圈层和社交传播是口碑和体验。以往企业自身和媒体发起的传播是辐射状的、单向的，而圈层和社交的传播是网状的、互动的。就像说一个人是好人，以往用电视、电台、报纸大张旗鼓地宣传，大家知道了他是好人，也可能怀疑是不是真的是好人，因为"雷锋3月来4月走"的案例也不罕见。但你身边信任的人告诉你，他是好人，你可能会更容易相信，成本也是最低的。

圈层与社交的道理是很简单的，怎么做到？

第一，高价值立足。还是回到上述消费者价值上，高质高价与优质优价、个性与尊崇就是价值高低的判定准则。低价值的产品是难以在圈层站住脚的。低质低价的企业为什么没有做大的？就是因为有了一定的消费圈层，但口碑不好，站不住。天猫、淘宝为什么末位淘汰？这也是高价值、高性价比产品的筛选的机制。

第二，培育口碑源。健康成长企业必须长期坚持不懈地开发首用人群，首用人群就是口碑源。三只松鼠初期是利用天猫的流量实现首用人群的开发，孩子王是利用医院、幼儿园，以及每个店都设有早教、舞蹈课、钢琴课、新妈妈培训等课程和活动等线下渠道开发首用人群。

第三，丰富和保鲜圈层生态。一个企业的产品和服务信息如何在形成的不同圈层中持续成为关注，保持热度，这就需要内容，不断践行高质高价、优质优价、个性与尊崇的消费者价值承诺和追求。否则，圈层生态就不能保鲜，成为对你来说的"死圈""死粉"。

第四，管理社交的有效性。社交的核心内容是企业的产品和服务的价值的展示和体验，但如何提高自己的社交活跃性，是社交管理的基本点和关键点。社交的最大特点是不在企业的直接掌控之中，企业唯一能掌控的是发出的社交内容是否被喜欢。社交是让新消费者入圈，但能否留住，产品和服务的价值固然是核心，但更具冲击力、吸引力、情趣性、情景化的产品和服务的价值展示和体验也非常关键，最好能够达到"众里寻他千百度，蓦然回首，那人却在灯火阑珊处"的境界。所以，互联网即时通讯时代，对营销管理和传播专业人员的专业能力、创新能力、综合能力要求更高。

四、以"场景"为核心的新生代传播策略模式

更具冲击力、吸引力、情趣性、情景化的产品和服务的价值展示和体验，怎么做？核心要旨是什么？是场景。

场景的核心是沟通，场景的基础是价值，场景的原则是体验。场景不是"扒光了给消费者看"，那样也没意思，会索然无味，也不会获得溢价。场景不是朦胧，不是让消费者看不清、记不住，更不是忽悠，因为消费者可能最多只比你傻20分钟。场景是展示你想到了哪些消费者未被满足的需求？是你如何一步步做到的？是你怎样以适度的艺术的手法展示为消费者殚精竭虑塑造出来的"精品"？

（1）终端与推广一体化

"逛街"是现代人一种基本的生活方式，尤其是随着 Shopping Mall 成为典型的、主流的商业业态。对于新生代消费者来说，全家一起"逛街"更是一种必不可少的家庭消费形式。另外，线上、社交的体验毕竟真实感差，仅做线上，对于企业来说，也丧失了更多接触消费者的机会，这就是小米开"小米之家"、阿里巴巴倡导新零售的缘故。

相对于传统零售终端，新零售终端最大的不同就是，它不仅仅是产品展示，更是产品的体验、品牌体验和消费者关系体验的场所。去过"小米

之家"的消费者,潜意识想到的是小米以5%的净利润能够提供家庭需要的很多优质优价的产品,买产品先到小米之家挑选!去过三只松鼠的消费者,会感受"天然、新鲜及非过度加工"不是口号,是追求,尤其是"三只松鼠"IP上市,三只松鼠已经从食品消费变成了文化消费。

(2) 圈层与社交全程化

消费者的共振效应和倍数效应,有赖于持续的、不断优化迭代的传播内容和形式,圈层的维系和社交的深化不能"三天打鱼两天晒网",这是做不成的,所谓"量变带来质变""质变引发量变"。差异化的、超预期的线上的消费者互动和奖励策略会起到催化剂的作用。

(3) 个性与尊崇定制化

尊崇与个性是面向新生代消费者必须秉持的产品价值设计和创造的基本原则,也是新时代企业,尤其是后起企业存在与发展的基本理由。单个产品的定制化是个性与尊崇定制化,如服装、家居、餐饮等。这些天然就具备个性化属性,AI的场景技术"所见即所得,所感即所验"也使这种定制更容易实现。标准化产品的定制化是个性与尊崇定制化的"高段位水平",小米MIUI操作系统的设计和开发就是如此。消费者参与产品创造的过程,就像自己做的菜,只要不是特别难吃,都会说好。会再给企业机会,尝试购买和使用企业的产品。

第三章 终端建设的提升方向

☞ 吴铠

一、传统终端运作中的困境及原因

2017年，无论国内国外，实体店关闭似乎成为一种"风潮"。据统计，国内一二线城市545家大型购物中心共关闭10087家品牌店。与此同时，"开店潮"与"关店潮"并行，国内的电商巨头们在开始加速线下实体店的布局，开店的速度加快，盒马鲜生2018年计划在北京开店30家，京东7fresh3~5年内计划开店1000家，苏宁易购计划到2020年建设2万家线下店。

实际上，对于绝大多数企业来说，现实中传统终端在运作过程中都存在同样的困境。

（1）终端布局与结构失效，难以满足新零售时代的导流要求

在短缺经济时代，消费需求同质化，终端红利巨大，只要终端占据了好的地理位置且终端数量足够多,广种薄收,自然就有销量。因此,生产(品牌)企业普遍按终端地理位置进行粗放式的市场布局,强调的是终端的铺货率。

而在新零售时代,传统渠道和终端的红利已不复存在,简单地以地理位置来布局及构建终端的模式已经过时,很多传统终端将难以实现消费者的导流、成交和转换的功能。在个性化的需求和有质量的消费成为主流的今天,只有场景化的终端布局和终端建设才可能激发消费需求和购买行为。

(2)终端形象及产品同质化、体验差,无法吸引新时代消费者

传统终端强调的是的所谓"穿衣戴帽",终端建设注重的是终端形象包装、终端陈列、产品展示和品牌元素露出展现。

而在新零售时代,产品外观及功能的同质化已经无法给新时代的消费者带来新鲜体验,同时传统上简单的终端形象和终端陈列已经不能将消费者带入场景化的体验,无法让消费者感知产品价值的差异,更无法吸引85后、90后这些新时代的消费人群。

(3)终端促销陷入囚徒困境,几乎不促不销,促了也未必销

传统的终端促销多采用拼价格、品折扣、拼促销品的砸钱方式,由于不贴近消费者需求,形式和内容上已经不能吸引消费者的关注,无法实现预期的效果。

几乎所有行业每年都在三个时点进行规模和力度比较大的促销,如消费品行业的五一、十一、年底大促,基本要占企业全年百分之七十的销量,这几年又增加了电商"双十一"大促,很多企业染上了"促销依赖症"。但实际的结果是,促销对消费者的吸引力越来越弱,促销对促进企业销量增长越来越不明显,但频繁的促销反而使企业的整个供应链体系被打乱,整个价值链被打乱,整个价格体系崩盘,最终导致企业及营销链条的所有环节的盈利水平降低。

（4）终端服务流于形式，难以打动消费者

传统的终端服务多数是以销售为目的，急功近利，难以打动消费者。具体表现在终端会员体系不完整、服务手段单一，服务内容缺乏创新、缺乏针对性的资源投入、缺乏数据支撑，结果原本初衷是打动消费者，最终变成了打扰消费者。终端服务者做不到需要的时候无处不在、不需要的时候无影无踪，原本为了消费体验的服务变成了为了服务而服务、为了推销而服务，对消费者的吸引力越来越弱。

（5）用户关系维护弱，持续流失且不明原因

传统的终端用户关系维护是以销售为导向的，并不是出于真正关心消费者、为保障消费者利益而存在的，这导致终端与用户的关系多数只停留在交易环节。

从用户关系经营的链条来看，终端行为更多的只是注重获取新用户环节，而在用户激活、用户留存和用户价值挖掘等环节缺乏必要的策略、方法和动作，导致用户与终端的关系基本上是一锤子买卖。黏性差，难以形成真正的互动，用户流失了都无法了解真正的原因，终端进入一边高成本获取新客户，一边莫名其妙流失老客户的怪圈。

（6）终端运营管理粗放，导致维护弱，经营成本高、效率低

多数企业传统的终端运营管理是以维护老板娘（终端店主）为出发点的，认为服务好老板娘就是管好了终端。终端运营的管理滞后，结果通常是终端费用投入越来越高，但价格无法卖高，终端利润持续下滑。本质原因还是企业对于帮助终端经营消费者方面，存在着重视不足、策略缺失、资源投入不足、工具方法不完整、配套管理体系不健全的问题。

在新零售时代，对于建材、家具、婴童产品等终端营销型产品，在消费者日趋理性和电商低价冲击的情况下，终端运营管理如果不能围绕消费者系统升级"终端运营策略体系和管理体系"，终端覆盖的扩张和终端单店的良性经营将很难实现。

二、新零售时代营销的创新方向

未来新营销，必然是在"对目标用户进行精准定位"和"跨界整合资源"的基础上，通过对价值的重新定义和设计、高效快速的服务、场景化的互动体验，以及关系的深化及用户的沟通，最终实现价值传递。

(1) 顾客中心、价值导向

新零售背景下，企业的营销战略导向要由从前"基于竞争的比拼消耗"转向"以顾客为中心的价值创造"，企业需要放弃以前的价格战、渠道战和促销战，转向为目标客户提供更好的价值及体验的产品和服务。基于新的营销战略导向，企业对于终端建设的指导思想要转变，经营终端本质上是经营消费者，而非搞定老板娘。

新的终端建设总体指导思想应该是：结合消费者的典型使用场景布局和建设终端，持续升级和打造魅力化产品，把握并围绕消费者的痛点刚需展示产品的独特卖点，通过提供温情化的增值服务增加消费者黏性，以消费者为中心、以帮助终端提高用户经营管理水平为目标，升级企业的终端运营管理体系，通过厂家、经销商和终端的高度协同，共同经营用户，实现有效的价值传导。

(2) 优化布局、全局覆盖

企业的终端布局规划方式要从原有的简单基于地理位置和强调铺货率，转向围绕消费者的生活方式和消费场景布局终端。企业要分析消费者的各种典型消费场景，围绕典型消费场景进行终端的立体化布局，包括线下和线上，实现全局覆盖。在终端选址时利用互联网和大数据工具优化终端布局；在终端建设上，要根据不同的消费场景定位终端的功能分类，据此制定终端的建设标准并实施落地，最终实现终端的全渠道和全局的有效覆盖。

(3) 产品为王、推优卖贵

在消费市场逐步进入个性化和品质化的今天，功能简单、外观无设计感和低质量的同质化产品越来越难以吸引消费者，企业必须摒弃原有的同质化产品+促销拉动的策略，树立并坚持产品为王的导向，深入研究和分析消费者需求和典型消费场景，致力于为顾客提供尖叫型的大单品和定制化的魅力精品，基于顾客价值持续升级产品和服务，着力推动"推优卖贵"的价值战，如以格力和美的为代表的品牌家电企业都在不断进行产品升级，纷纷推出中高端精品。

(4) 场景体验、娱乐推广

终端建设方式要改变原有的外在简单的"穿衣戴帽"、内部同质化的追求排面数量的产品陈列、品牌元素简单的露出展现，通过终端场景布置增强消费者体验感，将消费者带入使用情境，典型代表如宜家家居，通过打造不同的场景将人流量以不同方式引入宜家商场。在终端推广方式上，不应该再简单的展示产品和品牌，而是要用娱乐化的方式引起消费者共鸣，结合产品使用的典型场景，把握消费者的刚需痛点，围绕产品的独特关键价值进行产品展示，体现关键价值，典型如老板电器的大吸力抽油烟机的终端体验和使用龙卷风道具推广产品。

(5) 增值服务、温情互动

企业要从战略的高度上认识到服务是经营用户、提升竞争能力的重要手段，而非成本和包袱，从内部员工到外部经销商都要高度重视服务内容和服务质量。

企业要把顾客当朋友，发自内心地与顾客真心交朋友，在用户对产品认同的基础上，结合用户需求和使用场景，提供有针对性的增值服务，制造感动点，形成口碑传播和用户转介绍。同时要设计能与用户长期互动的内容，做用户的小秘书、产品说明书和技术专家，通过与用户朋友式的长期内容互动树立服务人员专业、专家、顾问的形象。典型企业如三一重工通过服务取得相对竞争对手卡特彼勒的竞争优势。

(6) 深化关系、经营用户

在用户经营上,企业要改变原有的只重视新用户获取而忽视老用户的模式,通过对老用户的激活、留存与深度价值挖掘,提高老用户的忠诚度。企业需要建立完整的顾客关系管理系统,对用户进行分级,在分级的基础上提供差异化的售前、售中和售后服务,逐步实现用户社群化;通过深度的用户社群化经营,将已有的用户资源变现。孩子王母婴零售商40%收入来自对老用户的内容增值服务;奔驰零售商通过整车价格的大力度折扣进行引流,再通过持续的用户经营实现零配件、汽车保险、汽车金融服务、车友俱乐部服务等实现增值经营。

(7) 厂商协同、生态共赢

企业和经销商都要意识到,单靠各自的力量是很难实现高效的终端用户经营的。因此,厂家和经销商之间要实现明确的职责分工,厂家要为终端赋能,树立终端的用户经营意识,为终端提供用户经营的工具方法、信息系统,提供线上线下的活动策划,提供相应的终端资源、培训和指导终端操作。而终端要按照厂家的要求服务用户、经营用户,与厂家共同投入资源,并及时向厂家反馈信息。同时,厂家和经销商要共同整合异业联盟资源,形成面向用户的完整解决方案。只有厂商之间紧密协同,共同经营用户,才能实现互利共赢,在市场上立于不败之地。

三、终端布局的全渠道、立体化趋势

首先,企业要围绕消费者的生活方式去构建终端大场景。

(1) 用户消费场景分析

企业要根据自身产品的目标用户人群特点,对用户的消费场景进行分析:哪些是消费者的核心消费场景(如购物中心广场、家居建材城等)、哪些是消费者的即兴消费场景（便利店、社区店等）、哪些是消费者的碎片化消费场景（如电商、网站、微信等），在用户消费场景分析的基础上，对终端大场景进行合理的布局规划和落地。

（2）终端布局选址规划

终端选址原则——要选择目标人群最集中的黄金地点。实际上，并不是人流量越大就越是好位置。有时候，人流量大，可能只是别人的最佳位置，要找到自己的黄金位置，就要思考目标用户人群在哪里经常出没。

盒马鲜生并非一味以人流量大作为唯一选址标准。对于具体选址标准，盒马鲜生会借鉴淘宝和支付宝的用户数据，以社区型Shopping Mall为主。以上海外环以内为例，门店中心3公里半径范围内有30多万消费人口，盒马鲜生会通过大数据，了解目标客户的整体用户画像及线上购物活跃度，并希望Shopping Mall的停车位数量越多越好，以满足消费者停车需求。综合来说，盒马鲜生在选址时会事先对周边3公里范围内的人口数量、人群质量、地产方的配合能力、物业特点等做整体考虑，而不是单纯看重位置和流量。所以，选址的时候，既会选择商超多的繁华之地，也会选择相对偏僻的地方。

某厨电企业在开店选址时，几乎都选在新楼盘附近，投入了大量的店面装修费用，结果门可罗雀，来体验的用户很少。分析原因时发现，新楼盘入住率不高，只有业主在装修时才会来到店里，而平时小区里是没有人的。体验店原本应开在人流量大的商业中心附近，应该在类似大型Shopping Mall或大型生活超市旁边开体验店，结果却开在新开楼盘旁边，变成了集客店。这里所犯的错误是典型的以销售为中心而非用户为中心。

(3) 按照不同的消费场景构建终端形态

从消费者角度看，企业无需区分是线上顾客还是线下顾客，消费者的需求是复合多样的，不同场景、不同品类会选择不同的购物渠道。周末时间充裕时，和家人逛实体店，发现新商品，参加亲子活动，工作日生活节奏快，就会选择社区便利店或电商平台，省时省力。线下门店的可逛性和新奇性，线上服务的方便与快速，这两者之间相互补充，形成闭环留住消费者。

在终端形态的构建上，应充分考虑消费者的消费场景，建立不同终端类型的建设标准。

如果在二线城市的购物广场开一个大店，就要知道消费者来购物广场的目的是什么。如果是以娱乐和社交为主，那么大店的定位就应该是与消费者体验互动，而不是以产品为中心进行展示销售。终端布置就应该按照娱乐化的互动场景进行布置，通过互动场景将品牌元素、产品元素植入其中。

而在某些场景下，如下班回家路过社区便利店时，消费者就是去买东西的，不是去娱乐的，就要组织大单品，吸引目标消费者购买；而有些终端消费是便利性购买型的，就需要提供配件辅助性产品供消费者购买。所以，要根据消费者在不同商圈的消费场景来决定其终端的构建和终端商品的组合。

其次，定义不同类型终端的功能。

核心商圈终端，功能定位为社交、互动，应该优化体验，推广和提升品牌；如无印良品、优衣库等，在核心商圈都有终端布局，有点像小宜家那种片段的组合，让消费者进入这种场景的时候很快就有 IP 感，激发消费者的购买欲。

一是社区便利终端，要起到便利购买、贴近服务的作用。

社区商圈便利化、有效覆盖、取量，让快消品的深度分销网点继续发挥作用。

二是电商虚拟终端：通过复购提升效率。

线下实体店加上线上的外购和配送，同样的面积可能产生双倍或三倍的营业额，终端在一次获客后，消费者通过来店体验看看是不是真的、是不是好的、是不是自己喜欢的，后续的高频复购不需要来店，完全可以通过线上完成，如此可以大幅度提高终端坪效。

三是线上线下整合，构成完整闭环。

在终端的线上线下整合方面，小米无疑是佼佼者。其策略是选址人气商场，线上集粉、线下体验、口碑落地。基本上，其粉丝都是线上过去的年轻人，直接奔店里去，直接买，买了就走。小米的粉丝基本都是新生代的85后和90后，黏性本来就很高，有了实体门店之后，实现了将线上粉丝在线下实体店激活，口碑得以落地。

四是构建1+N立体渠道模式，实现全渠道的覆盖。

建材、家具、婴童产品等终端营销型产品，其消费不是场景冲动型的，而是场景启发型的，消费者购买的时候会很理性。终端构建一般采用1+N的模式，即大店场景加上各种细分渠道覆盖的模式，如装修公司、设计师、分销、异业联盟导流、社区体验等，通过几种渠道向一个核心渠道导流。像顾家沙发、老板电器、马可波罗、欧派橱柜等都是这种1+N的模式，一个大店加上N个隐形渠道进行有效导流，当然也包括互联网导流。

传统电商纯导流、纯价格PK的模式吸引不了中产阶级，必须通过O+O和1+N两种终端形式进行全局覆盖。O+O是便利性的购买，适用于标准性产品销售；1+N是差异化产品，辅助性半成品的组合销售。用两种终端形式进行构建，实现终端的补全和虚实相结合。

四、终端建设的场景化策略

围绕目标用户的生活方式、生活轨迹、工作场所形成的各种场景去构建终端，通过终端场景驱动，触发用户需求，在后续的互动过程中沟通价值并最终满足用户需求。

虽然宜家是一家家居用品制造与零售商，但宜家销售的却不是家居用品,他们销售的是家居生活场景,是生活方式。在 2016 宜家推出的《家居生活报告》中,宜家用四个维度定义"家":物品、关系、空间、地方,并在这四个维度的基础上,去探索家之所以成为家的原因。将物品按一定关系放置在具体的空间与地方,即构成不同的家居场景,家不是由物品堆积而成,家是由不同场景构成的。因此,宜家的家居销售特别注重场景化营销。

宜家商场设计的最大特点是提供大量样板房展示,从厨房、浴室到客厅、卧室,应有尽有。分别展示了在不同功能区中如何搭配不同家具的独特效果。这些场景都是由商场专职设计师负责设计,每个展示空间都标注相关尺寸。场景中提供的所有商品皆是可购买的,所见即所得,消费者可以轻松地在自己家中实现场景复制。

"人们只会买适合自己家的产品,而不会买一张看上去孤零零的东西。"宜家新闻总监 SelinHult 曾这样解释宜家的营销逻辑,这也是宜家线下卖场在中国如此火爆的原因——就像专业人士教你服装穿搭一样,来宜家找家装设计灵感往往比买东西更重要。

总体而言,未来的终端场景构建应满足的六大要素:

(1) 展现品牌内涵

新零售时代的品牌一定要 IP 化,如果不能 IP 化,只是一个 Logo、一个宣言,这种品牌定位过时了,根本无法进入消费者心智了。因此,终端场景设计要从外观到内部氛围立体化营造,充分展现品牌内涵,吸引目标用户。包括四大方面:

一是品牌形象识别系统场景化。将品牌的视觉、理念和行为标准场景化展现,典型如麦当劳。

二是品牌发展历史和未来场景化。将品牌的底蕴和对未来的追求场景化地呈现出来,典型如老板电器。

三是品牌目标用户群体场景化。将品牌产品的目标用户人群标签化、可视化,典型如宜家家居。

四是品牌价值利益场景化。将品牌的愿景使命,对用户价值的理解以给用户带来的利益场景化展现，典型如星巴克。

（2） 凸显产品卖点

将产品卖点 IP 化，要突出产品的卖点，并且要将这个卖点和产品相关联。要从产品功能、性能、材料、工艺、效果、使用场合、实验效果等维度，通过视频、物料、工具布置摆放等充分展示，让用户一目了然

老板电器的大吸力油烟机通过 15 斤木板和龙卷风的实物道具，充分展现了超强大吸力的卖点。

马可波罗瓷砖，其常见的古典仿古风格的场景布置与其主卖的仿古瓷砖高度一致，使消费者融入其中。

（3） 深化用户体验

贴近用户场景设计产品与服务体验，将用户带入情境。不管是 7Fresh 还是超级物种，实际上就是一个食品的嘉年华，有的玩、有的乐，令人很兴奋，使消费者产生冲动购物的欲望。另外，可以通过高科技手段导入，提升顾客体验。比如 7Fresh 的无人购物车，抱着孩子逛超市不方便，你只需要拿一个手环套在手腕上，抱着孩子，那个小车就能自动跟着你，解放你的双手。如果之后想吃点东西怎么办呢？你给它下一个指令，这个小车就能自己到款台去结账，结完账以后又自动回去，碰到障碍能够自动避开。

（4） 表现促销主题

定期的促销活动与主题促销活动要和用户的生活场景紧密结合，才能与用户产生共鸣，取得事半功倍的效果。如每年重大的节假日，春节、元宵节、中秋节、五一、十一、元旦等，这些年随着电商的崛起，又增加了"双十一"、618 等。在终端的场景化建设中，一定要对这些主题元素进行深入的梳理和挖掘，结合品牌定位和目标人群定位，设计结合用户场景的主题推广活动，并辅以相关的推广物料，在终端上形成场景化的布置，取得造势和传播的效果。

典型如超市中的火锅节促销,就是结合冬季用户食用火锅的场景,创造"火锅节"的促销主题,将相关性产品组合在一起突出整体的促销主题,形成整体打包一站式促销采购的氛围。

(5)借助热点事件

随着互联网和微信等社交媒体工具的普及,热点事件能够很快形成社会高关注度,如果能在终端上借势造势并形成场景带入,线上与线下互动,将会产生超出预期的效果。

如乐高玩具,借助好莱坞大片《复仇者联盟3》的上线,结合乐高的IP元素,借势开展了乐高四家新店开业的推广造势活动。

(6)演绎推广IP

首先要明确品牌定位和产品定位,然后做拟人化、人格化和故事化的挖掘,深入演绎IP,再结合目标人群的诉求,在终端通过场景化的布置和故事化的推广,演绎IP,形成用户共鸣。

典型案例为蛋黄哥,其中的角色懒蛋蛋,已经成了被工作压得透不过气,一心只想耍赖犯懒的搬砖族心声的代言者。蛋黄哥懒得展首展在上海静安大悦城,将具有代表性的新、旧上海街景元素和蛋黄哥结合在一起,将蛋黄哥的IP演绎到极致,带动周边产品大卖。

五、终端促销的娱乐化策略

终端促销的娱乐化策略如下:

(1)促销主题的创新

促销主题要娱乐化、IP化,注重社交性,就是说促销的规格要提高,而不是以前的打折降价为主的方式。如果让消费者砸个金蛋晒朋友圈,多数人不会参与。要有吸引人的场景,消费者才会给你点赞。顾家沙发,其主题为"因为爱家,所以顾家",将秀恩爱作为促销的主题,因为秀恩爱是年轻人热衷的。

（2）促销的形式要创新，形式简单易行、灵活组合、拉动销售

飞鹤乳业亲子嘉年华促销活动，将舞台表演、游艺比赛、早教互动、营养咨询和盛大促销融为一体，让孩子和家长深度参与，使家长既能了解孩子现阶段的智能发育水平，又能学习掌握开发孩子智能的科学方法，同时又有力地拉动了销售。

（3）促销实施的创新

实施贴近不同场景的终端、商圈、造势、互动参与和情境营造。

在新零售环境下，由于消费者的购买行为越来越离散化，购买时间越来越碎片化，因此在促销实施的过程中，再像以往那样在集中的时间和集中的地点实施促销引爆活动，效果会大打折扣。家居建材行业，像红星·美凯龙和居然之家这样的建材超级卖场的引流和聚客效果已经大不如前。因此，促销活动的实施，必须贴近消费者购买的不同细分场景，通过核心商圈和媒体造势，线上和线下实体终端联动与情境营造、消费者活动互动参与，取得点面结合、遍地开花的效果。

（4）合作模式的创新

品牌企业要善于通过异业联盟和商家协同，做跨界整合，使主题促销活动的效果最大化。跨界合作的基本方向和形式包括互补性产品组合、共享渠道的联合推广、相关的服务资源整合和同一调性的品牌共振造势等。

顾家家居的全民顾家日活动，除了《了不起的沙发》G20灯光秀成为全民热点外，顾家家居发起的"顾家老司机、沙发大接力"，整合了来自泛家居各个领域的35个品牌蓝V一起"上车"，并以家为核心，合力"花式秀文案"，纷纷秀出"爱家"表达，引发情感共振，吸引了消费者主动参与其中，开创了行业联合营销数量和规模之最，凭借新奇有趣的创意，登上微博热搜，赚足眼球。在万众瞩目的灯光秀之后，又有80余个来自各行各业的品牌，集体为全民顾家日站台，共同以爱之名点亮"中国梦，顾家情"，以庞大的阵营让消费者感受到了更为深沉、有力的"顾家、爱家"情感共鸣。

六、终端服务和终端运维的策略

终端服务和终端运维的策略如下：

（1）终端服务的情感化策略

企业要针对顾客的痛点与刚需提供增值服务，并且以真诚的态度与情感投入，真正实现温情关怀，深化顾客关系，持续开发顾客终身价值。

一是从意识上转变，要把用户当朋友、闺蜜，而不是单纯的销售对象。

二是要针对其主要使用场景的痛点与爽点，设计服务内容与形式，如奥迪汽车的换季清洗、老板电器的全程无忧服务。

三是要注重感动设计，提高服务情感体验。

顾家沙发做的就是全程无忧的感动服务。在北京，顾家有十几辆面包车，只要打个电话，两小时能到家为你洗沙发，一年免费洗两次，直到沙发洗烂为止。从另外一个角度说，免费洗沙发就是加速沙发折旧，否则一个沙发用十年都没有回头客。海底捞、孩子王等，也属于感动服务。

四是与用户深入、高频沟通。终端要注重用户关系深化、社群建设、圈层互动、客情关怀与沟通等。

如方太电器的生活学堂教你如何做饭，美的的厨电事业部和迪士尼合建了美食快乐体验店，乐高玩具的亲情互动、小米之家的粉丝互动等都是值得推崇的终端建设实践。

那么，未来终端和用户的互动，哪些事可以做？互动的内容又是什么呢？我们认为和消费者互动应该是以下五方面内容：

一是当用户小秘书，介绍产品使用窍门。

二是当产品说明书，因为有的消费者比较懒不看说明书。

三是当技术专家，碰到特殊问题马上排除。

四是当闺蜜,有些亲密的互动,甚至可以和用户聊一些八卦。

五是给顾客当保姆,除了产品外,和用户家里产品以外的东西也能互补、沟通。

孩子王有 5000 名育儿顾问 24 小时随时在线,他们实时回应会员的在线问答,同时会员也可以预约服务,比如到家催乳、小儿推拿等。

(2) 终端运维的数据化策略

第一,明确建立终端运维数据系统的目标。

对于品牌厂家和商家而言,建立终端运维数据系统并对数据加以有效分析,可以帮助企业优化流程、降低成本、提高效率、增加收入。企业建立终端运维数据系统的最终的目标是利用大数据帮助企业做出快速、高效的决策,提供规模化的解决方案。

第二,通过终端运维数据分析产生的作用。

通过终端运维数据平台记录用户在使用产品或接受服务过程中产生的交互、交易,企业可以深刻理解顾客消费场景,精确描绘用户画像,并实现顾客关系的智能化管理。通过分析手段还可以反推用户需求,创造更多符合用户需求的增值产品和服务,再重新投入用户使用,形成完整的业务闭环。

第三,终端运维数据分析的进化阶段。

阶段 1,观察数据——发生了什么?

基本的交易和交互数据记录,可以告诉我们发生了什么?比如人流量、转化率、交易单笔金额等。

阶段 2,理解数据——为什么发生?

分析数据背后的原因,比如进店率、转化率提升或降低背后的原因。

阶段 3,预测将来——未来会发生什么?

当理解了数据发生的原因之后,可以根据以往的知识预测未来会发生的结果。

阶段 4,商业决策——应该怎么做?

通过数据判断下一步应该怎么做,比如产品组合、推广地点、推广形式、推广内容的改善等，即商业决策，这是终端数据化运维的核心商业价值。

第四，终端运维数据系统的功能组成。

完整的终端运维数据系统应至少包括客流分析、消费者身份和行为识别，及消费记录分析、产品管理、店员管理等内容的数据化管理，以及可视化数据、智能导购、物流分析、电子标签、移动智能仓库的管理、智能VIP的识别等功能。

这部分主要是提高营销精准度和运维的效率，未来将越来越成熟，智能识别会越来越准确。智能化数据收集在大数据系统的支持下，能很快进入消费需求分解和消费行为模式分解，而且会越来越精确。未来的数据平台将会有统一订单、统一促销、统一库存、统一物流、统一售后和统一会员管理。

七、建立厂商一体化的终端协作体系

新零售环境下，用户需求越来越个性化，终端场景越来越多元化，对终端推广和终端服务质量都提出了更高的要求。显然，单独靠厂家的力量或商家的力量都是无法实现新零售背景下的终端建设要求的，厂家和终端之间必须在终端建设、终端运营的协作上形成高度的协同。

（1）认识上的改变

对厂家来说，要认识到：终端协作不能再像以前一样只维护到终端店主，而是要帮助优质终端建立与用户的连接和黏性，并与终端建立长期而稳定的合作关系。从终端来说，更要充分认识到：品牌厂家是稀缺资源，要借助品牌厂家的产品和资源实现终端的转型升级，不断提升用户数量和用户质量，并通过服务不断增加用户黏度。

（2）厂商之间的各自定位和职责分工

厂家的角色应定位为区域市场的规划者、服务者和管理者，代理商和终端的指导教练和合作伙伴。具体的职责包括：合理确定终端布局和终端建设规划、制定营销策略、制定实施计划、编制市场投入预算，厂家应对代理商、零售门店的日常工作给予指导、支持。同时，对其实施监督、考核和激励。

代理商是厂家在区域市场运作的中坚力量，既是厂家重要的合作伙伴，又是终端的服务者和管理者。其主要职责：在区域市场内负责进行终端建设、终端维护和市场推广。同时，代理商也是区域市场的规划和管理平台，为终端商提供促销活动、售后服务、人员培训、物流运输等一系列支持。

终端是厂家产品的销售阵地，同时也是品牌、产品与消费者、用户接触的直接界面。终端的主要职责：根据厂家的要求建设终端、提升终端和产品形象、销售厂家产品、执行厂家的政策、配合厂家开展促销活动、积极向厂家和代理商反馈相关情况。

（3）厂商之间终端协同的主要内容

厂商之间要将终端开发、终端维护和组织管理三个方面工作作为终端协同的重点内容。

- 终端开发方面的厂商协同包括终端布局规划一体化、营销策略一体化、目标计划一体化。
- 终端维护方面的厂商协同包括终端管理一体化、导购管理一体化、服务体系一体化、信息反馈体系一体化、市场秩序维护一体化。
- 组织管理方面的厂商协同包括沟通体系一体化、支持体系一体化、管理体系一体化。

终端协作的典型案比如老板电器，厂家与代理商在终端建设的协作上形成了高度的一体化运作。形成了标准的终端操作与管理要求、协同要求，包括终端建设、人员管理、现场管理、销售管理、商品管理、财务管理、信息系统、客户服务管理等，并建立了一系列的标准化流程和动作，且通过逐级的监督和考核将整个管理形成闭环。老板电器还通过与代理商之间的高度协同，实现了终端覆盖和终端效率的大幅提升。

第四章 终端建设的场景化

☞ 聂士超

一、终端场景化的概念和设计逻辑

终端场景化的概念和设计逻辑如下：

1. 何为终端场景化

场景的构建是新零售重要的组成部分，特定的购物人群、节点，都需要不一样的购物场景，消费者需要场景带来更好的购物体验。场景即用户在某时、某地、基于某种背景情境和某种痛点形成的某种需求动机，基于此消费者产生的相应的心理需求和相应的行为。场景是动态的，是在不同场景下驱动用户需求的条件，与场景相对应动机、行为、欲望等也是变化的。场景式营销就是为不同场景刺激下的用户需求提供相应的解决方案。

终端本质上就是用户与企业构建关系的最后界面和窗口。终端的场景化就是围绕目标顾客的生活方式、生活行程、工作场所形成各种场景，以各种场景和用户的价值观为导向，强化在不同场景下的终端地理位置布局、终端的不同功能、终端的不同类型业态、终端的不同层次的场景体验感设计，通过终端现场场景的驱动、触发、刺激，来引导用户的需求动机、需求欲望和情感共鸣，在全过程全链条多环节中通过营销行为的引导，帮助用户发现价值、识别价值和消费价值，最终实现不同场景的需求满足。

2. 终端场景化带来终端建设转变

营销逻辑起点变化：终端建设场景的概念提出，促使企业营销系统设计的起点从以前的企业自身立场出发转化为基于用户的场景出发，即以不同用户群体不同场景下的心理动机、情感情绪和需求行为为中心来构建企业的营销体系和终端操作行为。

终端建设方向变化：传统营销体系下的终端建设强调终端氛围、终端包装、广告展示、终端生动化陈列、终端排面等基于终端排场的气势营造，是一种自嗨式的企业强制宣导，没有与消费者在此场景下的情绪、态度、痛点、动机、需求结合起来融为一体。而终端场景化建设比拼的不再是营销氛围、广告展示等生动化排场，而是更强调将终端的建设与用户相应场景下的痛点、情绪情感融合起来，再通过情感诉求设计、价值观的倡导，从深度上去撼动和点燃用户内心的情绪情感，将消费者可感知的价值感展示出来，实现情感共鸣和思想统一。

3. 终端场景化设计逻辑

第一步，基于品牌定位和产品价值，对用户群体分类分层，对需求痛点进行梳理。

从企业的品牌定位和产品价值入手，对用户群体分类分层，明确用户群体定位，梳理清楚本品牌产品带给用户的功能性利益、情感性利益、自我表现性利益分别是什么。反过来再根据目标用户群体类型，梳理清楚其基本痛点、诉求和价值需求，并寻找出引发需求的触发条件是什么。

比如红罐王老吉是当"凉茶"还是"饮料"卖？广东消费者饮用王老

吉主要在烧烤、登山等场合。原因不外乎"吃烧烤容易上火，喝一罐先预防一下""可能会上火，但这时候没有必要吃牛黄解毒片"。但是在浙南其饮用场合主要集中在"外出就餐、聚会、家庭"，该地区消费者对于"上火"的担忧比广东有过之而无不及。由于预防上火是消费者购买红罐王老吉的真实动机，中国几千年的中医概念"清热祛火"在全国广为普及，因此要嫁接在各地深入人心，即有认知的"上火"概念，这就使王老吉突破了凉茶概念的地域局限。

消费者的既有认知中饮食是上火的核心原因，特别是"辛辣""煎炸"饮食，因此加大力度开拓餐饮渠道，在一批酒楼打造出旗舰店的形象，重点选择湘菜馆、川菜馆、火锅店、烧烤场进行布局突破。这样确立了红罐王老吉的品牌定位，明确了营销推广的方向和所有传播活动的标准。

第二步，对目标用户群体的生活方式和工作形态、场所进行梳理。

企业需要盘点和梳理目标用户群体经常出入的各种时空场所，对其生活形态和工作形态等进行全行程梳理，明确目标用户群体存在哪些场景点和场景模式，比如家居场景、出行场景、工作场景、运动场景、公共场所场景等。

红牛适合需要增强活力及提升表现的男女饮用，特别适合长时间处于繁忙工作的商务人士、咨询服务业人士、需要长时间驾驶的专业司机及私家车主、通宵达旦参加派对的休闲人士、正在进行运动或正准备进行剧烈运动的运动爱好者、需要保持学习状态的学生等都适合饮用红牛。

凉茶王老吉适合日常生活中最易上火的五个场景：吃火锅、通宵看球、吃油炸食品、吃烧烤和夏日阳光浴。画面中人们在开心享受上述活动的同时，纷纷畅饮红罐王老吉。结合时尚、动感十足的广告歌反复吟唱"不用害怕什么，尽情享受生活，怕上火，喝王老吉"，促使消费者在吃火锅、烧烤时，自然联想到红罐王老吉，从而促成购买。

第三步，结合目标用户群体的价值诉求、各场景痛点和各场景触发条件，规划和定义各细分场景诉求。

这一步，企业需要根据目标用户群体价值需求点在不同场景下表现出来的痛点，依次构建场景标签，在不同细分场景点构建不同的营销诉求重点和诉求形式,嵌入引发需求的场景触发条件,将其与需求点和产品价值点场景化形式结合表现出来。

在星巴克看来,人们的滞留空间分为家庭、办公室和除此以外的其他场所。星巴克致力于抢占人们的第三滞留空间,精湛的钢琴演奏、欧美经典的音乐背景、时尚的报纸杂志、精美的欧式饰品等配套设施,力求给消费者营造高贵、时尚、浪漫、文化的感觉氛围,让喝咖啡变成一种生活体验,成功提供了一个方便、整洁的让人坐下休息、聊天、简单办公的场所,不让顾客产生心理压力。星巴克的绝大多数门店有不止一个出入口,不同入口都开在店的不同方向,不喝咖啡,行人也可以把星巴克当成普通商场的走廊从中穿过。

阿尔山矿泉水在运动场景中通过环保手写瓶构建诉求,在运动场景中可挖掘到运动过程中、中场休息、观众呐喊、受伤替换等更多细分场景。阿尔山矿泉水则抓住了休息时喝水的场景,打造出"环保手写瓶"——在集体运动中,往往很难找回运动场上自己喝过的那瓶水,只能重新开一瓶,造成浪费。于是,阿尔山在原有瓶贴的基础上,增加刮刮卡的特殊油墨涂层,供消费者在瓶身上留下自己的专属标志。这不仅击中消费者的需求,还提供了参与互动的空间。如图4-1所示。

图4-1 阿尔山矿泉水"环保手写瓶"

宿务航空在生活场景中找到痛点，建立"雨代码"的诉求。人的部分需求要在特定的场景下才会被激发，找到这些场景才能找到诉求点。中国香港的季风气候雨多晴少，让人头疼和情绪低落。宿务航空抓住"下雨"这个场景，吸引大家到阳光明媚的地方旅游。"雨代码"，即利用防水喷漆在大街上喷二维码广告，平时隐形，一下雨就冒出来诱惑人——下雨太烦人？快扫二维码，来菲律宾跟阳光玩游戏！如图4-2所示。

图4-2 "雨代码"

二、终端场景化的具体落地

终端场景化具体落地步骤：

1. 终端位置布局

传统营销模式下，终端的位置布局是根据地理位置和商圈来布置网格线路的。基于地理位置和商圈的划分，强调的是终端在各区域各商圈的覆盖率和覆盖密度，但是缺乏对终端背后的相应的群体结构和心理动机等深度渗透的覆盖思考。

场景化下的终端位置布局导向应该是在地理位置和商圈的基础上，更强调用户的场景导向。围绕用户的日常工作、居家、出行、运动、公共场所活动、采购和消费等各类场景设计千人千面而非千人一面的各类型线上线下的用户界面。根据不同类型用户群体在不同场景下表现出来的心理特征、需求、欲望和购买行为，来布置不同场景不同位置的终端，实现对用户的身心全渗透。因此，终端一定是多位置、多场所的，是线上线下全场景的。

LBS营销手段更多是强调位置和场景的精准营销。根据用户的行踪路线来设计终端位置，可以是办公室的无人货架，也可以是酒店等公共场的无人售货机，或许是主流商圈的主流购物中心，也可在电影院等娱乐场所和运动健身场所布置终端。

迪卡侬运动超市在体育运动馆的布置、自媒体销售、共享自行车、共享办公室、小米手机在上海东方明珠电视塔下面的全国最大的门店，都体现了终端位置的场景化导向，抓住了触动用户群体新的消费场景，而非完全的基于地段和流量布局终端。

2. 终端业态类型布局

传统终端类型是基于地段、流量大小、消费者购买行为和终端业态的发达程度来划分的。一般分为传统终端、现代终端、电商及其他新兴终端等类型。传统的做法是在既有的顾客基础上，以大众化营销手段来提高终端的卖货能力的，是以形象展示等方式提升终端运营效率的。场景化类型终端的构建，一开始就是要从心智情感的维度去思考如何驱动用户、激活用户、创造用户和增加新型用户的。因此场景模式下的未来终端会不断的创新与颠覆，便利店、B2B、B2C、无人零售、社交电商、内容电商、共享经济等新的超级物种会不断涌现。只要有场景，只要有情绪，只要有情感的地方就会有新终端。

线上终端类型多元化：天猫、京东、微信、拼多多、楚楚街、美团、闪购、趣店、自媒体、罗辑思维、社群、直播等，无非就是针对各类型用户或追求品牌，或追求服务，或追求便宜，或追求情感归属等各种需求而产生的各类型线上终端。

线下终端类型更加繁花似锦：定位男人衣柜的海澜之家、便利性购买的夫妻老婆店、社区便利店、超级购物广场的旗舰店、小区团购等百花齐放。

线上线下一体化的终端类型不断涌现：线下体验线上支付线下配送到家，线上购买线上体验线下配送到家的……如酒水连锁1919、盒马鲜生、E袋洗、优衣库、滴滴打车、共享单车等层出不穷。

所以未来终端一定是多形态、多类型的，且呈会现以下发展的特征：

（1）终端业态立体化："1+N"立体模式构建

互联网+时代，信息透明化，渠道碎片化，用户时间越来越碎片化，用户越来越挑剔，越来越追求个性化。伴随用户群体的复杂化和场景的多样化，在空间上出现了基于吃、穿、住、行、工作等多种场景多样的终端类型；在交易方式上基于各类购买行为，如便利性的购买和计划性购买等出现了现金支付、积分支付、团购支付等多种支付方式的多样终端类型。因此，企业要在购买场所上基于不同业态类型布局多类型渠道，要覆盖各类场景的用户群体和需求行为，在终端类型布局上一定是立体细分覆盖。

营销行为上，以核心商圈的终端为中心，向周围5公里半径范围延伸，抓取不同场景下不同消费行为的目标人群，从多个场景以多种营销行为去影响他们。

如建材家居行业以主流建材城的一个旗舰店为核心，通过设计师渠道、零售渠道、团购渠道、装修设计公司渠道、社区渠道、网络渠道、异业联盟等多条渠道从外面引流，然后在各种引流渠道上通过各种场景设计和场景诉求表达，瞬间抓住用户。

苹果在中国的渠道是多类型的，截至2014年年底，苹果在全国开设了20家直营门店，同时扶持起了41家教育渠道经销商、12家授权经销商、49家优质经销商、13家行业客户经销商和125家校园体验店。除了官网外，还包括线下的直营渠道、直供渠道与分销渠道。直营渠道由苹果公司自行经营，直营店一般建设在一线城市的核心商圈。直供渠道由苹果公司直接供给产品，一般是指苹果的优质经销商，直供店覆盖一二线城市。分销渠道指的是苹果授权分销商，面向全国进行分销，覆盖各类毛细血管细分市场，其中包括天音、爱施德、中邮普泰三家传统国代商，以及三家运营商的终端公司。

(2) 终端一定是全网化的"O+O"的线上线下整合

电商、大数据、移动互联网技术、智能化等新技术的发展,促使线上线下已无边界。没有线下的深度体验和温度感知的线上营销,只是提高运营效率,即使互联网技术再发达也是冰冷的,难以满足场景营销的深度和温度要求,何况线上的流量已经到极致。线下终端已经逐步成为O2O最后一公里的接应,承担了包括用户/粉丝维系活动、产品体验会、售后服务等综合职能。脱离互联网技术和线上效率的线下营销也是OUT了,手机已经成为身体的器官,通过手机随时随地可以看到在线销售的产品,且手机的功能是集展示、支付、沟通功能于一体的,线下离不开线上的效率。场景化的营销必然是线上线下一体化的,只有这样才能做到提供有温度有体验,才能做到可连接、有效率、可识别的情感营销,才能实现深度体验交互和精准营销。借助线上能更加精准的技术手段,企业能够快速大规模锁定目标群体,再借助线下的深度和温度体验,就能实现打通任督二脉。

京东线下的便利店、永辉生活超市、小米线下专卖店就是O+O的升级版本。尤其是小米、阿里巴巴、京东都在不断走向线下、提高线下的能力、寻找线下的增量,本质上就是追求和满足在需求升级下的新时代用户对情感等深层次价值的诉求,再通过互联网技术的助推,才是真正满足了场景化的要求。

永辉生活店是永辉O2O会员店的升级版,为顾客提供购物、餐饮等一站式服务体验。这是永辉适应消费新需求的一种尝试,不仅提升了商品档次和品质,还通过引进汉朔智能电子价签、强化信息技术,打通线了上线下消费闭环。除提供消费者日常生活所需外,永辉O2O会员店还提供线上下单,满79元1.5公里内免费送货或到店自提服务。为什么把永辉O2O会员店升级更名为永辉生活?从O2O会员店到永辉生活的定位转变,体现了满足消费者生活所需,也实现了线上线下品牌识别统一,更方便消费者理解。随着永辉超级物种和永辉生活店陆续开业,永辉将继续实施多业态布局战略,进而满足不同层次消费需求。

苏宁新零售逆袭纯电商。从阿里巴巴牵手苏宁可以看到,线下零售店模式的优势仍是纯电商无法比拟的。随着互联网的发展，电商巨头逐步开始向线下沉淀。苏宁云商借助线上线下的多场景体验和感知、线下的核心优势加上成熟的线上运行，有效地把购物体验、导购、物流极致配送等双线结合，苏宁有可能全面逆袭纯电商。

阿里巴巴旗下淘品牌集合走向线下。作为新零售平台业务模式的样板店，2016 年 9 月，素型生活全球首家 O + O 模式跨界集合店正式在成都开业，与 59 个互联网品牌产生跨界合作，涉及服饰鞋包、家居家纺、智能家居、数码科技等多品类商品。2016 年 2 月，阿里巴巴新零售业务建立，其业务模式是打通线上线下，建立新零售品牌池（淘品牌），同时线下零售商从品牌池中挑选合作品牌，建立品类跨界 + 内容 + 复合陈列的实体店，实现线上线下时时同款同价、每周百款同步上新，全新的线上线下打通的全新消费者购物体验，24 小时不打烊。

3. 终端功能设计

场景下的终端一定不再是单一的销售功能，它一定是立体的 SOMOLO 的功能，着重于形象展示、体验、社交、服务、顾问、企业文化展示、产品陈列的综合性功能。通过综合性功能设计让用户体会到企业的品牌位势、品牌人格个性、产品专业化和企业文化的感召力，在用户的心智上注册烙印。通过店面完成从引导用户，到形象展示，到认知，到关系构建，再到情感深化，最终实现交易，口碑分享等一站式营销功能。当然，在具体操作过程中基于不同情况有不同终端功能分类。

• 基于不同目标划分不同功能：满足便利购买要求的在终端功能上只需要有店面有覆盖陈列就行。但是要满足形象展示感知和情感驱动购买的，则需要有店面的全体验、全功能、全场景的代入感。

• 基于不同商圈要有不同终端功能。

（1）核心商圈：社交化，打造大店，优化体验，推广造势，提升品牌形象

从核心商圈的定位来看，未来厂商的核心商圈的专营店除了承担品牌宣传、产品体验、产品交易、售后服务职能外，更重要的是要支持厂家在区域的用户经营和粉丝运作的落地、O2O 最后一公里的接应功能：包括用户/粉丝维系活动、产品体验观摩会、技术交流等。

- 目标：中心造势，培育消费领袖，形成流行和标杆，周边辐射，形成话题和热点。
- 消费群体定位：抓住意见领袖消费群体，培育消费，带动整个消费群体的影响力，成为意见领袖的专业社交场所。
- 店面设置：自建店面为主，以旗舰店、大店为主，围绕主流人群出入的核心商圈或核心社区，打造大店，树立形象，建立标杆。
- 店面功能强调造势、体验和社交：集展示、体验、销售、社交、用户互动交流、专业指导等功能于一体，让用户能够深入感知企业文化、产品功能、品牌调性等，最终目标是成为用户群体交流社交的专业场所。
- 推广打法：基于用户的活动不断搅动，强调活动的品位和内涵，月月有主题，周周有活动，提高与用户见面的频次和黏性。

方太电器近千平方米旗舰店、马可波罗瓷砖上万平方米的至尊店，早已经不再是传统意义上的专卖店了。在这些大店中，既有形象实力展现、产品展示，更有体验中心，通过大店体验中心来为客户构建场景，通过生动的场景展示激发客户的联想，从而产生购买欲望。

华为手机围绕新零售，在为全国建立体验店，数量已达到 2000 家。围绕一二线核心商圈新开业的体验店的销售人员不仅将为消费者提供体验式服务，分享最新产品资讯，解答产品使用技巧、软件安装、售后等问题，更将倾听消费者声音、了解消费者痛点、为消费者提供更人性化的服务。随着华为新零售的深入推进，华为将就工作流程、服务态度、场景消费体验进行全面升级，担当起全球消费者赋予华为品牌的信赖，保持华为在消费者间的良好口碑。随着北京 12 家体验店的开业，至此，华为在北京的周边社区授权体验店已经达到 43 家，辐射整个北京核心区域，这是华为渠道下沉及新零售阵地增长的一个缩影。坚持"以消费者为中心"，坚持"渠道精细化运作"，在新零售模式下华为将拥有广阔的市场扩容空间，预计市场份额将持续增长下去。

(2) 社区商圈：有效覆盖，深度分销，求量

随着城市的变大，城市被切割成中心商圈和周边居住社区。城市核心商圈地价昂贵，社区商圈位于城市周边，地价相对低廉，吸引了众多常住人口。城市的变化导致居民的购物习惯发生变化，购买行为越来越碎片化、社区化。居民只有周末可能会到中心商业区进行集中采购，平日大多选择在社区附近购买日常生活必需品，居民社区购物已然成为未来的消费趋势，城市居民消费趋势的崛起促使各类社区店面相继喷涌而出。

- 目标：围绕社区商圈，社区店一定是便利性购买，有效覆盖，实现销量。
- 终端设置：分销为主，自建店为辅，强调有效覆盖。
- 终端功能上：有展示，有形象，可便利购买即可，形成主推。
- 营销打法：聚焦深度营销，活动围绕社区地面推广为主，核心是成交跑量。

(3) 加大不同商圈和场景终端之间联动

加强主流商圈、主流社区场景的终端与细分人群细分场景终端的联动功能，多店联动，多场景联动，线上线下联动，互相呼唤。从各个地方渗透和影响用户，在不同场景完成对用户的引流、体验、认知、关系构建、成交、口碑分享等功能。存在以下不同类型的联动方式：

- 中心商圈造势，周边商圈取量。
- 社区场景引流，中心场景推广体验。
- 小店销售引流，大店体验深化关系；大店推广，小店成交。
- 核心场景造势，长尾场景辐射；核心场景做深度，长尾场景做广度。
- 意见领袖造势，普通用户跟随。
- 线上造势，线下跑量，线上线下联动。

阿里巴巴新零售大阅兵展开的"阿里巴巴100万实体店参与'双十一'"的联动活动，天猫"双十一"作为线上线下融合的"新零售大阅

兵"，一共有 100 万线下门店参与。其中，有约 10 万个智能门店覆盖全国 31 个省、334 个城市，海内外有超过 100 万商家打通了线上线下，52 大核心商圈、近 10 万智慧门店、60 万家零售小店、5 万家金牌小店、4000 家天猫小店、3 万村淘点，为大家带来真正立体的、全方位的新零售体验。如图 4-3 所示。

图 4-3 智慧门店

三、终端形象与氛围"场景化"的五大策略（上）

品牌和产品的场景化：

1. 品牌内涵场景化

品牌内涵与场景的呼唤，是从定义用户的心智入手，是从根上的价值观去影响用户。80 后、90 后这些年轻的消费者对于品牌和产品变得越来越挑剔，他们更希望从品牌中获得一种更美好的生活方式，品牌必须具备一种能够营造或贩卖理想生活方式的能力。品牌若不属于目标消费者生活方式的一部分，那就是一个可替代的产品，随时都可能有灭顶之灾。今天的品牌建设，一定要融入目标消费者的生活场景，与用户群体的生活理念、价值观交互，成为用户生活中的朋友、伙伴和闺蜜。

感性消费品类，如奢侈品，是难以从功能性利益上去驱动用户的，其核心一定是通过品牌的情感诉求和内心精神诉求来表达一种生活方式、一种品位、一种追求、一种符号、一种社会认可，进而俘获用户的心，将用户转化为粉丝。消费是一种身份表达，消费者通过购买与自我价值匹配的商品和消费行为来塑造自我、提升自我，消费升级就是消费者的自我升级。如 LV、香奈儿更多通过店面的设计，把品牌内涵通过店面的场景化展现进行情感化表达，通过制造情感，帮助用户表达一种独特占位、一种社会认可，寻求一种存在感。

品牌内涵塑造越来越走向 IP 化和内容化，只有不断建立自带话题、自带热点的内容营销才，能不断引领用户，并获得市场长久的垂青。在终端的表现上应该将品牌价值和品牌内涵，包括其所倡导生活理念和价值观、公司的实力通过相应的物料工具场景化表现出来。

（1）品牌 CIS 系统场景化

VI、BI、MI，即将视觉，理念和行为识别化，把公司的视觉符号、理念和行为场景化的展示出来。

乐高的第一代掌门奥勒定义了乐高的使命——让孩子享受建造的快乐和创造的骄傲。通过积木玩具，让孩子体验到：通过动手、动脑而实现自己的理想的乐趣。乐高公司在用一种理想的、富有想象力的企业精神打造积木，让它的产品永远引人注目，很少会闲置在孩子们的柜子里。乐高积木所不断追求的就是"好玩"，让孩子们玩起来。乐高的商标 LEGO（好好玩）准确地表达了这种理念。如图 4-4 所示。

星巴克理念识别系统：在面对用户上，顾客体验是星巴克品牌资产核心诉求。星巴克把典型美式文化逐步分解成可以体验的元素，包括视觉的温馨、听觉的随心所欲、嗅觉的咖啡香味等。星巴克出售的不是咖啡，而是人们对咖啡的体验，这是星巴克的价值主张。星巴克创造出的"咖啡之道"使每个光临的顾客都有独特的体验。通过咖啡这种载体，星巴克把美

图 4-4 乐高的商标 LEGO

国文化中比较细致、中产阶级的一面和特殊的格调传送给顾客，展示了美国生活中轻松友好的一面。星巴克不仅重视它的顾客，也重视它的伙伴，它让伙伴觉得在星巴克工作是自豪的事，受到尊重，有安全感、有归属感、有牵挂、有所追求。

星巴克在中国依然是格调和小资的代名词："我在星巴克工作，我是咖啡师。"两句话足矣。每个小伙伴入职后都要学习咖啡知识，频繁进行咖啡 tasting。星巴克利用企业文化在一定程度上成功地消灭了员工之间的不平等和不尊重。在这里可以相对轻松得到人生的至高追求：被尊重，付出努力就可以获得高自我认同。伙伴们将自己对于星巴克的积极体验，传递给每一个来店消费的顾客，从而顾客能够享受到更好的体验。星巴克公司出售的不仅仅是优质的咖啡、完美服务，更重要的是顾客对咖啡文化的体验。

（2）品牌的历史和未来场景化

把品牌从创立到今天所经历的每个节点的里程碑事件故事化，体现企业品牌底蕴和追求。同时把品牌对未来发展的定义、对用户的定义、对行业的定义、对产品的定义表述出来，引领用户憧憬未来生活方式。

苹果电脑让创造性和叛逆性的品牌文化具备宗教特征，苹果电脑从一开始就是一家特立独行、不循规蹈矩的公司，苹果电脑的 CEO 和代言人常常被人看作是一个梦想家。苹果电脑的产品永远代表了"酷"和创新，在众多 PC 产品中引起震动。苹果电脑零售点和专卖店的时髦环境进一步强化了苹果品牌创造性和叛逆性的品牌文化，iPod 和 iTune 产品的推出更是将这种文化推向极致。苹果电脑的品牌文化已经具备了宗教的很多特征。

（3）品牌用户群体场景化

描述用户群体，定义自己用户群体，描绘用户画像，展示用户群体中的代表性人物，打下用户标签，建立特定群体定位，让品牌代表一类群体、一类生活方式、一类选择、一种独特存在感。

星巴克的用户不是普通的大众，而是一群注重享受和休闲、崇尚知识尊重人本、富有小资情调的城市白领。

（4）品牌价值利益场景化

即公司的品牌实力、愿景使命、行业影响力，及公司品牌对品质和创新的追求、品牌带来用户的安全、品位等情绪情感场景化。

星巴克给用户的价值利益就是缔造第三生活空间和小资体验。在美国，人们每天例行的人际交谊活动逐渐丧失。星巴克探察出这种趋势，在忙乱、寂寞的都市生活中把咖啡店装点成生活的"绿洲"，让附近民众有休憩的小天地、静思的环境和交际的场所，为人们塑造了一个除了家和办公室之外的"第三生活空间"。小资体：到星巴克品尝异国情调的咖啡，体验雅皮的感觉，为乏味的日子增添了浪漫情趣。在这里，他们要的不是喝一杯咖啡，而是享受喝咖啡的时刻。

（5）品牌个性 IP 化

打下独树一帜的个性标签（甚至可以把个性标志化、拟人化、卡通化——具备什么个性风格的品牌，什么个性的用户在什么情况下会需要什么样的产品，是张扬的还是尊贵……）

奢侈品品牌是一个拟人化的品牌形象描述的结果，或者称为"品牌画像"。在这个概念中将奢侈品品牌的理念内涵、外在形象、行动识别、品牌个性还有代言人形象等元素赋予其人性化的特征。

香奈儿曾经说过："传奇会提高一个人的声望，然而，有传奇的人不需要，因为他本身就是一个传奇。"在品牌的背后，传奇人物不可或缺，即使已经故去多年，品牌仍然可以在她身上寻找设计灵感，以复古之名向前辈致敬，甚至以传奇人物为噱头推行品牌传播。近年来，关于香奈儿的电影作品不少，有妮可·基德曼主演的《香奈儿传奇》、奥黛丽·塔图主演的《时尚先锋香奈儿》《香奈尔的秘密》《香奈儿的印记》《香奈儿之事》等，树立了香奈儿在大众心中的传奇形象。在影视作品中，扮演香奈儿的女演员都貌美如花，有着和香奈儿一样深邃漂亮的大眼睛和冷冽高傲的表情，但香奈儿集美貌、智慧、勇敢的气质难以超越。

2003年，香奈儿开出800万美元的天价酬劳，邀请奥斯卡影后担任香奈儿5号代言人，拍摄广告。广告由《红磨坊》导演巴兹雷曼执导，故事情节类似《罗马假日》。这就是香奈儿极力阐释的现代女性，一个生活在镁光灯下却超脱了名利浮华的女性，一个敢爱敢恨又独立追求的女性。

香奈儿在定义女性魅力方面强调风格。做一个有风格的女人，"风格，要有风格。记住，时装在变，但风格不变"。这就是香奈儿关于女人的哲学。香奈儿的魅力既不在于那种常见的风情万种，也不在于神秘诡异，而是一种直指人心的力量。在香奈儿的时尚王国里，服装、香水、饰品等都为女性构建了一个自由、优雅、独立的美丽世界，让众多女人为之叹服。

2. 产品卖点演示场景化

对于依托功能就能够实现差异化的产品，在产品的场景化展示上，必须做到场频功能能够让用户看得见、摸得着、听得到，并为之震撼。产品展示从产品功能、性能、材料、工艺、效果、使用场合、实验效果等维度通过视频、物料工具、与行业数据对比等手段实现场景化，让展示效果一目了然彰显出来。

（1）产品名称场景化

把产品名称场景化表达，让用户一听名称就知道产品在什么场合使用、如何使用，让用户更容易理解产品，比如加加酱油的面条鲜、三九感冒灵、闪亮滴眼液等。

（2）产品卖点表述场景化

娃哈哈营养快线的"早上来一瓶，精神一上午"的宣传语，六个核桃的"经常用脑，多喝六个核桃"的宣传口号，恰当运用了场景，让消费者身临其境，能够和自己的生活结合起来。

（3）产品包装场景化，比如小罐茶包装场景化、三只松鼠坚果

三只松鼠的包装外箱是自己品牌的松鼠头像包装箱，有个可爱的名字——鼠小箱。外包装箱的设计简洁大方，突出三只松鼠的"松鼠"设计元素。箱上贴着一个给快递员的便条：以提醒轻拿轻放，爱护箱子。这个设计既人性化又创意无比，给消费者一种非常受重视的感觉，除此之外外箱还有一个塑料开箱器，叫鼠小器，贴附在外箱的一角，用来戳开箱子外面的透明胶，避免收到快递用钥匙、圆珠笔等开箱的不便和尴尬。这些细节在外包装箱设计上做得淋漓尽致。

（4）产品陈列场景化

按照用户使用场合、需求环境作为主题式的场景化陈列，每一类陈列主题的陈列工具、陈列货架、陈列方式都不一样。场景化的陈列让终端具备了更清晰的品类导向、消费导向和体验的空间。

茑屋书店是关联陈列的集大成者。所谓关联陈列是指，并非按照商品属性而是根据应用场景来陈列商品。一个著名的例子是，美国某超市在尿不湿旁边陈列着啤酒。因为美国家庭一般来买尿不湿的是男人，买完之后会顺手拿几罐啤酒。在这方面，茑屋书店做到了极致，它完全以消费者的应用场景为中心来陈列商品，如汽车、旅游、人文、料理、建筑、艺术6个主题。在"旅游"的主题陈列中，它将关于旅行的图书、唱片、地图，甚至用品等组合在一起，暗示读者，关于旅行，你在这个角落可以买到所有的产品。再以"料理"主题为例，茑屋书店同样会将关于烹饪的图书、调味品、食品，甚至酒水集中在一起陈列。

海澜之家推出生活方式类家居品牌 Heilan Home（海澜优选生活馆），试图改变"男人的衣柜"这个单一角色。在门店设计上，Heilan Home 的空间布置简洁大方，陈列以生活场景作为灵感，实现浸入式的家居购物体验，致力于打造有气候、有气味、有情绪的体验式购物空间。Heilan Home 的推出，正是为了满足城市消费者对生活消费品日益提高的美学需求。生活馆内售卖的商品种类遍及服装、生活杂货及时尚家居用品，涉及品类近2000种，每个月还会推出100款新品。据某调查显示，消费者对一个品牌至少要接触或者消费5~7次才会有印象。因此，海澜之家涉足家居业，不仅是对原有品类的延展和补充，还拓宽了品牌的覆盖领域，通过特定设计的家居用品，在无形中传递一种生活理念与追求，俘获受众的心。

（5）产品功能属性场景化

老板电器型号为8218的烟机产品，具有能将重达15斤且中间打孔的木板牢牢吸住的"鲸吸"能力，以及无死角、瞬间吸的360度"龙卷吸"能力。通过把15斤木板放在油烟机上，打开风口，立刻就把木板吸到风口上了，在现场展示时让用户感受到震撼。如图4-5所示。

（6）产品选择标准场景化

什么才是好产品、每个产品的使用条件、对比标准、使用参数说明、如何选择、在什么场合使用，都可通过场景化图片展示出来，强化用户的消费意识、消费观念，帮助客户建立选择标准。

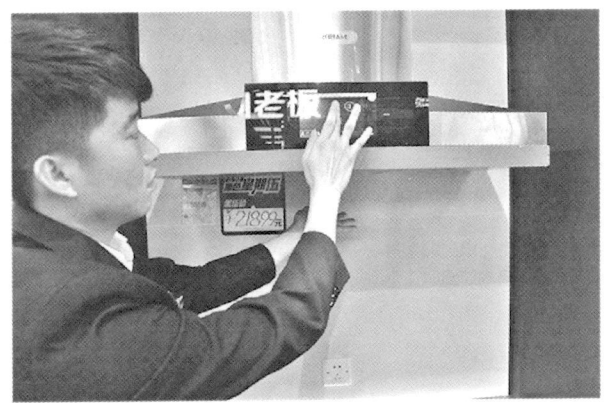

图 4-5　工作人员演示超强吸力 15 斤木板轻松吸起

四、终端形象与氛围"场景化"的五大策略（中）

促销和顾客体验场景化：

1. 促销主题与活动场景化

企业可以将定期的促销活动和促销主题设计要与不同的场景结合起来，让促销主题融入用户生活礼仪场景，画龙点睛，自然呼应。每年的重大节日，如中秋节、国庆节、情人节等各类节日场景，都要梳理和挖掘好各类场景可能涉及的主题元素，结合品牌定位产品特性进行推广，通过大型推广活动主题与场景对应，相得益彰，形成造势，更能自然传播。

杜蕾斯就是借势各类场景营销的高手，每年的重大节日都能贴切主题，抓住节日元素，通过创意，引起共鸣。尤其在 2017 年的感恩节开启了撩"众人"的模式，几乎一小时左右一个品牌的开始感恩，文案丝丝入扣，精辟至极。如图 4-6 所示。

商家都拼命利用节日进行促销，连半周年庆都能被某电商拿出来做促销噱头。除了传统的节日，网络上还出现了很多新奇有趣的节日，如"双

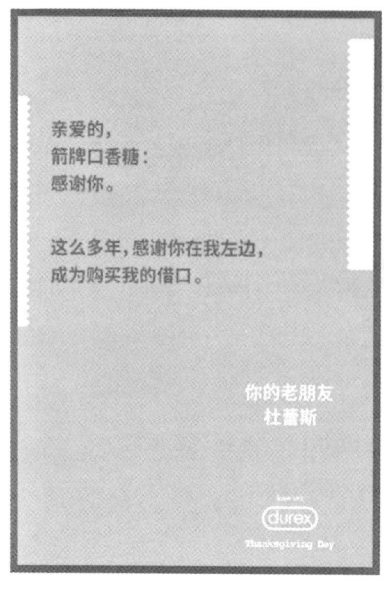

图4-6 英国百货 Harvey Nichols 圣诞节节日场景"自私"促销节

十一"、419、后悔日等。但有没有节日不重要("造节"还少吗),能不能在节日中挖掘到好洞察才重要。英国百货 Harvey Nichols 发现在圣诞节人们都要花费一大笔钱购买礼物送亲朋好友,无法把钱花在自己身上。于是他们发起了一个"Sorry I Spent It On Myself"的 campaign,消费者只要搭配购买包装好的小商品,那么高价商品就能获得折扣。既能给自己买一份高价的礼物,又能送给亲戚朋友一份包装不错的小礼品,一举两得,略带淘气。如图4-7所示。

(1) 热点事件及话题

热点事件社会关注度高,裂变速度快。借助国内外热点事情及话题形成的势能,通过借势造势和场景代入助推,形成引爆性活动。以此为中心,引爆话题,给企业品牌背书。具体操作注意几个要点:

- 热点事件具备话题性,且势头是上升向好的,能够被点燃引爆的。
- 热点事件与企业相关性高的,代入性和卷入性高:热点事件的性质

图 4-7　Spent It On Myself

涉及的价值观、理念与企业本身有一定相关性。

● 关注热点事件的群体具备一致性：关注热点事件的群体和企业产品用户群体是一致的。

● 关注群体的诉求焦点：营销的主题切入点一定是要与用户群体的关注此热点事件的内在诉求切合才能引起共鸣。

● 媒体配合操作：通过线上线下配合推进传播引爆。

飞鹤乳业："爱，没有距离"的活动

春运，中国式难题，关系亿万中国人切身利益。春节回家是中国人最温馨的一次归途，但途中的种种难题也为品牌借势营销提供了最佳时机。

飞鹤乳业通过深入挖掘春运期间"用户候车时间长，场景化用网行为突出"的特点，根据腾讯提供的春运人流数据分析，联手移动、电信两大运营商，共享中国 30 万基站，实现城市机场、火车站、商圈等地流量全覆盖，让每个人都能在机场、候车站和商圈等地能够免费使用网络拉近与家人、朋友的距离。借助腾讯网、手机 QQ、腾讯新

闻、腾讯新闻客户端、腾讯视频等全平台资源，全力助推飞鹤"爱，没有距离"活动预热宣传，不仅成功实现了多平台立体化传播，还实现了互动平台的无缝隙链接。简单的流程及流畅的体验，引起用户移动端多频次主动传播，用户直呼"方便、过瘾、省话费"，其"走人心"的方式获得全民热捧，成功打响新年移动营销的头炮。

而作为承载活动的主角——腾讯手机 QQ 则贯穿活动始终，持续加载飞鹤 H5 互动页面，引导网友寄送以飞鹤形象为主题的"鹤"卡，助推活动信息滚雪球似的传播，吸引更多消费者眼球。活动期间 10 天时间，飞鹤送出 1.6 亿份免费 WIFI，近 300 万人向亲朋好友寄送了"鹤"卡，飞鹤《爱，没有距离》主题微电影的播放量超过 1800 万，引发春运期间移动端互动新高潮，巧妙地将用户需求转化为品牌声量。

（2）推广 IP 的场景化

推广 IP 要场景化，首先要对品牌定位和产品价值进行内容化、拟人化、人格化的挖掘，然后 IP 转化。聚焦以 IP 为中心的内容营销，把营销方式内容化，把诉求深入化，把 IP 塑造成故事化、标志化、代言人化、微视频化、剧本化等。所有的场景布置聚焦以 IP 为中心，最终形成内容诉求感人，让用户能被 IP 为中心的内容感动，打下烙印，不是走到店里都是冷冰冰的产品和光热闹的氛围。

在互联网普及并蓬勃发展的如今，茅台的"茅粉节"、泸州老窖"国窖 1573·七星盛宴"、郎酒的"青花盛宴"，都是品牌运营 IP 思维的体现，站在消费者的角度去做品牌传播与诠释。

另一方面，利用当下热门的主 IP 开展符合调性的白酒产品开发在当下酒圈已屡见不鲜。比如吴晓波与吴酒、《三生三世十里桃花》与桃花醉、吴向东与一坛好酒、褚时健与褚酒，甚至雄安特曲，各酒企用热门 IP 衍生出 IP 产品，带动品牌发展。

高频次和强 IP 的推广活动，是为消费者构筑丰富体验的利器。2011—

2016年，上海大悦城举办的646场推广活动，共26场大型IP授权活动及展览，吸引150多位明星艺人到场。高频次的推广活动，实现客流205%的增长，同时在二期北座开业后稳步攀升，催生客流引爆点。7月的LINE FRIENDS丘可驾到全球首展轰动全城，LINE FRIENDS选择上海大悦城发布LINE家族新形象，吸引了超过35万的粉丝前来朝拜，快闪店销售超过1000万元。如图4-8所示。

图4-8　LINE FRIENDS丘可驾到全球首展轰动全城

2. 打造顾客极致终端体验，实现场景化

升级五大方面的体验，感官、情感、行为、精神、文化等方面。

场景化营销模式下，营销不再是产品与货币的单一浅层的销售关系，而是要构建企业与用户的深层关系。一个企业具备存在的价值就代表有一类具备相似价值理念和生活信仰的社区社群用户存在。建立此类社群用户对公司从使命愿景、公司实力，到公司价值观和企业文化、公司产品等全方位认知并获得极致价值体验，是场景化终端模式对新时代向顾客传播、传递和交付价值的新要求。在此背景下，企业应该：

- 邀请目标用户群体参观公司，了解公司的使命，感知公司的实力，感受企业文化，从价值观上和公司实力上形成对公司的高度认可，让用户融入这个企业。
- 不定期组织用户参加公益活动，对社会相关目标群体和公益事业等进行帮助，提高企业对用户的亲和力和情感体验，形成好感，建立企业与用户的鱼水关系。
- 定期推出新产品、新技术，邀请粉丝级用户参与样品测试、品鉴，让用户形成对产品进行充分体验、参与产品建设、共同推进企业发展，真正获得共创共建的感觉。
- 邀请用户的下一代到公司实习锻炼、体验，帮助用户培养下一代，帮助用户解决问题，同时也培育新生代消费群体，从更长周期去培育用户。

宜家是每个人的客厅和卧室，迪卡侬就是每个孩子的游乐场。他们踩着自行车和滑板车满场飞奔，上了蹦床就不下来，好容易解脱的父母赶紧到跑步机上跑两步，或是扎进服装区挑选换季的衣服，这是周末一家三口最典型的迪卡侬半日游。很多人认为，迪卡侬就是运动品牌的"宜家"，他们对抗电商的核心法宝是体验。迪卡侬让顾客如鱼得水，导购只有你招呼时才会出现，试5件衣服一件不买也没人给你脸色看。

不只是孩子，迪卡侬鼓励所有人来试试他们的产品，轮滑、自行车、健身器械……轮滑区中央的大块空地作为试滑区，四周立着栏杆方便初学者，除了轮滑鞋、头盔和全套护具都可以穿戴上身。由此带来的损耗率让传统卖场肉疼，但迪卡侬认为这也是生意的一部分。迪卡侬用独特的设计、压缩供应链成本和体验式卖场对抗电商。除了体验区，每间迪卡侬商场外都有运动场，篮球场、羽毛球场和五人足球场，周末经常举办比赛和各种活动，还有专业教练指导。大批实体店被电商挤得生意大跌甚至关门大吉，但迪卡侬却从来不缺顾客，结账经常排队超过10分钟。

一定需要大数据、智能化等关于连接的场景技术的应用：

场景驱动一定要有大数据、人工智能、微视频、网络直播等新型的技术应用推进作为基础，有了这些场景驱动方式才能更加精准、更有效率。

基于各场景的移动支付技术、引流技术、体验技术、移动终端等完成了消费的数字化升级，成全了随时随地的场景消费行为。互联网等技术的发展可以让用户瞬间回到相应的真实场景，身临其境，更容易在虚实之间震撼用户。过去无论是传统零售还是线上零售，获客要么依赖于线下的单一场景，要么受制于上电商平台的付费流量限制，而现在腾讯通过连接社交和小程序、公众号等入口，能够开辟新的场景和新的流量来源，连接到精准优质的用户群体。没有基于大数据、智慧化等新技术的应用作为底层，那么人与物、物与物、人与人的连接效率会大幅降低。

企业通过投入智能设备、创意风格装修等打造更直观的消费场景，或是销售顾问对产品的效果演示、气氛烘托、对顾客的情绪调动，让消费更加顺理成章。深谙女性爱美心理的高端服装店有智能试衣镜，搭配妆容体验，打造出"变美"的场景；健身房有专门测量人体脂肪的体脂秤、减脂餐，这是在打造"变瘦"的场景；新型母婴店不仅卖母婴用品，还给妈妈提供培训，给新生婴儿洗澡、按摩，这都是在打造"健康成长"的场景；包括在未来30年老龄化环境下兴起的养老院，也在试图打造"健康老龄社区"的场景。

ZARA大数据系统案例

在快时尚圈内，一场数字化体验营销风暴已经来袭。ZARA店铺的柜台和店内各角落都装有摄影机，店经理随身带着PDA。当客人向店员反映"这个衣领图案很漂亮""我不喜欢口袋的拉链"，店员向分店经理汇报，经理通过ZARA内部全球资讯网络，每天至少两次传递资讯给总部设计人员，由总部做出决策后立刻传送到生产线，改变产品样式。

关店后，销售人员结账，盘点每天货品上下架情况，并对客人购买与退货率做出统计。再结合柜台现金资料，交易系统做出当日成交分析报告，分析当日产品热销排名，然后数据直达ZARA仓储系统。如图4-9所示。

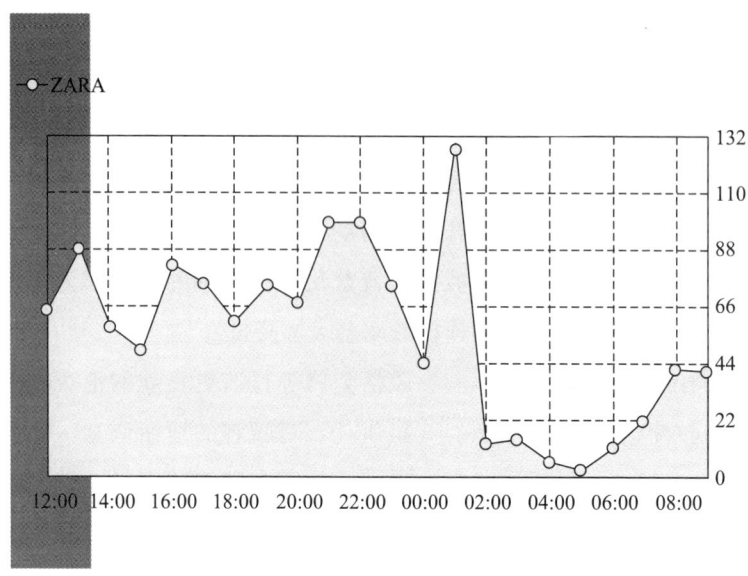

图 4-9 ZARA 交易系统

如此一来,ZARA 在快消品领域里创造了一个供应链的神话——ZARA 每年设计 1.8 万个新样式,平均每 2~3 周就能够有新款上架,它可以做到 7 天生产、14 天下柜、30 天上柜,就问你服不服?如图 4-10 所示。

图 4-10 新款上架

阿迪达斯和英特尔携手，推出了数字货架——虚拟鞋墙，通过设计一台带触控屏和3D渲染效果的设备，得以在有限的门店空间内显示2000多款鞋子，不仅可以选择，还能直接下单。如图4-11所示。

图4-11 数字货架

五、终端形象与氛围"场景化"的五大策略（下）

社交传播场景化：

（1）IP化和内容营销是场景内容主要方式

场景如何情感性驱动，依靠的就是以IP为中心的内容营销驱动，而不是灌输式自嗨，先要找到各类型场景下的驱动营销行为的内容营销杠杆，把它内容化，形成以IP为中心的内容营销主题，产生共鸣。通过IP点燃用户的内心情感，以IP为中心的内容营销会成为终端场景化建设的推广方式。

淘宝的"微淘"、京东的"发现"、聚美优品的首页社区，都在利用自有流量做内容营销，大批网红、达人通过试用分享图片、视频来激发购买欲望，好像把微信公众号搬到了自家后院。滴滴出行、网易新闻、故宫博物院这些超级 IP 通过 H5 实现三维立体的场景分享，深度将卖点植入人心。后市场也有先锋，立志做汽车用品领域唯品会的"小车哎哟"，是一款场景化应用 APP，通过美女主播的亲身示范和讲解，一个个生动鲜活的用车场景被脑补了出来，小编对着美女主播看了一遍又一遍，准备下单才发现自己没有车。

（2）社群化、社交化

在用户追求功能性利益之上的更高价值利益追求驱动，那它一定是情感性驱动，情感化购买。它不是简单便利性的快速的购买行为，它需要温度。情感一定是深入的，是涉及内心世界的，是交流的。每个类型的场景驱动一定有它独特的情感标签，围绕此类型标签的场景用户进行专门的圈层式的社区社群营销，通过生活方式和价值理念引导，寻找并形成社群共同热点话题，进而分享。场景的驱动一定是深度社交的购买行为，没有社交难以深度情感交流，没有深层次交流难以情感触动。

社交性要求在终端推广时，首先要找出核心目标用户群体。我们不可能让所有的用户都成为我们的粉丝，但可以通过一些核心用户的培养，让他们来带动品牌势能，通过口碑传播影响更多的人。应当认识到，互联网时代的营销传播是先从小众开始，然后圈层递进的，这是与传统营销最大的不同。比如炸弹二锅头，就是通过发起"寻找炸弹人"的活动，为品牌找到了长沙当地的核心粉丝，然后在这群狂热粉丝的带动下，将一场线下的小型活动彻底引爆，不仅扩大了品牌的知名度和美誉度，而且为之后的招商会成功造势，向经销商传递了信心。

罗辑思维估值上亿，而其最大的价值就是构建了一个顶级的微信社群。而罗辑思维是如何构建社群的呢？主要有三步：

其一，选人。罗辑思维的用户主要是 85 后"爱读书的人"，这群人有共同的价值观、爱好，热爱知识类产品；会员加入要交钱，分为 200 元和

1200 元，确保会员能真正付出行动。

其二，培养习惯。培养共同的习惯，可以进一步固化会员"自己人效应"。比如罗辑思维每天早上大概 6 点 20 分发送语音消息，培养用户阅读习惯。

其三，加强线下互动。线下的互动更能激发人与人之间的联合，罗辑思维就曾举办过不少线下活动，比如"爱与抱抱""霸王餐"游戏等。

小米的快速崛起绝对离不开其社群营销。其在社群营销上的做法，主要包括：

第一，聚集粉丝。小米主要通过三个方式聚集粉丝：利用微博获取新用户、利用论坛维护用户活跃度、利用微信做客服。

第二，增强参与感。比如开发 MIUI 时，让米粉参与其中，提出建议和要求，由工程师改进。这极大地增强了用户的主人翁感。

第三，增加自我认同感。小米通过爆米花论坛、米粉节、同城会等活动，让用户固化"我是主角"的感受。

第四，全民客服。小米从领导到员工都是客服，都与粉丝持续对话，以时刻解决问题。

（3）终端推广活动一定是娱乐的、趣味好玩的、参与的

未来推广活动呈现界一定要是趣味的、好玩的，具备参与性、互动的，不是单向传播的，一方在台上唱戏的。趣味性强调营销传播过程要有趣味性、有话题感，要从内心交流交互产生情感的。要尽量选择一些用户关心和感兴趣的话题，策划和构思要能激发用户想象力，激发其参与的冲动。通过这些趣味性的话题，引导公众关注产品或品牌理念、功能、价值。

比如方太的生活学堂教你如何做饭，美的厨电事业部和迪士尼搞了一个美食快乐体验店，包括乐高玩具的亲情互动等。这样的案例很多。

伊芙丽的营销活动——音你而悦，通过猜口型获得优惠券，同样是促销，比较生动有趣味，互动性更强，比直接写明打折优惠券更有意思、更有美感，消费者更容易接受，打折促销的味道也不明显。

创造新场景：WWF全球变暖菜单

大部分城市人过着两点一线的平凡日子，要么挤格子间，要么挤公交车。在这些日常的场景中添加一些跨界元素，创造新鲜的场景，能让人肾上腺素顿时上升。WWF为了呼吁人们关注全球变暖的问题，在巴拉圭首都的街头搭建起简易餐厅，以大地为灶台烹饪食物，把"地面温度"和"煎锅温度"联系起来。不少路人围观试吃，甚至亲自动手体验，直接感知全球变暖这一平时不易察觉到的问题。如图4-12所示。

图4-12 WWF全球变暖菜单

(4) 终端场景式推广未来是跨界

由于是场景式导向，因此营销行为是无边界的和嵌入式的，不再是局限在狭隘性的单一行业和孤立的广告式的自嗨宣导。通过以场景为背景，在同一场景下将相关行业相关企业联盟，把营销行为方式嵌入各种适合的场景，润物细无声地去渗透用户。所以场景一定是跨界的，若单纯依靠本企业产品宣导难以撼动用户，更像是强迫式灌输广告。因此，产业联盟、多行业联盟、多场所联盟的跨界嵌入式推广是场景下终端的主流方式。

品牌间的跨界合作绝对不只是简单的抢流量、促成交；"跨界"代表一种新锐的生活态度与审美方式的融合。品牌间是因为彼此间有着同样的精神，有着高重合度的忠实粉丝。将两个常见却又出人意料的品牌组合在一起，让原本毫不相干的元素相互渗透、相互融合，从而给品牌一种立体感和纵深感，并带来用户体验上的互补，给双方核心粉丝带来了惊人的品牌体验。

实体店要雄起，跨界玩法绝对不能错过！必胜客卖比萨味香水、肯德基出指甲油、麦当劳出战时装周、香奈儿开咖啡店、LV进军文具界，这些趣事相信你一定有所耳闻。

Chanel和乐高合作，推出融合童趣与时尚的乐高积木包，风靡了当年的时尚圈和娱乐圈，玩完乐高包，又将推出乐高鞋。日本品牌植村秀跨界合作过艺术界和插画界，又跟超级玛丽玩起了跨界，产品设计元素采用了马里奥、蘑菇、星星、砖头等超级玛丽元素，既时尚又个性。家电业比如海尔与迪士尼合作，推出米奇冰箱；小天鹅拿到迪士尼的授权，让钢铁侠、小熊维尼、大白、NEMO、玩具总动员等迪士尼经典卡通形象出现在洗衣机上。

上海大悦城的自主IP，摩天轮SKY RING跨界案例

上海大悦城独树一帜的"爱情主题"定位，从满足消费者情感诉求出发，打造亲密社交空间。应用互联网产品思维，坐落在屋顶的摩天轮SKY RING不仅是购物中心客流的发动机，在增加娱乐体验的门票收益外，也带来吸引众多品牌跨界合作的衍生收益。做到以下三个层面跨界联合，跨界租户营销，借势话题热点；租户经营扶持，明星产品组合售卖；主题展览联动，逛展与摩天轮更配；最终实现40%租户参与摩天轮深度营销，15%~40%租户销售提升，效果显著。至今，摩天轮与国际知名品牌联手，已举办超过20场跨界活动，如

LANCOME 奇迹香水发布会、Heineken 喜力日主题派对、LOVE RADIO 七夕爱的派对等。如图 4-13 所示。

图 4-13 摩天轮 SKY RING

第五章 终端促销创新

☞ **范保禄**

时至今年，2018年，21世纪的第二个十年都已经快走完了，但很多传统行业的企业，尤其是制造业企业，还拿着20世纪90年代初的思路经营企业，妄想"以不变应万变"。我觉得有一个道理是在世间万事万物相通的，那就是进化论的道理——适者生存。竞品企业不需要做到多么完美，只需要比你做得好，比你更适应产业链，比你更适应市场，就有更大的希望比你活得久。

当今，企业面对的消费人群已经发生了显著变化。

从消费观念上看，一系列新的消费观念已经形成：买好不买贵；买好不买多；中意才买，不凑合；同质化产品，只买实惠的；重产品也重视服务，包括售前建议、售后维修、配件更换等；愿意花钱买便利；愿意花钱抢先体验；愿意花钱图清净、花钱设门槛（把闲杂人等排除在自己的族群之外）；愿意花钱提高效率、获得保障。

消费行为习惯变化的表现：越来越懒，能不出家门就不出家门，出门能少走一步就少走一步；越来越急，就不想排队，就不想"等"快递，就想看首映……

新消费文化形成的原因：认知水平提高，眼界进一步开阔，理性精神逐渐形成（批判性思维）；大众文化的影响；圈层、族群的形成及其亚文化的影响；经济基础发生重要变化。

本章我们来具体谈一谈推广、促销（以下简称促销），也就是营销的4P理论中提到的1P，Promotion。

如何定义促销？

《畅销的原理》（马修·威尔科克斯，Matthew Willcox）中提到：营销的本质是影响选择，使事情变得直观，让别人轻易就能选择你的商品和服务，而不是一味地通过塑造品牌去卖商品。品牌方针，是思考用户的需求、品牌的价值和商品的优势，用多样化的方法来说服目标客户。简单来说，就是想尽办法找到用户喜欢什么，再看看自己的商品有什么好的地方能够迎合他们的喜好。

大脑方针是从大脑做决策的过程出发，去研究怎么影响消费者的每一次选择，每一次营销行为都是一次影响选择的过程。

消费者是千变万化的，他们来自不同地域，肤色不同、性格不同，喜欢的东西自然不同。同时，消费者对品牌的信任度在逐渐降低，品牌的重要性也在逐渐降低，品牌对消费者的吸引力在下降，这种情况下，传统营销中的品牌方针逐渐变得不适用，应转为以大脑决策为出发点的大脑方针。

品牌方针也好，大脑方针也好，其目的都是对销售的过程（或者说是消费者购买的过程）施加影响，促进销售的达成。我们认为这一过程都可以称之为"促销"，促销是企业面向消费者做出的一种（一系列）"活动"。

营销的4P理论中，最后1P是Promotion，我们通常称之为促销。在英语世界中，Promotion一般有以下三种意义：

（1）a move to a more important job or position in a company or organization.

擢升，提升，晋升。

(2) an activity intended to help sell a product, or the product that is being promoted.

（产品的）促销，推销；促销（推销）的产品。

(3) the activity of persuading people to support something.

提倡，倡导。

从中可以看出，促销是一种行为、活动、动作，其目的是实现交易，说白了就是让顾客掏腰包，真金白银的掏出来，一手钱一手货；手段其实可以多种多样，没有特定的限制。但是在此，我们应该关注到一点，那就是Promotion含有"提升"的意思，或者说这个P的重点应该落到"提升"上面。提升意味着是附加在"常规之上的"，也就是说本来、一般情况下在做常规动作，而为了达到某种目的、实现某一目标，又附加上一些其他动作。所以我们认为，促销就是附加在"常规销售"之上的"附加动作"。

更进一步明确的定义，促销就是通过价格优惠、更多产品价值让渡、附加价值增加、服务改善等激励条件配合相应的各种具有有效内容、形式的信息，传达激发消费者购买动机以促进交易实现的商业活动。

上面我们谈到了，商业环境在变化，消费人群也在变化。而消费人群的变化，从整体上看，一方面，空间维度上分层分块了；另一方面，从时间维度上看，前后有了显著区别，无论消费习惯还是消费意识，都呈现出显著区别。这种消费习惯和消费意识的不同，不仅仅体现在成交的那一瞬间，它应该是全过程的不同，整个消费过程，从产生需求动机到注意到某一产品服务，到其间受到各种影响，再到最后成交，都应该不同。对于促销来说，主要是消费过程中施加影响的活动，必须随消费者的变化做出调整。以前无论说什么、做什么、怎么去刺激，如今的消费者可能统统都不买账了，用现代年轻人的话说就是：无感。新零售的促销，必须摆脱无感才能奏效。摆脱无感，就是要在促销活动的方方面面做出调整，从起心动念一直到最后的交易达成，全程都要施加影响：

不忘初心＋系统规划＋完美演绎＋高效推进＋持续进化。

一、不忘初心

所谓不忘初心，是不忘人类共同福祉、普世价值的初心。其实深入想一想，人活着本来是件很无聊的事情，但同时又是件很有趣的事。罗曼·罗兰说过，真正的勇气是知道生活的真相，却仍然热爱生活。作为一个营销人，我认为首先要有看穿生活真相的智慧，然后要有热爱生活的从容。我认为营销人的使命是带领一个无聊的世界走向精彩，而精彩需要精进，需要丰富多彩。作为一个专注于营销专业领域的管理咨询顾问，我一直笃信和践行的理念就是：让人寻找真相，也让人寻求幸福，营销人要做的是诚心诚意地向用户推荐各种精彩的生活方式提案。

我们塑造任何一款产品，设计任何一项服务，然后把它销售给客户，本质上都是推荐和交付一种生活方式提案。我们的客户购买了产品、服务，应用了它，那么就实践了一种生活方式。从根本上说，人们需要实践多种多样的生活方式，也需要在一种生活方式中反复体验，不断精进，这就是生命的过程也是生命的意义，这才打破了无聊。没有这些过程，人就是基因的机器人。

从这个意义上说，每一个营销人都是揣着一颗悲天悯人之心，操着制造生命意义、为生命赋能的心。

不忘初心，具体来说就是：

第一，以为人生赋能、填充意义为营销的唯一根本目的。

第二，让营销从创造价值出发，以产品和服务为起点，围绕人自身潜在需求的开发、激活展开活动、配置资源。

第三，遵循这样的营销过程——体察人性、引导激发需求动机、塑造并交付价值（产品服务）。

有一位在TED做演讲的营销大咖曾经说过，给消费者的终极权利是叫他们"不要买"。我理解的"不要买"，不是说什么都不买，而是不要诱骗消费者过度消费，因为冲动而买下自己根本不需要、对自己没价值的产品和服务。营销的初心永远应该是为顾客"创造价值"。

无印良品

相信当今大家对无印良品（MUJI）都不会陌生了，无印良品这个品牌是一个典型的"生活方式"品牌，这至少在两个方面有明显的体现：

从产品线上看，它不同于传统的制造企业以单一品类产销为主，而是多品类经营，并且从研发设计到生产制造再到最终自建终端零售全产业链经营。无印良品的产品线涵盖了服装、家纺、家具、电器、家居用品、文具……完全是在围绕一个人的日常生活提供各种应用之物。

从无印良品的品牌核心理念来看，也可说是无印良品的"初心"，那就是"力求简洁、灵巧、实用，消除不必要的装饰，追求产品的功能性，注重小的细节设计"，这其实就是一种返璞归真的生活理念。

图 5-1 无印良品

如图 5-1 所示，从无印良品的店面可以看出来，它是一种非常统一、协调一致的素雅的风格调性，甚至有很多人戏称为"性冷淡风"。实际上无印良品的"促销"从店面映入人们眼帘的一刻就已经开始了，强烈一致的整体感会对感官形成强大的冲击力，让顾客对这种风格、理念形成强烈印象。在这一刻，无印良品在用它的"初心"试图去替换你的初心。香奈儿曾经说过："流行易逝，而风格永存。"可见一种魅力风格对人的影响力有多么强烈、持久。

茑屋书店

茑屋书店对于中国的消费者来说可能相对陌生一些，但在日本，茑屋书店可谓家喻户晓。如图5-2所示。

图5-2 茑屋书店

作为较早以"书+X"模式构建体验场景的茑屋书店（Tsutaya），以"书"为核心，搭配"影音+咖啡+餐饮+文创"等配套，从细节入手为读者提供高品质、专业化、差异化服务，颠覆了传统书店单一卖书的经营理念，引领书店走入创新型、复合型和生活化的新时代。

茑屋书店1983年成立，开创了集"书籍+唱片+录像带"于一体的连锁书店模式，大获成功；2003年与星巴克合作的"Book&Cafe"模式也深受追捧；2011年茑屋书店为在互联网围剿中突围，重构书店空间，融入咖啡、饮食、亲子、文体和慢生活，定位"生活方式提案者"，以丰富的线下体验和优质服务取胜；截至2016年年底，茑屋书店在日本开设1459家门店。

打造以书为核心的复合式文化生活空间。与其说茑屋书店出售的是书籍，不如说售卖的是一种以图书体验为核心、以"影音＋咖啡＋餐饮＋文创"等为场景的生活方式。

茑屋书店的创始人增田宗昭曾经明确提出了"生活方式提案"的概念，它也是茑屋书店的核心经营理念，是茑屋书店的初心。这一理念颠覆了以产品为核心的经营理念，一经提出就焕发了旺盛的生命力。来到茑屋书店你会发现，所有的商品陈列并不是以其固有品类为区分分类陈列的，而是以"生活主题"为核心聚合陈列的。比如有一个"京都旅行"的主题，那么书店中就会开辟一个专门的空间，陈列种种与京都及京都旅行相关的图书、文化品、实用品。如图5-3所示。

而这个主题的深层次含义其实可以翻译成一种生活方式提案——"在有限的生命中，花一段时间去京都旅行吧，去感受京都的大街小巷，去体验京都的古朴之美……"

二、系统规划促销活动

客户界面的一切（元素）皆促销（元素/手段/方式），促销不是要逼迫客户消费，而是要让客户代入情境、代入角色，经过一番游历，爱上产品或服务，最终心甘情愿又心安理得地购买、消费。

具体做法：系统化的设计客户界面。客户界面由一系列的营销接触点构成，设计客户界面就是要设计整个客户界面由哪些类别及哪几个具体的营销接触点构成，以及每个营销接触点通过什么样的影响机制对客户行为发生影响。当然这些接触点及这些点上的影响方式不是随机设置的，也不是堆砌出来的，而是要一个让它们通过某种逻辑贯穿起来，形成一个影响

图 5-3 以"生活主题"为核心聚合陈列

力链条,一步步伴随着客户的购买决策线路发挥作用,最终促成交易。

所有促销点要连接起来形成"故事线",做规划的时候需要把每个促销点当作故事的桥段、元素来设计。

规划的具体步骤:

第一步,促销活动的系统规划,需要首先确定一个整体的促销主题,或年度、或月度、或单次活动——确定这一次或这一阶段活动的"历险使命"——我们的任务是什么?我们为了什么而"奋斗"?我们要怎么做?

第二步,设计起承转合的大节奏,故事的序幕是什么?第一个高潮是什么?第二个、第三个……最后一个高潮是什么?如果是全年的活动规划,一般来说,需要每个月都有高潮,不同的月度高潮的幅度不同,遇到关键性的节日、纪念日应该有大的高潮,消费淡季需要有小的高潮。

第三步,具体设计每个阶段的具体剧目,这就需要撰写出活动实施的具体脚本。

第四步，反馈、奖励系统设计。反馈、奖励系统是一个结构化的系统，有一些基本模式可以参考，简单来说，包括活动互动的反馈形式，奖励的方式、节奏、力度、等级划分等。

第五步，促销点整体布点/布局规划。这一步骤要求在活动开始执行之前，进行一个系统的空间布局规划，使得活动在重要的空间点上都能有明显的表现。

第六步，后勤/运营/支持/资源系统设计——物料、临时性组织、人员配备、预算、对外联络系统规划。

规划的原则：

- 整体化、协调性、系列化、剧情设计合情合理符合逻辑。
- 常规稳定原则：保证与大众文化，多样圈层亚文化同步——追热剧、综艺等的续集，追人气旺的明星的新内容。
- 动态跟进原则：一周一追，一天一追，有苗头就迅速跟进。
- 全类型功能促销点全覆盖原则：保证发挥不同功能的不同类别促销点全部被覆盖，否则无法形成交易促成闭环。

三、塑造终端促销的六个维度特征

塑造终端促销的六个维度特征如下：

1. 主题化

所谓主题化，是指将一场促销活动目的化，冠以一定的目的、目标、使命、愿景，寄托一种美好意愿、情感，并将这一主题目标充分传达给目标受众。

让我们的促销活动主题化，实施心智"打击"。主题化与"品牌定位"的原理是一样的，就是让诉求、注意力充分聚焦。

那么让促销活动主题化需要怎么做呢？做哪些事才能实现促销活动的主题化？在活动策划之前先做调研，内部看企业需要解决什么问题，外部看市场环境，有哪些可以借助的、顺势而为的机会。之后开始设置活动主题。

- 设立目标，清晰描述。
- 设计、描绘我们想要消费者将要历经的心路历程。
- 创作宣传口号文案。
- 说明活动内容、形式及资源配置要求并将这一切落地。后续其实还应该小规模测试验证主题的有效性，再做具体调整。

2017的感恩节，很多人的朋友圈被杜蕾斯的一系列海报刷爆了。一开始一张"感谢绿箭"的海报被放了出来，海报很简单，只有七行字，如图5-4所示。

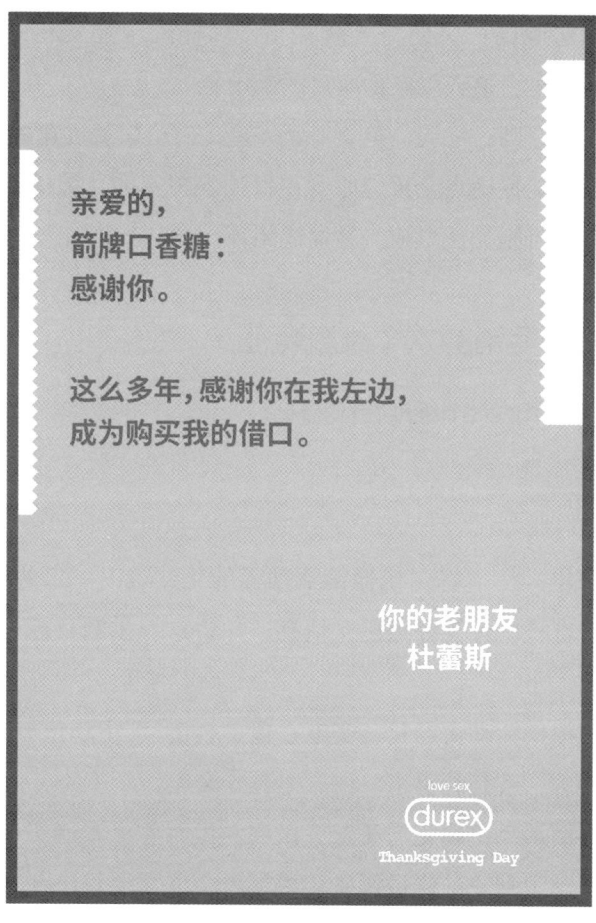

图5-4 杜蕾斯海报

大部分成年人看了后,都会会心一笑。

但是,至此高超还远远没有到来,紧接着一小时一张,杜蕾斯一口气放出了n张格式、风格相同,最重要的是都直指统一主题——"感恩"的系列海报。如图5-5所示。

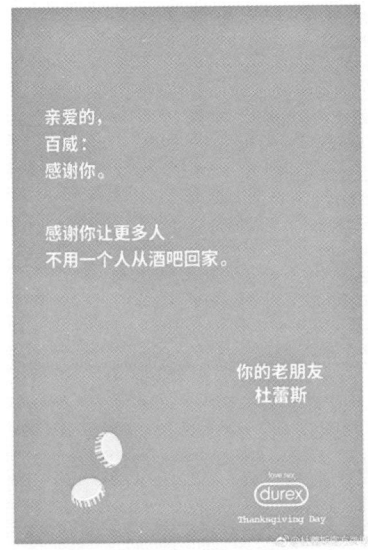
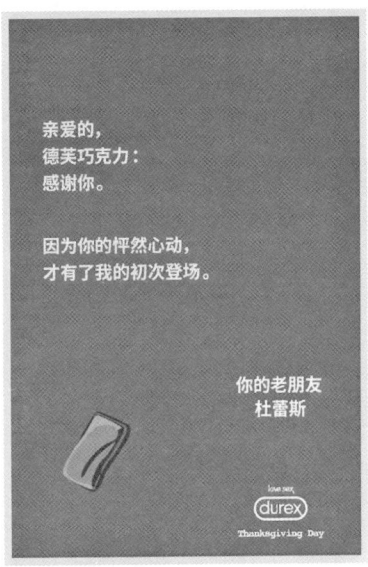
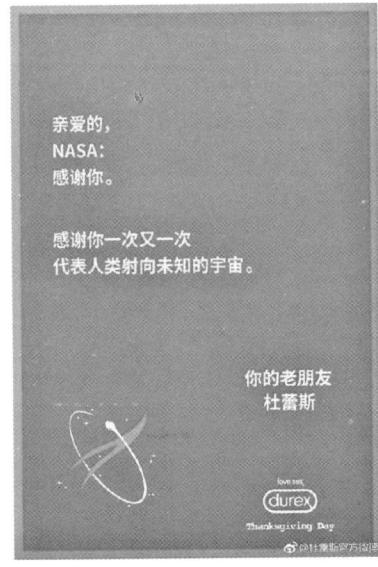
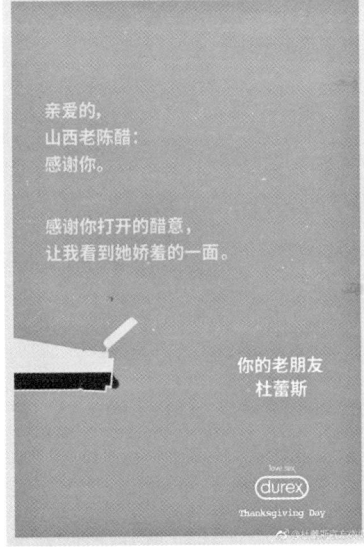

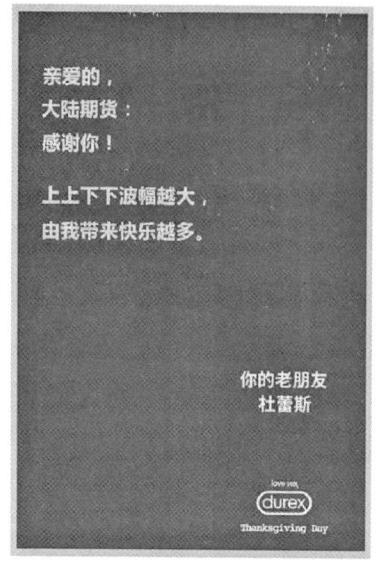 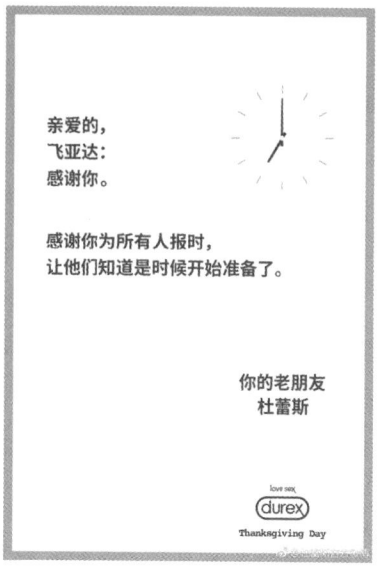

 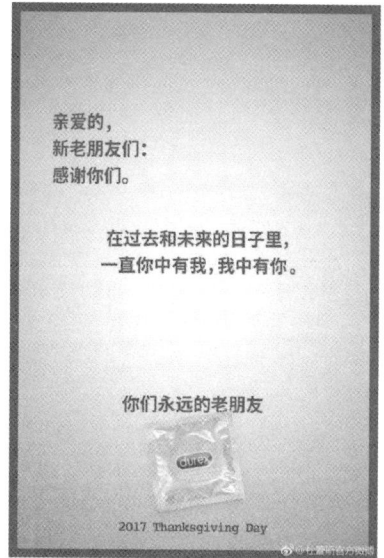

图5-5 杜蕾斯系列海报

这一次的推广活动,杜蕾斯充分接住了"感恩"的主题,但又没有局限于传统的煽情的感恩套路,而是采取了一种戏谑又不失温情的手法，发起了一浪接一浪的攻势。

最有戏剧性的是，随着杜蕾斯一波又一波的宣传，很多反应迅速的品牌给出了巧妙的回应，也加入了这一波刷屏的浪潮之中。如图5-6所示。

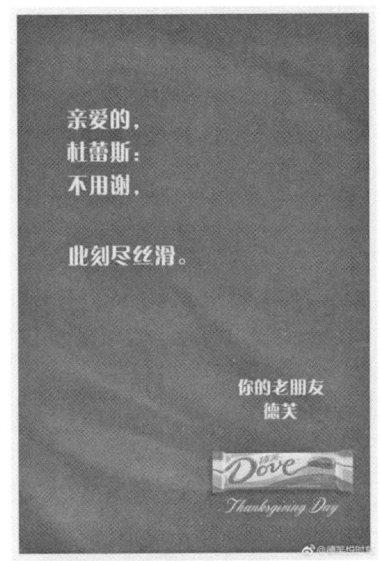 

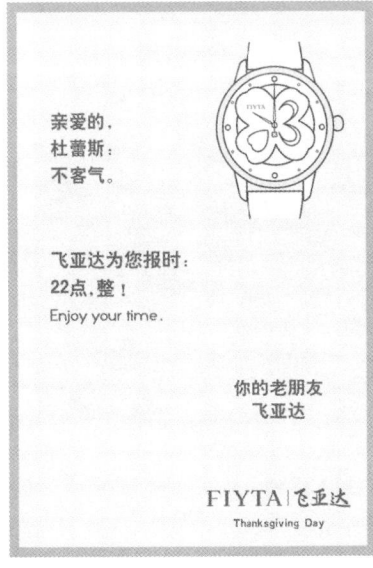 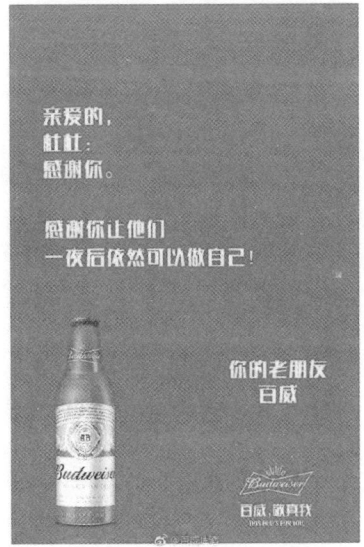

图5-6 刷屏的浪潮

更有甚者，在发起者没有主动搭理的情况下主动过来蹭热度，比如美的。如图5-7所示。

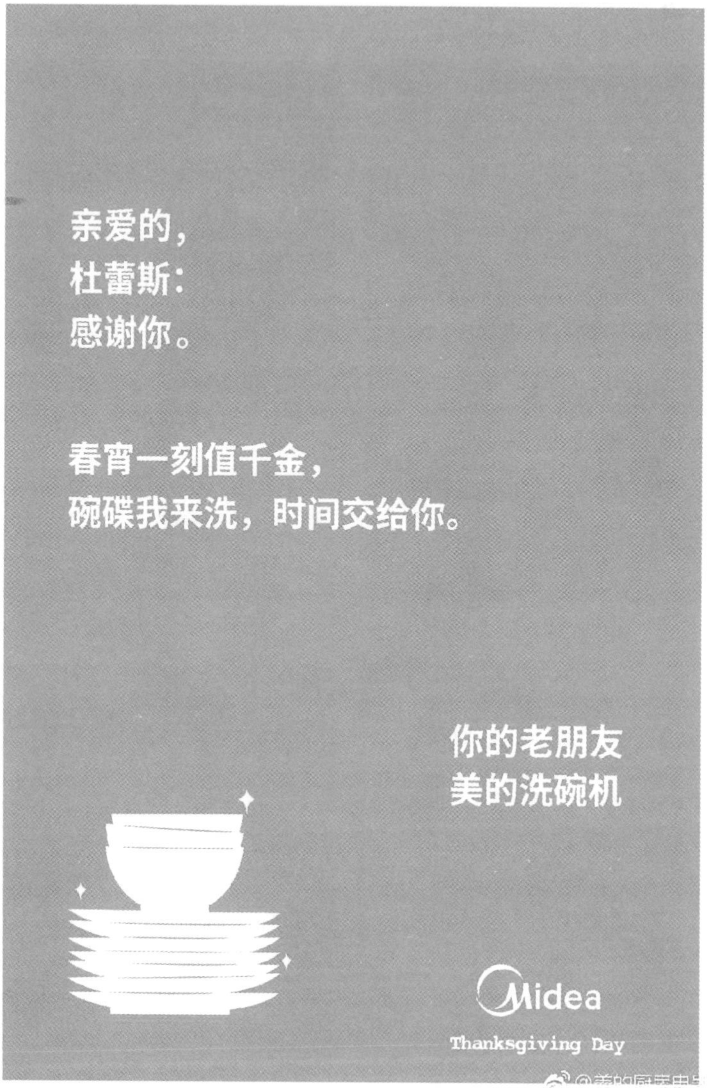

图5-7 美的加入促销

整个促销活动，由于对一个传统主题的巧妙改造焕发出了新的生机，一时间让一个品牌成为万众瞩目的焦点。

2. 场景化

场，物理学术语，指某种空间区域，其中具有一定性质的物体能对与之不相接触的类似物体施加一种力。比如一个有质量的物体由于引力场的作用能对所有其他有质量的物体产生引力。

"场"是时间和空间的概念，一个场就是时间+空间。用户可以在这个空间里停留和消费，如果一个人不能在某个空间去停留、消费，这个场就是不存在的。

景，就是情景和互动。当用户停留在这个空间的时间里，要有情景和互动让用户的情绪触发，并且裹挟用户的意见。

场景要能触发情绪。

场景的核心是在空间+时间的点上触发别人的情绪。

人所有的理智和意识都是把人往回拉的，而所有的情绪是在推动人的行动。所以人会去做一个动作，会往前走，是被情绪推动的。只有能触发用户情绪的场景才具有"促销"意义。

说到场景化促销或场景化销售，我们不得不提宜家家居。宜家自从进入中国以来，一夜之间打破了家具行业和相关消费者的传统认知——原来家具还可以这样卖！其实，家具本来就应该这样卖。如图5-8所示。

宜家家居，无论是从卖场成立还是到官网展示，又或是每年一本的宣传册，其核心就是围绕一个东西做文章——样板间。它就是要告诉你，买我的家具，你家就会是这样的，完全是一个生活场景再现。而且这个场景，跟你家里现在的完全不一样，它更简洁明朗、更温馨舒适、更有家的感觉。如图5-9所示。

图 5-8 宜家家居

来自宜家的创意灵感和特惠活动

精选新品,把设计感带回家

图 5-9 宜家家居样板间

3. 游戏化

什么是游戏化（Gamification）？一句话，就是将游戏手段应用于非游戏的场景。

游戏化本质上是一种方法和思维方式，它可以应用到很多非游戏领域。

游戏化能起作用的原因，也就是"游戏为什么吸引人"这个问题的答案，是一系列复杂因素相互作用的结果。需要注意的一点是，游戏化的魅力并非单独来自于游戏的机制，而是来自于游戏作为一种媒介所能带来的整体体验。

目前，游戏化在教育领域非常活跃，国外甚至有一些专门针对中小学教师的游戏化培训项目。中国香港甚至针对中学生发行过一款叫Farmtasia（农场狂想曲）的游戏，总共出了两代，是个经营游戏，通过沉浸式的体验来使学生对地理、经济等学科有更深的了解。其实游戏化的主要优势就是游戏的主要优势：沉浸性的体验、明确的反馈、可分享可提高的技巧，还有最重要的——乐趣。

促销的游戏化首先要考虑游戏化的必要性：游戏化一定要从需求出发，先有了"要提升用户黏性""要引导用户发现购买、消费的乐趣"的需求，才需要具体去考虑游戏化的方案。

从可行性的角度出发去考虑：游戏化未必以游戏的最终形式体现；只要系统或者规则经过了精心设计，能引导用户在过程中感受到乐趣和成就感，那么就是好的游戏化设计。在设计的时候，一定要考虑到请你设计的用户能否在不借助太多外力的情况下把你的设计付诸实践。

4. 社交化

社交的本质是什么？说到底，社交活动是植根于人类基因的一种为生存繁衍而存在的古老行为。人们通过在一起相处（在一个可以相互接触、相互观察的时空范围内进行语言交流、共同活动、相互观察），相互形成判断，建立关系，以达到为将来的协作建立情感、意识基础的目的。

所以，社交化需要为人们提供一些基本条件：聚集在一起的社交场所，表达个人观点、情感的话题，社交朝向的后续活动目标。

随着移动互联应用的普及，人与人之间的社交方式发生了重大变化，当下的社交变得越来越"随时随地"，微社交方式已经成为一种社交常态。微社交——利用碎片化时间，三言两语的社交。微社交更利于持续巩固关系和"在不经意间"升华关系。微社交往往是由这样几件事开头的：晒一张有故事的图；偶尔吐吐槽或者发表一下人生感悟，表达一下个人洞见。这几件事最容易引起朋友的围观和反馈，也最有利于表达自己的能力、境界、价值观、协作意向。社交的根本目的是奠定协作基础。

建立自己的社交平台，不如借助成熟的社交平台，在此不需要自建，更明智的做法是主动连接。

5. IP 化

IP 化分类：

（1）理论化的 IP

IP，是英文"intellectual property"的缩写，其原意为"知识（财产）所有权"或者"智慧（财产）所有权"，也称为智力成果权。各种智力创造，比如发明、外观设计、文学和艺术作品，以及在商业中使用的标志、名称、图像，都可被认为是某一个人或组织所拥有的知识产权。在中国台湾和香港地区，则通常称之为智慧财产权或智力财产权。

根据中国《民法通则》的规定，知识产权属于民事权利，是基于创造性智力成果和工商业标记依法产生的权利的统称。

有学者考证，该词最早于 17 世纪中叶由法国学者卡普佐夫提出，后为比利时著名法学家皮卡第所发展，皮卡第将之定义为"一切来自知识活动的权利"。直到 1967 年《世界知识产权组织公约》签订以后，该词才逐渐为国际社会所普遍使用。

（2）实践中的 IP

如今，无论在媒体的行文展现上，还是随之大量传播而塑造成型的民众心智上来看，IP更多的成为"显性化智力成果"的代称。这种显性化的智力成果具有以下几种显著特征：

• 显性化——这种智力成果一定存在某种或某些显性化表现形式，如某种造型、图形、图像、旋律、影像等。

• 独占性——这种智力成果为某一个人、团体、组织所创造，所有权归其独有。

• 共识性——这一智力成果一定是在一定范围内被广泛认知的，其外在形式和内在含义在认知群体内能够具有共同认识和认同。

• 鼓动性——IP其本质是一种精神偶像，具有情绪催化、信念支撑的作用……他一定是为某一群体所强烈偏好和迷恋的，能够成为一个引起群体情感共鸣、联络群体成员关系的纽带。

(3) IP化的作用

• IP能够营造场景。
• IP能够串联商品，带动关联购买。
• IP为产品、场景赋能、提高转化率、提高产品溢价。

促销的IP化是从产品的IP化开始的。乐高几个系列的产品：幻影忍者、超级英雄、未来骑士——产品是被动的艺术，自身具有静销力。如图5-10所示。

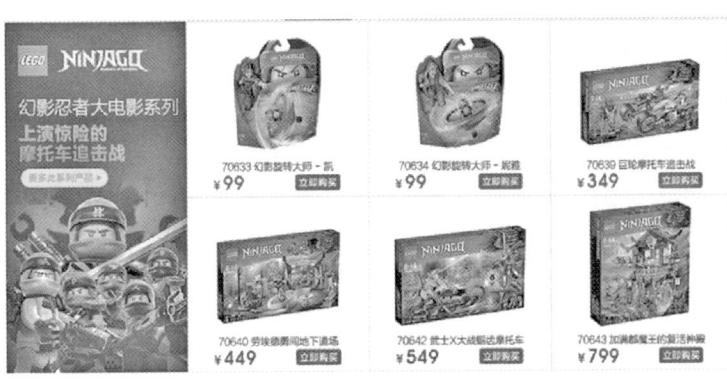

图5-10 促销的IP化

6. 娱乐化

所谓娱乐化，并不是耍宝、搞闹剧，弄一些低级趣味的东西"咯吱人"。娱乐化的灵魂是娱乐精神，娱乐精神是一种从容大度，是一种敢于直面惨淡人生的大无畏精神。它敢于触碰黑色、灰色，敢于揭伤疤，敢于自黑自嘲，笔者认为《吐槽大会》非常淋漓尽致地体现了娱乐精神。娱乐至上、娱乐至死是娱乐精神另一层面的体现，说大一点，娱乐精神是一种生存策略，娱乐精神是人类根本的精神寄托。

举个例子，父亲节如果做一场促销活动，与其让孩子们在贺卡上写下几句深情款款的感谢、祝福的话，不如晒出老爸出糗一刻的照片。道理很简单，我们现在的社会环境已经好不容易脱离了苦难时刻，在这样一个环境中回忆和秀出心酸、艰辛是不合时宜的，是不能引起大多数人的情感共鸣的。

娱乐化，重在在确定的主题之下进行娱乐化的演绎，无论主题如何，都能进行娱乐化的呈现——从调性上、呈现方式上进行娱乐化演绎。

乐高

乐高的玩具专卖店中有两种非常独特且富有娱乐性的销售方式，第一种是散装盛杯式销售，在店里可以先选一个杯子，标准杯或加大杯，顾客可以自助挑选散装零件装入杯子，能装多少装多少，原则上不限数量、重量，只要一只杯子能装得下，装多少就可以带走多少，价格不变，标准杯89元、加大杯159元。顾客为了多装，就要开动脑筋，是抓起一把就往杯子里胡乱装，还是先装大块再装小块，还是拼成各种形状再往杯子里装……如图5-11所示。

另一种有趣的销售方式是小人仔现场DIY。乐高把一个个一寸多高的小人仔玩具拆成头、身、腿、头饰、配件五个部分。在卖场有一个装置，分别盛放着各种各样的小人仔部件，消费者可以现场随意组合，搭配出自己喜欢的形象，三个小人仔一组，组装好可以盛放在专用的包装盒里打包带走。如图5-12所示。

图 5-11　乐高

图 5-12 小人仔现场 DIY

四、从关注到购买的动销实现路径

先制造先发影响力再实施精准打击：

第一步，媒体普遍渗透。

一场促销"运功"开展之前，最好能够做到广而告之，针对我们的目标客户群，针对本次活动需要影响的人群，利用各类媒体进行普遍渗透。其目的是在人们的意识中播下一粒种子，使得消费者真正在销售终端接触到现场促销活动的时候会有一种熟悉感，这能够有效地消除消费者的戒心。

第二步，商圈集中造势。

新消费时代下，新生代用户和消费者所处的信息环境（认知环境）和消费环境空前复杂，使得企业面向的顾客普遍就有更加复杂的认知结构（认知能力……）。面向这样"更聪明"的消费者，简单粗暴的单点终端拦截可能会逐渐失效。那么在当下的商业环境中，正确的做法是什么呢？答案是制造先发影响力，而我们认为制造先发影响力最佳的方法是，进行不远不近处的"商圈造势"。

地铁站口，学生模样的年轻人走向你，希望你能协助 ta 完成一份市场调查。为感谢你的支持，ta 可能会送你一份纪念品。看在纪念品的份上，你或许会停下脚步。

一家红酒坊为了推销自己的红酒，可能会在红酒上做文章，想出各种创意来包装产品。

一旦碰到可靠的权威专家或权威数据，人们就会放弃思考，跟着权威走。

……

上述日常案例，你一定不陌生——沟通者在传递信息时，都会绞尽脑汁地策划，希望传递出来的信息能被我们接受，甚至能够影响我们的行为。

然而，"影响力教父"西奥迪尼提出：为了最有效地影响他人，必须最有效地先发制人，而不是仅仅在传递信息的过程中去影响他人。西奥迪尼说，这种"先发制人"的能力可以让他人在还没有了解事物的详细状况之前，就对其重要性和必要性深信不疑。

以权威为例。过去，一旦碰到可靠的权威专家或权威数据，人们就会放弃思考，跟着权威走。而西奥迪尼指出，还要在传递信息之前"先发"中传递权威。通过这种先发影响方式，他人会对信息里将要出现的权威信息更敏感，从而更有可能关注到它，赋予其重要意义，从而受其影响。

地铁口，调查者无需送你礼物，只需要询问你："你认为自己乐于助人吗？"只要你给予了肯定的回答，那么随后面对 ta 递过来的调查问卷，你几乎不会拒绝。而你给予肯定回答的可能性高达99%。

如果商家希望你选择一瓶法国葡萄酒，只需要在你购买之前，在红酒坊里播放法国音乐，就可以触发你购买法国葡萄酒的行动。

为什么会这样？"先发制人"是如何运作的？为什么询问他人是否是个乐于助人的人，就可以提高他们参与调查的可能性呢？为什么播发法国音乐，就可以引导他人购买法国葡萄酒？

商圈造势的5种常用方法：

- 调研提示法——借调研之名，利用调研工具向顾客传达品牌、产品、服务的关键信息，引导顾客关注，参与思考互动。
- 顾客示范法——举着吃、拿着玩、拎着走、排长队……利用顾客的行为，向周边潜在消费者展示、示范产品。
- 场外Show卖法——走出卖场，利用各种"行头"、道具、物料、编队……在卖场500米半径范围内大张旗鼓地表演各种"行为艺术"吸引顾客眼球，引导顾客到店体验。
- 联合多点展示法——与商圈内非竞品商家结成异业联盟，与多门店互换宣传、展示物料，互利互惠，达成多固定点展示效果。
- 大面积包装法——利用各种新奇物料，将店面武装到牙齿，用具有强烈视觉冲击力的色彩对店面进行大色块包装，甚至可以让过往顾客产生轻微的不适感，以达到吸引注意的效果。

第三步，终端精准打击。

设置心理开关——一触即发，立即行动。

- 物质激励。它是个超级开关，永远不要低估激励的作用，其重要性怎么强调也不过分。只要物质激励用得上，就不要用别的东西。
- 是爱。人们渴望爱与被爱，因此对所爱者的缺点熟视无睹，听从其意志，偏爱其所爱，甚至不惜扭曲事实。爱既能把人推向巅峰，也能把人打到谷底。
- 确定性。人们不愿意陷入怀疑和不确定状态之中，总是想立即做出决定。这是演化而来，不立即行动的那些猎物早就在进化中被猎食者吃干抹净。它与困惑和压力有关，困惑和压力越大，人们越想尽快摆脱怀疑。

- 一致性。人们讨厌前后不一，总想前后协调起来。这使得习惯至关重要，它是让人生保持一致性的快捷方式，后果是好习惯事半功倍，坏习惯纠正起来事倍功半。如果这与讨厌、不确定合起来，可能导出可怕的后果：过快地下判断做决定，然后永不改变。

- 好奇。人类的好奇心远胜任何动物，这是一面。另一面是好奇心杀死猫。

- 妒忌。这是最古老的开关之一，肯定来自于演化，因为兄弟姐妹之间的嫉妒更甚于陌生人之间。《圣经》禁止人嫉妒有驴子的邻居，可是没用。

- 投桃报李，以牙还牙。没有它，人类不可能进化出合作。但它也可以被利用来操纵人。给你小恩小惠，你油然而生感激，于是掉进陷阱。大脑本能地就想投桃报李，但却不擅长计算数字，多少人栽在这里。

- 近朱者赤。哪怕两样东西只是肤浅地联系在一起，也会对人的判断产生连带影响。这就是为什么广告里总是俊男美女的原因。人们喜欢俊男美女，就会连带对广告宣传的产品有好印象。

- 这无伤大雅，但如果你得的是波斯信使综合征，后果就会很严重。带来坏消息的信使会被波斯国王杀掉，从此他再也听不到坏消息。

- 过度重视自己。人们总是认为自己拥有的东西更好，喜欢与自己相似的人，好处是安全，坏处是形成同类的小圈子，锁死在互相欣赏但逐渐衰败的螺旋里。伟大人物则相反，他们经常清扫房间，断舍离。

- 厌恶损失。人们厌恶确定的损失，甚至不惜去冒巨大的风险来避免它。

- 寻找认同。青少年受同伴影响远胜于家庭，成人也一样。

- 对标。人是不擅长对孤立的事情做出判断的，需要用参照来比较判断。

- 重视易得的东西。如果我爱的人不在身边，我就爱身边的人。耶鲁大学校长、心理学家苏必得也说，恋爱这件事，相关性最大的就是距离。

- 服从权威。领导比普通人更容易显得英明神武，尽管他们除了位子之外就是普通人。崇拜权力不是哪个民族的特性，这件事全人类共通。正因为如此，对把什么人放在有权力的位置上这件事要特别小心。

• 万事有理由。让别人做事前一定要告诉他为什么，因为人人都想知道为什么。

五、"被动"促销——从行为入手的隐性促销设置

"被动"促销内容：

1. 广为人知，常伴左右

消费者在选择商品时往往有一个先决条件，那就是这个产品在自己看来是知名品牌的。成为知名品牌，那么我们的产品就进入了一般消费者的采购备选列表。所谓知名度，其实是一个相对概念，消费者本身不可能在人群中去做调查统计，他们只是认同自己觉得知名的品牌。那么消费者会觉得什么样的品牌是知名的呢？在消费者生活中反复出现的，消费者就会认为它们是知名品牌。所以，首先要让我们的商品成为消费者生活中反复出现的"老熟人"，产生熟悉度，在此基础上，再通过制造小惊喜和小新奇让消费者持续关注。

2. 营造"饥饿"感

人们的心理都有一种损失厌恶的机制，当大脑发现即将缺失一样东西时，会迅速做出避免缺失的决策。人们特别讨厌损失，不愿放弃已经得到的东西。利用大脑害怕失去的本能，我们可以制造"饥饿"感，从而驱动消费者的各种行为。

3. 提供充分的便利性

懒是人类的天性，人们永远偏好最容易捷径。大脑喜欢简单，所以促进消费者行为产生的最有效的方法，就是提供最充分的便利。让事情变得容易有两个维度：一个是行动上的便利，另一个是精神上的放松。

4. 选择恰当的排列顺序

人们经常会忽略顺序给决策带来的影响。有时，仅仅是出场顺序的调换，或者广告播出时间段的前后差异，就会给消费者带来不同的决策。有一种心理现象叫"系列位置效应"，讲的就是在一系列事物中，位置不同会带来不同的记忆效果，开头和结尾的更容易被记住。基于以上原理，我们在传达商品信息时候，如何编排传达的顺序必须慎重考虑。同理，商品在终端的陈列位置选择也十分重要——最先映入顾客眼帘的位置，和最后有可能让顾客留意到的位置往往是最佳位置，比如超市一进门口的位置、货架最先被注目的位置、顾客将要离场结账的位置，可能都是黄金位置，我们都应该尽力争取。

六、促销外围资源联动——跨界合作，同业、异业联盟

壮声势、增加接触点相互导流、相互背书、打包整合提供更高价值感优惠——星云效应：流量倍增、转化倍增、销量倍增、溢价倍增、费用减半。

异业联盟（Horizontal Alliances）这个名词，如果从英文字面上来翻译，应该是"水平整合"。顾名思义，它是指不同行业间多方企业为了共同的经营目的，以互惠为基础的水平式合作关系，而非上下游的非垂直的关系。凭借着彼此的品牌形象与影响力来吸引更多的客源，借此来创造出多赢的市场利益。为了达到共同的利益，若干家企业通过一定的组织形式组成商业联盟。异业联盟的各商业主体之间相对独立，同时，各主体之间又存在一定的利益互惠关系。因此，异业联盟是一个相对紧密，资源共享、利益共存的联盟。

联盟意义：异业联盟既是扩大客户群又是巩固客户群的一种有效方式——整合联盟商家已有客户资源，实现客户资源互通共享，此举不仅降低营销成本，提升促销效率，又是强化双方优势资源及打造双方消费者利

益最大化的明智之举。

联盟原则：在异业联盟的具体工作中，为达到更好的联盟效果，应注意以下几个原则：

- 联盟商家间目标市场一致。
- 品牌形象的一致性，讲究"门当户对"。
- 互惠互利原则。
- 诚实守信，遵循契约精神。

联盟的具体方法：

第一，商家之间广告位互换，提升品牌曝光率。作为联盟商家让对方的顾客知道双方联盟协议的存在是联盟意义的基础，因此双方可在现有广告曝光位置中给联盟方提供广告位若干位置。谈判员可深入商家观察对方广告曝光位置为餐厅争取到优秀的广告位，如门店形象背景墙处、网吧电脑的屏保、收银台台卡等，我方可预留一块灯箱片的位置做联盟商家集合展示。

第二，商家之间会员互通，实现客户群体最大化。互通双方的客户群，实现顾客群体最大化是双方联盟的另一大意义。VIP 作为商家最稳固的客户群体无疑是我们争取的重要对象，具体手段可通过 VIP 互认或者 VIP 互办来实现。如联盟商家会员持会员卡到××可免费办理积分卡/会员卡一张（××积分卡是需要消费满额才能办理的），与此同时可获得××会员的所有优惠项目；××顾客持积分卡/会员卡至联盟商家处可承认/办理会员，同时享受会员的所有优惠及增值项目。

第三，优惠券/消费券互置，协同促销，实现会员转化。商家联盟不仅是品牌影响的扩大，更应该是直接促进双方销售提升的有效途径。除了品牌曝光及会员的共享外，各个商家之间会员的相互转换是我们的初衷，让顾客走进门店消费是体现商家联盟的直接意义，而通过优惠券的相互置换能直接实现这一目的。消费券/优惠券的等额/折扣置换，消费者直接持券到店消费，既让顾客产生了品牌接触、让顾客的利益最大化，又让双方节约了促销成本，一举多得。如大节来临双方大促，可置换优惠券/消费券共同营造节庆购物氛围，优惠券可相互直接派发或购物即可派发、消费券可做满额赠等。

第四，活动相互支持，深耕联盟关系。商家之间的联盟不是短暂的接触，应该是长久持续的相互协作与扶持。除了有简单直接的促销互助外，深入的配合是维护联盟关系的法宝之一。以服饰店为例：

- 双方大型促销及庆典的互相支持，门店开业可互赠花篮，大促期间可做满额赠××9折券等。
- 业务融合、升华情感，餐厅员工工服可委托服装店搭配完成，而服饰店员工用餐等可由餐厅完成，又如餐厅可给KTV或网吧供货享受协议价。
- 商圈拓展、共享繁荣，联盟商家发挥优势携手走进社区，进行社区服务，如美发店进社区免费理发、××美味厨房、服装搭配技巧等开发拓展活动，维护商圈关系。

七、高效推进和持续进化

在这个层次上，我们希望营销人需要有些理工男的"工程思维"。从单项的促销活动来看，时间维度上起码可以拆解成三段：活动前的准备，活动开始到活动结束这段时间内的活动开展、活动执行，活动之后的后续工作。而从活动构成的空间维度看，至少包括活动主题、活动场景、活动内容形式（内核）、活动感官体验营造、活动应用物料、活动人员、活动流程、动作规范等"组件"。

企业全年的促销活动，核心和难点是线下实体场所的现场活动。

说到活动内核，最有效的其实不外乎两种：一是Show，二是Game。这两项活动，可以说和人的基因一样古老。有一个流行的词——"参与感"，我们不要以为Show是没有参与感的活动；回想你的女朋友看韩剧的时候，是不是跟着时而一把鼻涕一把泪，时而呆呆望着天花板像个花痴，其实她早就神游九天了。用大脑参与很多时候比用手脚参与更可怕，陷得更深。

说到Game，其本质是一套即时反馈系统，即时做出行为，即时得到反馈，这种反馈可能是无知的也可能是精神的，可能来自自身，可能来自陌生人，也可能来自熟人。得不到反馈，游戏便失去了意义，如果能获得更大规模、更大覆盖面、更多次的反馈，那么游戏的意义就被充分放大。

由于 Show 与 Game 两种活动的性质截然不同，所以完成两类活动流程、实施方法、所需能力、配置资源都会有较大差异。Show 类的活动从活动流程上看相对简单，要么是以演员为核心的，主要的流程就是演员的节目一个接一个演下去，直至演出结束；要么是以布景、物品为核心的，类似展览的 Show，主要的活动流程就是让观众在展区内沿着一定的动线顺序浏览，或者分场次把观众一批一批的引入展区自由参观。

Game 类活动的流程相对复杂，首先需要在现场聚拢一批顾客，激发他们参与游戏的意愿和热情，之后需要有专业的工作人员为他们讲解游戏流程和规则，之后游戏参与者进行游戏，再之后需要有专门的工作人员扮演裁判，对游戏参与者的表现做出评价，判断"输赢"并分配奖励，最后再由专门的主持人宣布结果并颁发奖品。

无论是哪类活动，活动本身不是目的，推广和促销产品、服务才是目的。所以，活动中需要植入想要向顾客传达的有效的商业信息。无非两类：产品、服务如何如何好，如何如何适合你；现在就购买是最佳时机，而且多买是明智选择。为了传达这两类信息：

一是要深挖产品、服务的卖点，产品究竟怎么好，要掰开揉碎说清楚，产品怎么适合你，为什么适合你，要设身处地地想清楚，用顾客的语言中肯地表达出来。

二是要设计恰当的促销政策，太多不好，太少不好，关键是要适度——太多伤害产品本身价值，太少无法激励购买。

在这里，太少是个客观标准，不同行业、不同产品，顾客的感受会有差异，但是一般存在一个优惠幅度的临界值。太多，更多时候是一个主观标准，师出无名的促销都是太多。要让促销不损害产品本身的价值感，我们需要一个正当理由，让促销显得 make sense，要让为什么做促销，以及为什么是这样的优惠幅度，都看起来合情合理、恰到好处。（折扣相对论：跟同档次比不离谱；跟自己在一年中的或者多年中前后对比，不离谱）

要想让活动有条不紊地高效开展，从时间维度上看，首先要对活动的每个阶段开列出一张"做什么事"的清单，比如：

活动前的准备阶段（单次活动）（在全年活动方案已经确定的情况下）：

- 联络场地方。
- 联络合办方。
- 联络"演出"方。
- 联络"搭建"方。
- 采购、制作活动物料，包括现场营造氛围、展示应用的助销展现物料，以及用于奖励顾客的促销物料。
- 现场布置。
- 产品备货。
- 工作人员组织、分工、培训。
- 活动彩排演练。

活动开展阶段：

- 引流蓄客。
- 热场。
- 活动内核运行。
- 产品、服务展示；促销优惠政策传达、讲解。
- 产品、服务人员现场推介。
- 售卖。
- 现场情绪调动。
- 现场秩序维护。
- 现场拍照。

活动之后的后续工作：

- 现场清理。
- 各方费用结算。
- 现场资料整理。
- 活动数据统计。

- 活动总结评估。

有了这份清单，配合有效的培训、演练，可以保证活动实施人员照单办事，让该做的工作不重不漏。另外，适当的督导和有效的激励机制同样必不可少。

保证活动高效开展，在空间维度上也要做足功课。【动主题、活动场景、活动内容形式（内核）、活动感官体验营造、活动应用物料、活动人员、活动流程、动作规范等"组件"】

首先，组建的开发构建需要有足够的弹性（适应性），能适应不同的时空环境，同时能够与其他组建灵活组合。

其次，简单易行，充分经济。

关键举措：在不同层次上施行牵头人负责制，每个牵头人对结果负责，全程串场——有一个了解全局穿针引线的人，由他来分配任务、做协调、做衔接；负责具体模块工作的人充分专业化、熟练工、不断提高熟练程度。关注各时空节点上的每场次活动，是不是有人在做，每次做完是不是有总结、有反馈，每次做有没有什么问题需要协调解决。每条线上或者每一个区块的负责人需要跟进这条线，或这个区块上的活动的推进情况；单场次活动有一名总筹备和现场总指挥，通常这两个角色是一个人，他既知道整件事的来龙去脉，又了解现场的方方面面，可以随时调度现场人员、各种资源、各种关系、处理突发情况，保证活动最大限度的按计划开展。

什么叫靠谱？一个人靠不靠谱，就看三点：凡事有交代、件件有着落、事事有回音。

要做靠谱的人，事也要办靠谱的事。用管理学的理论来说，那就是要形成闭环，P、D、C、A一步不能落下。只有如此，我们才能让"促销"持续进化，从而能够动态适应市场环境变化。

经常由企业在做促销活动时候会定一个非常粗暴的目标——完成多少销量。我们不是说不能定销量目标，而是说要看情况定，具体问题具体分析。比如某个低价易耗消费品新品上市，一个三线城市，做个限时特价就想卖一个亿，实现一个小目标，这是天方夜谭吗？我们不这么说，说它是无稽之谈。天方夜谭是发挥想象力，一切皆有可能；无稽之谈说的是它没有根据。

目标怎么定？一定是做足功课算出来的，是要论证好什么东西，在什么情况下，怎么样，就被多少什么样的人购买了。

除了销量目标其实还有很多其他目标。我们所说的 Promotion 除了对销售直接的促进，还包含一层"推广传播"含义。相应的，我们做 Promotion 就要做推广传播的事，设立推广传播的目标，达到推广传播本应达到的目的。

具体来说，比如提升知名度，引导激发购买需求动机，提升产品、品牌在消费者心中的购买选择排名、提升向往度等，都是必要的目标。这些目标和销量目标一样，都是可以而且是可以很方便地测量、评估的。一轮活动完成，或者一个大型活动持续的途中，到达某一时间节点，做一个简单的抽样问卷调研和深度访谈，就可以对活动的效果做出有效的评估。

促销运动的目标设定和追踪评估不是业务发展的最终目的，其目的是对促销活动本身负责，找到促销活动的成败得失，看一看活动的哪些具体设置对影响消费者行为起到了积极正面的作用？哪些细节做得还不到位，没有发挥效力？哪些方面起到了反作用？了解这些以后，我们基于促销规划的框架，以及具体的执行框架、细节做出相应的调整、改进、升级。目的是让促销做得更贴合客户，能起到更具实效的作用。

第六章 终端服务的『情感化』

☞ 叶宁

一、终端服务提升的基本导向：情感化

情感化内容如下：

1. 终端情感化服务概念

情感亦称"感情"，指人的喜怒哀乐等心理表现，是人在认识世界和改造世界的过程中产生和发展的。终端情感化服务一般是指在常规服务之外，加入特殊的、个性化的服务使客户感动，让客户觉得亲切、倍受关怀，感受到亲情和真情，终端的服务蕴含着设计人员的感情，并能引起消费者的共鸣，达到一种心灵上的沟通。

在消费升级、新零售终端营销整体情景化的背景下，终端情景化就是要满足消费者追求时尚、个性、乐趣的不同阶段的精神需求，体现他们张扬的个性和与众不同的生活品位。个性的东西都是情景先行，因为情景代表了创新、改变和独特的时间、地点、事件的各种想法。对于终端的情景

式销售，需要以情景为背景，以服务为舞台，以商品为道具，通过环境、氛围的营造，使消费者在购买过程中口、耳、鼻、眼、心同时感受到"情感共振"式的体验，通过情景来打动消费者的购买欲望，激发消费者的共鸣，进而促进产品的销售。

情感化服务不是问题导向的服务，不是当客人出现需求时再去提供服务，而是在问题出现之前就考虑到，想到客人的前面。情感化设计是着眼于人的内心情感需求，针对使用者精神层面的设计，面对客户要敏感地觉知他们的情感，灵活应变，把他们当作朋友一样，并能引起消费者的共鸣，达到一种心灵上的沟通，注重顾客的心理情绪感觉，并由此产生彼此认同，自然的生长出销售的结果。

2. 新零售时代，终端服务需要情感化

新零售时代，是90后为主的新生代消费者进入主流消费者的时代，是整体消费升级的时代，而传统的终端服务面临终端服务流于形式，难以打动消费者，用户关系维护弱，持续流失且不明原因等困境。把客户当成朋友和闺蜜，终端服务注入情感化是传统终端服务摆脱困境，拥抱新零售的必然选择。

3. 消费升级背景下，新生代消费者的服务需求特点

消费者在整个消费过程中具有强烈的情感需求，其满意与否不仅仅由产品功能决定，还取决于在整个消费过程中的一种心理体验；服务的价值完全取决于客户的需求，为了弄清楚客户的需求，必须先了解客户、认识客户。

如今，在互联网和移动互联网影响下，消费者心理与行为正在发生着全新的变化，消费者需要正在由物质向精神、象征性意义转移，主流新生代的90后"自我意识"的觉醒尤为明显。他们在消费上强调自我的重要性，同时也通过消费来满足自我，在日常的消费生活中，"我"是最优先

考虑的因素，我想要、我喜欢、适合我，90后追求"只要我喜欢"快乐的原则。鲜明的自我意识会不自觉地驱动他们做出预判：哪些是自己喜欢的，哪些是适合自己的。他们在消费上强调"我"优先，只要是"我"喜欢的和适合"我"的，就不会在购买上妥协。

同时，90后是富有创新精神的一批人，他们对新鲜事物充满好奇心，他们也有能力去创新。90后接受信息的能力、对社会的感知能力、对世界的了解能力，以及摆脱传统束缚的能力等都要比80后略胜一筹，他们驾驭现代互联网技术和信息手段获取优势的能力也较强，90后对新事物、新思想的接受程度及开阔的视野，也使他们有能力提出正确的见解，参与家庭消费决策。

与80后相比，90后更反感被贴标签，在自我主张上，他们眼里没有权威，只有自己的观点，不会盲目地听从别人；在自主决策上，希望自己做主，有充分的话语权；在自我成就上，希望自己能够通过某种方式来证明自己的存在与能力，他们坚持自我，在认定的事情上不会轻易妥协。

另外，正是互联网的信息对称因素，和传统的土豪盲目消费不同，现在的消费很少有人会进行冲动消费，在大多数消费情境中，他们都表现得颇为理智。虽然90后比较关注自我，但是他们更加尊重人的个性和自由，对不同的观念和行为表现出更多的包容，他们喜欢新鲜事物，会做一些低成本的尝鲜消费，需要得到的服务成本不一定高，但是必须真情实意。可以这么说，新生代的消费者的消费更为感性，是理性基础上的感性购买和消费，90后消费者将某种消费感觉转换成消费价值，他们对商品的情感性、夸耀性及符号性价值的要求，早已超过了商品或服务的物质性价值及使用价值。

主流消费群体的变化会带动整个消费的升级，现在所有的购物中心都在社交化、娱乐化，消费心理的这一变化是由于"需要""环境"和"文化"三者交互作用的结果。这三者的变化发生在人们的心灵深处，对人的影响是巨大的。这可以说是一种情感消费时代，消费者购买商品所看重的已不是商品数量的多少、质量好坏及价钱的高低，而是为了一种感情上的满足，一种心理上的认同。人们是为了社交娱乐才去万达广场的，不仅仅是去消费的。中心城市的社区商圈全部线下线上连通了，从O2O变成O+O了。

可以说，在物质产品已经充满这个世界时，人们有欲望也有条件去索取情感和精神产品。在此背景下的消费者从产生购买愿望到实现其购买行为，是由多种因素促成的。为此，营销思维与策略的重心要转移到消费者怎么买的思路上来，而怎么买的重心是消费者的需求与体验。而服务承载的情感时常起着决定性的作用，它甚至可以超越和影响到消费者的意志过程。

4. 传统终端服务面临的困境

我们回过头来看看传统的终端服务的制约，传统终端服务本质上没有脱离为销售服务，而不是为客户服务的出发点，太过于急功近利，脱离了客户服务真正的需求。

首先，传统终端服务的定义过于狭窄，还有很多停留在以销售产品为导向的服务，是产品销售之外的基本保障服务。比如销售前产品讲解，销售中的疑虑消除，销售后的质量和维修保障，和客户建立的基本还是交易关系的保障性服务，如餐饮企业对服务的理解可能就是笑容可掬；设备销售企业，可能把服务理解为"保修"；银行可能认为服务就是快捷并不出差错；商品零售企业可能认为服务就是存货充足和免费送货。

这些理解都只是把服务限定在"有求必应"的范围内，满足于被动地适应顾客的要求。用马洛斯的需求理论而言，只是满足了安全的需求。同时，传统的终端服务往往流于形式，难以打动消费者，打动消费者变成了打扰消费者，服务者做不到需要的时候无处不在，不需要的时候无影无踪。而且传统终端还面临用户关系维护弱，整个物流信息结算非常原始，从"不购买、相关购买、推荐购买"的价值挖掘活动做不起来，客户持续流失且不明原因的困境。

传统的终端营销也进行了突围，也提出了为客户创造价值的理念，但是还难以摆脱遭遇到的困惑。一方面，创造物质价值需要成本，而公司的利润空间总是有限的；另一方面，由于价值的可比性，获得一定价值，顾客会期待着另一次更大的价值，而且他会毫不犹豫地在价值比较中转投竞争对手的怀抱。再者，顾客的消费信息越来越完备，他们追求自身效益最大化的理性消费在面对众多厂商时往往表现为非理性：今天中意 A 厂家的产品折扣让利，明天钟情于 B 厂家的个性化服务，后天又认为 C 厂家的产品知识普及不错。现今的顾客越来越难"伺候"，不但要质比价，而且你搞让利促销，他望着市场上别的同类产品有的折扣、有的派送，恨不得每一样都要。如果我们只提供产品、服务及肤浅化的价值创造，已越来越难于满足顾客多样化、个性化的需求，更难获得顾客的忠诚。

5. 结论：终端服务提升的方向——服务的情感化

新生代为主的消费升级下，新零售进入了情感营销时代，营销必须是"将欲取之，必先予之"的导向。传统的终端服务必须进行革命性的变革，必须从"以企业为导向"真正转为"为客户创造价值"。企业要摒弃饮鸩止渴式的价格战，创造"魅力产品"，营造"情感品牌"，进行"友好营销"。企业要尽其所能打动既是"理性的卫道士"，又是"情感的俘虏"的消费者，使其对品牌"一见钟情""一往情深"。

作为整体情景化营销的一部分，服务是企业为客户提供的以服务形式而存在的某种解决方案，把握消费者在消费前、消费中、消费后的情感化服务体验，由被动地适应变为主动地关心、主动地探求顾客的期望，才是研究终端服务的关键，要以专业增值、高效反应、感恩温情、亲密互动等方式给消费者提供极致体验。而只有在让客户满意、为客户创造价值的基础上，在产品之外的服务上使用情感营销，在终端服务的情感互动中为客户创造感动才有可能持久。

企业必须高举 Lovemark（爱的标志），与消费者发生紧密关系，在他们的生活中扮演重要角色。从生活与情境出发，塑造感官体验及思维认同，以此抓住消费者的注意力，改变消费行为，并为产品找到新的生存价值与空间。这可以从两方面加以解释：

其一，人在被感动时，印象自然加深，加深和持久的印象对顾客忠诚的维护作用是显而易见的。

其二，感动包括情感认知的主观因素，其可比性减弱，且竞争对手模仿的可能性降低。即使模仿，竞争对手要想为客户创造另一次更深刻的感动也并不容易。终端服务一定要学会从消费者个体心理感受的角度理解消费者行为的内在依据，从功能元素、个性元素、情感元素（如图 6-1 所示）研究重点需要、动机、生活形态、自我概念、象征等消费者个性心理与消费购买行为的关系，创造、提供一个新的服务环境或者条件，在消费者的服务体验需求得到满足的同时，实现商家的利益。

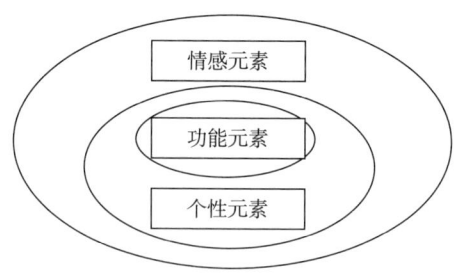

图 6-1　消费者个性心理与消费购买行为的依据

在终端的服务提供上，应该将自己定位成消费者的知心朋友，对消费者要充满爱心，帮助消费者解决消费疑虑等消费心理的问题，把顾客当朋友，增值服务、温情互动、深化关系。然后，通过满足消费者的不同消费心理从而达到最理想的销售目的，服务是目的，销售是自然的结果。即使没有消费也是一种客户关系的维护，这点很重要。

二、终端服务情感化的内容和形式创新

如何使得终端服务情感化得到有效落实？把服务做到消费者的心里，满足情感上的需求，达成过程有享受，结果有感受呢？本节就带着这个命题，从价值为王的服务内容和人性化的形式创新两方面，结合案例进行

论述。

价值为王的服务内容创新强调要抓住消费者的情感价值需求进行服务创新，针对新零售时代的消费者的价值取向、消费行为特点、聚焦产品的关键使用场景，对消费痛点和爽点的把握构成服务创新的内容，给出服务内容创新的原则和基本方法。

服务的形式上创新本着"需要是无处不在，不需要时无影无踪"的互动沟通原则，完成自然的情感链接，是针对消费者的沟通习惯、互动习惯，信息获得的渠道去贴近客户的生活方式，很自然地去交流互动，是谈恋爱一般的互动，而非挠痒痒的互动，也不是土豪一般简单花钱扎服务。

1. 终端服务真正做到以人为本，将客户当朋友、闺蜜

以服务创造价值也可以说是终端服务的目的，是企业真正站在顾客的角度上看待产品和服务的价值，核心是顾客感知利得（perceived benefits）与感知利失（perceived sacrifices）之间的权衡。由此，服务首先就是能真的把顾客当朋友，要真的将客户当作朋友和闺蜜，企业必须建立起服务的竞争战略，建立起定位清晰下的服务机制（如表6-1所示）。竞争和需求都要求把顾客当闺蜜的服务态度和定位，这是新零售服务的本质，"朋友、闺蜜"一般的情感服务与体验有一种"润物细无声"的意境。

表6-1 服务机制

定位	客户价值为尊，建立情感服务区隔	在终端服务情感营销过程中，需要对目标群体进行重新认识，围绕消费者需求，找准服务情感诉求的核心点，提炼出有针对性的情感主张，进而使产品和服务进一步满足消费者核心利益，并大胆采用服务形式将其推向市场
服务机制	真情实意促进情感忠诚	完善的服务机制不是指传统的"售后服务"，它贯穿于整个营销全过程，讲求的是心灵的沟通，强化的是消费者的品牌忠诚，表达的更是对消费者的人文关怀，重在沟通

必须树立让有情的服务赢得无情竞争，坚持以客户为主、竞争为辅

的服务投入导向原则。企业获取竞争优势的来源在于为顾客提供优越的顾客价值，反过来说也只有不断地提供优越价值，才能建立和保持竞争优势。情感已经成为一种资源、一种能量。情感差异运用得当，企业就能牢牢地拴住消费者的心，取得巨大的商业成功。利用情感差异已成为越来越多的企业赢得顾客心智的战略选择。终端服务的情感化强调的是情，真情实意是最大成本，而非土豪一般砸钱的服务，这点很重要。比如海底捞就完全以消费者为核心，服务员颜值不高，也没有高学历，成本也不高，也没有专门瞄准哪个竞争对手，只是以消费者为重心做好自己的服务，结果是难以模仿的服务感动了客户，也就成功地形成了竞争壁垒。

终端情景化的服务需要强调的是，无论客户是否产生销售，都需要得到一定程度感动点触动的服务。为此，需要改变传统的销售流程与顾问销售流程。如图6-2所示。

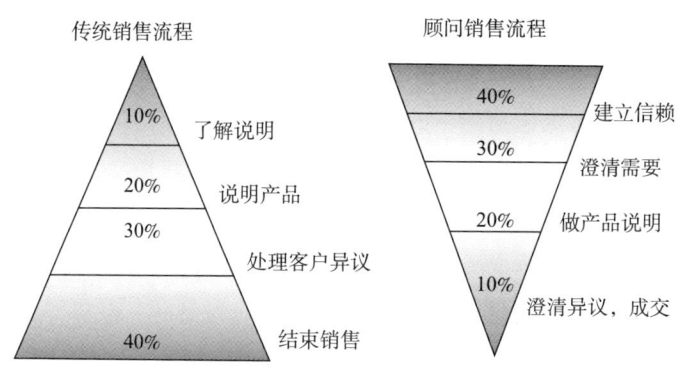

图6-2 传统的销售流程与顾问销售流程

星巴克"第三空间"情景化服务定位

星巴克的服务定位为独立于家庭、工作室以外的"第三空间"情景化服务，就是对都市人的生活现状的解读和情景化痛点、爽点的把握。星巴克敏锐地发现，对于现代都市人来说，每天花在工作上的时间，比父母那一代长了好几个小时，再加上科技发展，未来职场的不确定性在很大程度上给员工造成了压力。星巴克专门的调查显示，从高管到专业人员，再到体力劳动者，有68.2%的人面临着较大的工作压力。其中，有58.5%的人显现出不同程度的心理疲劳，职业人的健康状况令人担忧。

在个人奋斗目标遇到发展瓶颈时会产生心理疲劳，常常需要找第三个工作和生活场所与朋友谈一谈。为此，星巴克第三空间设计的情景化服务是以情感关系为导向，以信任为基础。就是围绕3C（Coffee、Connection、Culture）展开，到了星巴克就是提供依托咖啡的"第三空间"链接。星巴克服务中最重要的环节之一就是在咖啡店里与顾客进行交流。咖啡服务生能够预感顾客的需求，在耐心解释咖啡的不同口感、香味的时候，大胆地进行眼神接触，让消费者感到时刻在被关注、被体贴。"第三空间"给消费者带来的既有家庭般的温馨体贴，又有朋友般的包容理解。星巴克将群体情感的亲情和友情做到了完美的融合。星巴克并没有企图劝服中国人放弃喝茶而喝咖啡，而是以其追求轻松、舒适、优雅的"第三空间"服务获得市场份额。

以人为本强调的是企业确定了战略性的服务定位后，需要明确提供价值为王的情感化服务关键是服务人员。美国推销大王乔·坎多尔福曾说过："推销工作98%是感情工作，2%是对产品的了解。"顾客对服务品质好坏的评价是根据他们同服务人员打交道的经验来判断，有为客户创造感动的想法并不难，难就难在营销人员是否真正有心和细心地对客户付出情感。优质的服务来源于企业的员工对顾客的尊重及恰如其分的个性化服务等因素的综合，从某种意义上说，终端营销人员并不是产品或服务的推销者，而是美好情感体验的缔造者。海底捞、星巴克、孩子王等终端服务优异的企业，终端服务人员都能将情感服务贯穿于体验营销活动始末。一方面，它会持续吸引目标顾客；另一方面，它会形成自己独特的消费群体，甚至能从产品晋级成为社会潮流。

2. 在产品消费场景中把握痛点和爽点，创造感动点

唐代诗人白居易说过："感人心者，莫先乎于情。"现代心理学研究也认为，情感的形式因素是人们接受信息渠道的"阀门"，在缺乏必要的"丰富激情"的情况下，理智处于休眠状态，不能进行正常的工作，甚至产生严重的心理障碍，对周围世界表现为视而不见、听而不闻。只有情感能叩开人们的心扉，引起消费者的注意。那么如何在终端为客户提供情感化的具体服务呢？笔者根据多年的咨询经验和优秀企业的实践观察，提出以下几点原则：

第一，在售前、售中、售后的终端产品的消费场景发掘服务的痛点与爽点，设计服务内容，以期达成消费者的感动点，进而为客户创造感动。比如海底捞的消费全程服务设计，其中提供情感附着只是方式和手段而已，这种感动的创造对消费者来说是更高层次的心理需求满足和享受，需要针对客户在终端消费的情景化中，在信任度需求、归宿需求、尊重的需求、自我成就"为我服务"的需求，发现情感动因，从而发现消费的痛点和爽点。如表 6-2 所示。

表 6-2 服务的痛点与爽点

情感需求表现	情感动因	售前		售中		售后	
		痛点	爽点	痛点	爽点	痛点	爽点
信任度	能更好地控制自己的生活；欣赏、保护周围的人，以及环境和事物；安全、保障、减少风险、避免麻烦						
归属的需要	自足、独立、自主；对自己的文化、传统和所处的群体的尊重和认同；接受他人，和谐，适应周围的环境						
尊重的需要	感到自己有一定的地位，被人们认为拥有一些特别的东西						

续表

情感需求表现	情感动因	售前		售中		售后	
		痛点	爽点	痛点	爽点	痛点	爽点
为"我"服务	感受成功，实现自我；令人愉快的感受或体验；更高效、轻松的生活，对实用性的需要；有趣、刺激、独特、新鲜						

第二，在具体服务设计上注重感动设计，提高服务情感体验。顾家沙发做的也是全程无忧，但是感动点就很具体。在北京，顾家有十几辆面包车，只要你打个电话，两小时能到家给你洗沙发，一年免费洗两次，直到沙发洗烂为止，这叫感动服务。笔者经常和他们开玩笑，免费洗沙发就是加速沙发折旧，否则一个沙发用十年就没有回头客了。海底捞、孩子王等设计的服务，也属于感动服务。

第三，服务内容在于互动，内容上价值为王，以期达到全程优化，取得过程有享受，结果有感受的效果。一个好的情感营销，必须是能引起消费者共鸣的，必须是能打动消费者心灵的，那么未来和消费者互动，哪些可以做，互动内容是什么？笔者认为，和消费者互动应该是以下五方面内容：

- 当用户小秘书，实用窍门多。
- 当产品说明书，因为有的消费者比较懒惰不看说明书。
- 当技术专家，碰到特殊问题马上排除。
- 当闺蜜，有些亲情的互动，有些八卦可以聊起来。
- 给顾客当保姆，除了产品外，和你家里产品以外的东西也能互补、沟通。

第四，在情感化的服务形式上讲究人情味，真的做到如闺蜜一般的沟通需求习惯，如热恋的情侣一般，需要时候随叫随到，不需要时无影无踪，而又有时刻被惦记和呵护的感觉。在这种服务泛滥的年代，消费者需要的是我想到你的时候能否找到你。明白顾客需要的是客户顾问而非推销顾问，如何从服务的形式上做到朋友和闺蜜。不少优秀的企业都深谙其道，一如微信张小龙的小程序，来之即用，用完即走。奥迪汽车的换季清洗、老板电器的全程无忧服务，都是针对消费场景的痛点和需求的最大化爽点的把握。

海底捞情感化服务设计

首先，海底捞每一个服务人员都将"尊重顾客，用心服务"牢记在心。海底捞一直贯彻给服务人员的是将自己定位成消费者的知心朋友、生活中的好伙伴，对消费者要充满爱心，帮助消费者解决消费疑虑等消费心理的问题，并将情感服务贯穿于体验营销活动始末。巧妙地运用这类情感技巧，对顾客动之以情，超越顾客的满意，占领消费者的心理制高点，伴随全程服务人员发自真心的问候，点单，响应各种需求。客户体验海底捞的进门迎客，免费丰富的等待食品、精心设计的儿童游乐园、免费的擦鞋和美甲服务、免费提供眼镜布等，通过每一个细节的服务使得客户产生信任、偏好甚至情感满意和忠诚，充分体现出服务的魅力。

某酒店的情感化服务内容设计

酒店的终端服务情感化的内容和形式尤其重要。住酒店，我们就能感受到不一样的终端服务场景，酒店提倡的"情感化服务"，需要在常规服务之外，加入特殊服务使服务感动客人，是要带有温度的服务，不是把客户当作消费对象，而是当成朋友、闺蜜，这样服务的态度、方式、特点就不一样了。笔者曾参与的一家酒店的情感化的服务内容设计就比较有代表性，他们依据客户消费过程的痛点和爽点，设计了以下服务举措，很多客户都留言表示感动和转介绍，酒店的效益取得了明显的改善。如表6-3所示。

表6-3 服务举措

内容	解决方案	权限人	备注
客人要求换房	调换一间	客房经理或值班经理	
客人生日	赠送蛋糕或长寿面,小礼物等	客房经理或值班经理	
客人感冒	送姜茶、姜丝可乐、感冒药	客房经理或值班经理	
客人胃不好	送小米粥	客房主管	
女宾身体不适	送红颜糖水	客房主管	
客人带儿童	送玩具或小礼物	客房经理或值班经理	
客人特别纪念日	布置房间,送礼物	客房经理或值班经理	
喝酒客人	送醒酒茶或开水	客房主管	
客遗留物品	联系客人【寄或者送】	客房主管	
备注	在服务中,服务员要做到主动,热情,周到,尽最大努力		满足客人所需服务

情感化的服务又是动态发展的,要使顾客满意,售前的咨询、售中的指导、售后的培训等内容会随着时间的推移使其性质发生变化的,原来属于服务的部分被产品吸收,创新的部分才是服务,企业必须建立售前、售中、售后的服务体系,并对体系中的服务项目不断更新。

3. 终端服务延伸到会员体系,精准化大数据管理,构建社区和圈层模式

经营客户,服务也是可以表现成为利润来源的。最后需要强调的是终端服务情感化的延伸就是顾客关系深化,新零售下的客户关系管理核心在于利用大数据分析的手段和方法,进行有效的会员开发、运营维护和有效管理,并在此基础上注重消费者的社群建设,有效跨界进行圈层互动,不断持续深化客情关怀与沟通等。

为什么这么说呢?对于终端而言,最重要的是活跃的会员和会员的复购,企业必须依靠情感的纽带,依据客户进入和成长路径(如图6-3所

示）优先与创造企业75%～80%利润的20%～30%的那部分重要顾客建立牢固关系。否则把大部分的营销预算花在那些只创造公司20%利润的80%的顾客身上，不但效率低，而且是一种浪费。

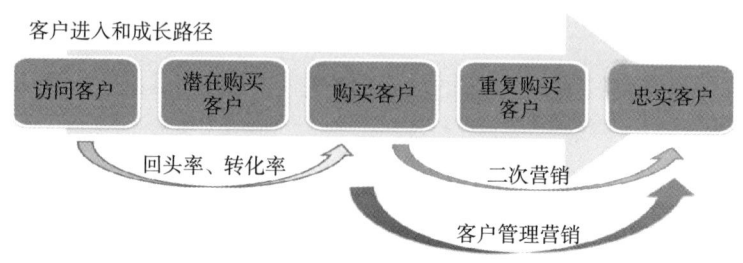

图6-3　客户进入和成长路径

终端服务延伸到客户管理是"新零售"的核心要义，在于推动线上与线下的一体化进程，是以实体终端体验为主的营销模式。终端形成真正意义上的合力，其关键在于使线上的互联网力量和线下的实体店结合，构建了会员+商城+智能门店新模式，致力于打通线上线下的客户数据，通过快捷的网购平台和丰富体验的线下门店、共享的会员数据，从而让消费者获得新的购物消费体验，完成电商平台和实体零售店面在商业维度上的优化升级。

客户关系深化需要依托大数据精准分析，进行有效的会员管理。除了通过CRM维护好现有的顾客关系外，这种管理系统更重要的功能，是对顾客的消费行为习惯和购物偏好进行深度挖掘和研究，并结合大数据分析模型，对顾客的需求图谱进行画像识别，挖掘新的市场机会。依托终端，基于技术创新应用，链接O+O模式，走出终端的社群建设，走进消费者的生活方式进行圈层互动，建立定期交流沟通的平台，加强情感联络。企业需要通过一个管理服务平台去连接终端门店，让门店拥有独立的管理后台和专属的营销商城，从而使终端更有动力去连接客户沉淀门店的大数据。通过门店的大数据，企业可以制定销售计划运营方向，协助门店提供更优质的顾客服务。对于消费者，能成为线上的粉丝或者会员，更多的是对门店的信赖，对导购的信赖，愿意去扫码、关注。要做的就是与导购的链接，与会员的链接。

三、终端服务情感化内容和形式的创新方法

终端服务的情感化需要从"情"字切入需求，找到与顾客的情感沟通的纽带，进行准确的定位和有分寸的"切入"，使消费者持续不断地感受心灵的冲击，即能潜移默化地影响客户的心理，从而全力激发其购买意识，起到"润物细无声"的巧妙作用。由于不同行业的消费特点差异大，我们从快消品、医药医疗、工业品三个领域，结合案例分析一些具体的终端情感化服务创新的方法

1. 快消品终端服务情感化内容和形式创新的方法

快消品领域的终端顾客服务，由于竞争的充分性，更需要重视"情感价值"的创造性和丰富的想象空间，善于以情感人、以情夺人，充分发挥情感效应在商品促销中所产生的巨大"催化"作用。

快消品行业的终端现在都是基于商圈的布局，融入消费者的休闲、娱乐生活方式，在此背景下的终端情感化服务的特点就是要能和消费者的休闲、娱乐中的价值主张匹配起来。比如在万达广场进行终端布局，就需要和吃喝玩乐之余的购物环境和心情匹配，在销售前进入万达广场的微信推广目录，以及设置一定的互动娱乐项目，和餐饮、电影院等娱乐场所建立跨界推广服务功能。现在很多奶粉、玩具企业就抓住周末家长带着孩子来购物广场进行技能培训的契机，提供亲子互动相关的服务。

飞鹤奶粉和孩子王的终端情景化服务创新

知名奶粉企业飞鹤和孩子王的终端合作，创新的终端情感化服务就是典型的强强合作案例，飞鹤携手孩子王长年联合举办的飞鹤孩子

王千人爬爬赛,由每个孩子王覆盖的近千名中国宝宝组成的飞鹤快乐宝宝团,用接力的方式挑战万米爬行。在成人看来简单的爬行动作对宝宝来说其实极为复杂,要求宝宝在平日补充营养,强健的胸、腰、腹、背及四肢支撑其快速爬行。家长除了训练宝宝爬行外,还会选择更适合其体质的口粮,确保孩子能够营养均衡,促进身体及体能的健康发育。

飞鹤奶粉借助孩子王的妈妈俱乐部活动,派驻营养师驻点孩子王,对飞鹤的成分进行详细的讲解,不断地进行教育,在如何倡导适合宝宝的发育成长过程中,将飞鹤 55 年来建立起从农作物到奶牛养殖、奶粉生产的全产业链展示给客户,让客户体验飞鹤的每一个生产环节都将质检把控权掌握在自己手中,做到 2 小时出厂,28 天新鲜直达。爬行比赛的前几名,往往是飞鹤奶粉的忠实用户,冠军妈妈们都有特殊的待遇,通过她们的口碑传播也是终端妈妈课堂的必备内容,通过持续的活动把既新鲜也易于吸收的特点深深印入妈妈的心智,为此打造的情景化服务能力为飞鹤奶粉的持续增长插上了坚实的翅膀。

2. 医疗和医药大健康领域终端服务情感化内容和形式创新的方法

消费升级下的大健康产业,在新医改的背景下,消费升级是防未病,健康养生为主的健康管理蔚然成风,取代了国人有病看病,没病不注重健康管理的历史。消费者需要的不仅是产品,还有消除病痛,恢复健康。整个产品的销售,它只是一个"中间点"而不是"终点"。为此,企业首先要有一个健康干预的方案,强调消费者的体验,最终目的和落脚点是提高消费者健康水平与生活质量。服务将是健康产业"盈"在中国市场消费升级的拐点的有力武器。

医疗和医药领域终端也顺应了这样的变化,已经从传统的以公立医院为主的医疗体系、以卖药为主的药店终端转变为以健康管理为核心的立体终端形态，民营医院的多元化经营，专科诊所的不断细分，以及出国寻医问诊到全程服务配套的高端医疗服务的差异化兴起，传统的药店终端在不断提高连锁化率的基础上，逐步衍生出医药馆、养生馆，以及和社区诊所密切挂钩的模式。

汤臣倍健营养家平台的服务创新

围绕健康管理的终端服务的创新可以说形式多样，内容丰富。汤臣倍健的服务就是比较典型的案例。目前汤臣倍健终端数量约5万家，其中药店占比约90%，汤臣倍健大部分营业收入均来自药店渠道。但是汤臣倍健知道药店门店会员营销困境制约了发展，通过会员数据分析，发现新客户的三个月月内回头率为16.54%，流失率为83.46%，大部分客户在三个月内没有回头。老客户的购买金额与新客户并无显著性差异，购买力未完全释放。同时，7个月内两品类及以上产品的交叉率为9.42%。药店都面临会员数量虽然不少，但会员不活跃，有效会员寥寥，陷入天天会员价、长期会员折扣价、非折扣不买的困境，而且服务同质化，简单的会员管理与政策的大同小异，使现有的会员成为变相的价格战。

以往的方式是花大力气开发，花成本抢来大量的会员，但没有产生更多大的价值。为此，汤臣倍健2013年提出了"一切皆服务"的理念，从卖产品到卖服务的转变，核心就是打造差异化的核心竞争优势——服务。VMS（膳食营养补充剂）是汤臣倍健药店销售的核心品类产品，消费者为什么买VMS？汤臣倍健认为消费者一定有需要解决的健康问题，产品卖出去之后，消费者的体验才刚开始。

2014年以来，汤臣倍健启动"营养家中心"系统建设，试点建立汤臣倍健"营养家会员店"与"营养家体验中心"，通过终端服务力的提升，为顾客提供卓越的服务价值和购物体验。营养家主要专注于两件事情：连接消费者和持续与会员互动。

连接消费者，就是通过电话、网站、微信、APP、微博、杂志、体验中心、大小健康快车等，建立线上线下与会员沟通互动的渠道。持续与会员互动，则是利用积分兑换、会员服务、会员活动、内容运营等方式，提供更多会员喜欢的服务内容和互动形式，增强会员黏性。目前，终端精细化项目已扩展到100多个城市，并通过样板店建设、重点SKU的分销、终端包装、促销推广等提升单店产出。经销商也正从物流配送商逐步向具有服务和市场支持功能的运营商转变。

在营养家平台的战略下，汤臣倍健首次在移动健康管理推出了十二篮体重管理方案的情感化服务。作为全球首款云追踪体重管理方案，将营养产品、营养师服务、移动终端系统（APP）、智能秤、智能手环五大关键环节整合成一体化方案，通过对用户身体数据的收集、整理、分析，应用于个性化的解决方案和营养师服务，配合移动互联网体重管理社区的互相激励，从而帮助用户实现科学的体重管理。从营销效果来看，推出一年，这个项目在微博上的话题，吸引了过亿的阅读人次！从产品对消费者的效果来看，十二篮在公测期间，有效减重率达到75%，平均减重大3.4KG/人/月。

十二篮是汤臣倍健终端情感化服务的一次尝试，目标是从简单地卖产品，转为整合健康管理APP、可穿戴设备、动态方案和社区、营养师个性服务和互动、膳食营养补充剂产品等的综合健康干预方案。汤臣倍健配备200名营养师，配套推出终端（店员＋消费者）营养顾问模式，包括健康检测＋营养咨询，设置亚健康主题教育区，邀请代言人刘璇等巡回进行消费者、店员互动活动。同时，汤臣倍健上线的新营销系统，将为销售过程中（包括信息获取、分析与呈现）的不同角色匹配不同的系统工具。针对经销商和管理人员、销售代表、门店店长、门店店员，分别开发了销售服务平台、云商通（SFA）系统、门店管理平台、门店APP/POS系统等具有不同的功能的系统工具，让目标设定、业绩达成、市场动态、会员动态一目了然。

四、终端服务情感化内容和形式创新案例

创新案例如下:

1. 医药企业社区卫生服务中心情感化服务打通社区营销模式

随着国家医改政策不断明朗,医药市场操作越来越规范、透明。逐渐清晰的互赢意识,使得药企与药店认识到彼此的依存关系,开始寻求互惠互利的互赢之道。而大多数药企终端药店经营现状,目前仍在药店内部做动销活动,常见的方法是终端拦截。当顾客购买心智中的品牌药物时,药店员工拦截销售,引导顾客购买"高毛"产品,这种方法容易被顾客拒绝,导致伤客,影响药店品牌。众多药企以同样的方法,在药店做动销,药店目前"高毛"产品,少则上百个,大多数动销资源已被竞争对手获取,新进入的药企需要付出更多的成本才能拿到,而且竞争对手也可能加码跟进。

终端普遍面临如下困难:

- 店面租金越来越高。
- 药物销售利润越来越低。
- 店员工资成本越来越高。
- 市场竞争大,药店太多,顾客进店率低。
- 店员收入低,流失率大。

面对目前的竞争环境必须抓住核心:

其一,抢占终端药店的动销资源。

其二,抢占消费者认知。抢占消费者认知,能够给企业品牌带来持久性,也能有效支持终端药店的动销活动,同时另辟蹊径才能摆脱困境。笔者参与的某药企的大健康项目就不是拿资源生切终端资源,而是通过切入社区卫生服务中心,构建情景化服务进行有效的营销创新尝试,利用互联网技术,构建社区,同时完成社区内终端的覆盖和上量。

（1）通过社区服务卫生中心找到健康需求原点人群

国务院关于发展城市社区卫生服务的指导意见指出"社区卫生服务中心"要以社区、家庭和居民为服务对象，以妇女、儿童、老年人、慢性病人、残疾人、贫困居民等为服务重点，以主动服务、上门服务为主，开展健康教育、体检、预防、保健、康复、计划生育技术服务和一般常见病、多发病的诊疗服务。社区卫生服务中心聚集众多健康消费者资源，围绕这些资源积累原点人群是创新的开始。

（2）借助互联网微信工具锁住原点人群

建设微信互联系统：通过微信系统在社区卫生服务中心活动时赠送礼品，同时通过扫二维码收集顾客信息，向顾客推送健康知识、产品信息、社区周围的合作药店、最近的药店活动信息、健康讲座的信息。

启动培训会议项目组负责社区卫生服务中心的职工体检时的产品宣传，健康教育导入。借助体检活动，宣传推广1~3款产品，给体检排队人员赠送小礼品，要求排队人员扫二维码进入"互联互通"系统，也可将礼品放在社区卫生服务中心，让参与者到指定社区服务中心领取礼品，通过微信营销工具为社区卫生服务中心引流和营销植入。也可邀请医院（或者社区卫生服务中心）的专家主任到社区讲健康讲座，吸引更多的健康消费者参与收集数据。

（3）利用互联网微信工具与原点人群互动，让原点人群获取利益，黏住消费者，同时借助消费数据反向整合药店、诊所、终端医疗机构

顾客在药店购买"药企"产品时，所持有的购物小票（发票），通过微信互联互通系统上传药店小票的照片，后台工作人员根据单据的金额给予消费积分，积分可在微信系统中兑换（电话充值卡、食用油、面粉等），吸引顾客与平台互动，黏住顾客。通过互通系统，企业就可以建成"药品行业消费数据库"，分析消费者消费趋向。通过微信互联互通系统掌控了足够的附近社区的消费者数据后，企业就可以开始整合药店销售资源，进行反向整合、终端开发、终端上量。

2. 工业品领域服务情感化内容和形式创新的方法和案例

工业品领域购买是很理性的,很多企业以往大都通过人员销售的方式进行,对销售终端重视程度不高,而在消费升级的背景下,建立服务型终端,提供工业品使用过程的各种情景化的增值服务,减除客户的使用疑虑,将成为工业品营销的重中之重。特别是对于国内的企业相比较和国际企业产品的差距上而言,情景化的服务更容易打动客户。

三一重工6S店情感化服务

三一重工的6S店的服务就是工业品终端情景化服务的典型案例,三一重工在业内率先提出零首付的零销售门槛,提高销售维护和服务力度,一直是其攻城拔寨的营销利器。2006年,三一重工在我国工程机械业内率先引入6S店概念。当年3月18日,三一重工在广州市黄埔区建立三一广州6S店,被誉为"中国工程机械第一店"。随着6S店模式的推广,三一重工为行业内的其他企业家提供了新思路。

三一重工6S店,是在汽车4S店的基础上发展起来的。汽车4S店是一种"四位一体"的汽车特许经营模式,包括整车销售(Sale)、零配件供应(Spare‐part)、售后服务(Service)、信息反馈(Survey)。而6S店在汽车4S店销售模式的基础上增加了2个S,即二手车置换(Second‐handcarexchange)和培训(school),是集整车销售、零配件供应、售后服务、信息反馈、产品展示和培训六位一体的销售服务。凸显了"产品现场展示""一站式服务""系统解决方案"等特点,给客户带来直观体验和方便周到的服务。6S店可以使各种资源得以整合和实现最优化,成为连接三一重工与客户的一个开放而高效的交流服务平台,让客户尽享一站式情景化的无忧服务。

三一重工 6S 店之前，几乎所有的工程机械公司都是采用零散的销售代表或经销商制进行市场营销，"作战"分散，客户往往是东边买了产品，南边去买配件，再到北边去维修。配件供应、大修、客户维修操作人员的培训等都是购买过程的痛点，6S 店就集中解决了这个难题，客户可以边听、边看、边操作，通过完全的现场体验，感受三一重工产品的精髓。

三一重工 6S 店分为展示区域、办公区域、维修车间、配件车间、文体活动区域和生活区域。作为工程机械行业中的龙头企业，三一重工在展示区内摆放自己的明星产品，如泵车、挖机和履带吊等。

三一重工 6S 店的一大特色是所有产品事业部的员工全部入驻其中，如果客户到访，前台热情专业的接待人员可准确地分析客户的来访目的，并将其引至相关产品事业部办公室。不论是到办公区域还是维修车间、配件区，客户都能喝着工作人员奉上的热茶，看到挂放有序的三一企业文化宣传画。维修车间和配件区域的员工没有规定的作息时间。只要产品需要维修，他们会在第一时间供应配件，哪怕通宵达旦也会将修复一新的产品交到客户手中。6S 店提供的服务项目远远超过了其字面定义中的服务内容，舒适、良好的环境和专业、高效的服务，都给客户留下了深刻的印象。活动区域的桌球室、阅读室及多功能运动场，全方位的运动项目使 6S 店看起来更像是一个客户俱乐部，增强了终端服务的情感化体验效果。与此同时，6S 店还针对客户的实际痛点，提供金融服务、旧机租赁及二手机交易等服务。

三一重工 6S 店还推出了更多针对性的情景化服务，并且加以细化，还确定了产品介绍的 4 大戒律：

- 不卖产品卖故事，引发兴趣。
- 不卖价格卖价值，渴望拥有。
- 不卖成分卖结果，感受美好。
- 不卖承诺卖信任，直接购买。

建立了解除客户异议的4大策略：

- 认同客户，表示理解。
- 讲有自己或者有同样的客户、有同样的感受。
- 讲故事，讲案例，打比方，扭转观念。
- 运用顺势成交法和二选一成交法。

三一重工的服务在赢得最终用户满意的同时，已经成为收入和利润的来源。经销商通过对最终用户的服务保险，比如一年50万元的保修保险，就可以排除工程师进行现场及时服务，保证客户满意，打击竞争对手的同时，支付工程师工资费用之外，还有一笔可观的利润收入。

五、终端服务情感化的发展：客户关系深化

研究表明，客户流失率有68%的要素是员工对他们的需求漠不关心，而再次光临的消费者比初次登门的消费者，可为公司带来25%~85%的利润（如表6-4所示）。有效的会员管理是营销的关键，终端服务的延伸核心在于利用大数据的精准营销，进行会员的开发、运营和管理，客户关系管理的核心在于"要一辈子，不要一下子"。

表6-4 客户流失率

流失比例	流失原因
1%	死亡
3%	搬迁
4%	自然地改变喜好
5%	在朋友的推荐下换了公司
9%	在别处买到更便宜的产品
10%	对产品不满意
68%	员工对他们的需求漠不关心

从存量的老客户中寻找增量，就是结婚后再恋爱。婚姻不再是爱情的坟墓，要变成持久爱情经营的主阵地。客户终身价值，并不是客户一辈子在你这儿的购买总额，它应该是通过你的产品和服务，客户可以赚取的总利润。

1. 基于大数据和新零售技术的精准会员运营与管理

在传统终端的会员管理上，我们知道需要进行会员的分类和分级；对不同会员类别和级别的服务提升；进行会员的全生命周期管理。而如今线上发展一个新客源的成本为100多元甚至200多元，而且忠诚度很低。但100元可以从线下获得一个忠诚客人，所以线下场景化非常重要。

在新零售背景下，需要打通线上和线下，走出门店深入社区构建社群，深入同类消费者生活方式，跨界构建圈层互动模式。关键是会员服务的互联网技术手段提升，实施大数据的精准营销，才能有效积累和分析客户数据，进行合理的分类，以及进行跨界会员信息数据共享打通。利用大数据，进行会员的分类分级确定差异化服务体系，超级客户的定义及对策，迎接定制化会员服务体系。

2. 孩子王的会员大数据管理

孩子王成立于2012年6月1日。孩子王是一家数据驱动的、基于用户关系经营的创新型新家庭全渠道服务商、中国母婴童商品零售与增值服务领先品牌，专业从事孕婴童商品一站式购物及提供全方位增值服务，定位为准妈妈及0~14岁儿童提供衣、食、住、行、玩、教、学等购物及成长服务的综合解决方案。一个门店的生意是否好，就看服务的收入和利润贡献，如今孩子王的服务能贡献40%的利润比重。

孩子王目前在全国18个省、98多个城市范围内拥有近230家实体门店，拥有家庭会员超一千五百万以上。孩子王构建了以人性服务为核心的重度会员制模式,深入重塑消费者价值,反作用于供应链,为每一位会员提供个性化育儿解决方案。这种科技化、数字化的建设思路让孩子王有别于其他母婴零售品牌。传统的零售逻辑往往是竞争模式下的资源分配,是价值链上的零和博弈,而孩子王是基于共享的价值创造,有效地实现了商品数字化、互动数字化、员工数字化和用户数字化。孩子王深度应用会员大数据,并借助移动互联领域的创新应用,对顾客消费行为、消费数据信息进行整合分析,系统地对不同等级的会员进行精准营销,通过运用互联网与大数据技术升级线下门店,将线上精准营销与线下互动体验相结合,为每一个用户提供一个工程师和一个育儿顾问的解决方案,创造了一个开放的、平台化的资源共享模式。

通过精准大数据分析,孩子王为 0～14 岁儿童打造一站式成长服务平台——"成长加"。孩子王打造了一套无缝衔接的社交生态,让妈妈们和孩子王一起共享掌上育儿社交时代,为其定制生日特权、专属客服、积分叠加、同城送货等高定会员服务。会员在孩子成长的同时,享受孩子王全新会员体系带来的专业专注、成熟高效的育儿服务体验。通过品类专题、成长课堂、专业测评、口碑指数、互动反馈等帮助用户找到好学校和好老师,更有小加老师一对一,根据用户需求,提供"优选、优质、优惠"的产品,还覆盖了文化旅游、家庭帮手、教育金融三大领域。在孩子王总部,大数据和互联网技术研发人员达到半数以上,通过科技力量实现用户获取、分类、互动、增值和评估过程的全程数字化,让每一个消费者后面有一个工程师、一个顾问,同时提供精准专业的个性化服务。

3. 汤臣倍健"一切皆服务"会员运营和管理体系

大健康领域,汤臣倍健的会员体系也比较有代表性,在汤臣倍健打造营养家平台的过程中,会员就是其中的核心。营养家会员工作目标是,由此建立一个以消费者为中心的、由品牌商、渠道商、零售商共同参与的闭环生态圈,要建成国内第一的健康干预平台。

第一,是一个营养及健康管理的学术平台。

第二,是医院临床营养科出具健康干预方案的参考平台。

第三,是供 B2B 使用的一个专用平台。

第四,是汤臣倍健及其他医药、营养补充剂、保健品、体验中心及其他有相关健康管理需求公众的一个技术支持平台。

第五,对消费者来说,这是健康管理"问诊"及互动的一个平台。

建成国内第一的健康干预平台,这个可以理解为专利产品,也可以理解为动态的数据库。它可以提供针对不同人群、不同慢病等个性化的健康干预方案,包括饮食摄入、运动、营养、心理等内容。它不是一个简单的数据库,而是支持一个个具体的人群与慢病的健康干预方案。通过上百万汤臣倍健健康快车、营养体验馆、营养中心的用户数据积累,整合国内数十位领先的营养学专家、国内外领先的营养和健康管理领域研究成果、协同权威的营养和健康管理组织与机构,对不同用户的不同健康与营养需求提供系统的解决方案。基于大数据出发,通过专家、权威机构及国际研究成果形成解决方案。如图 6-4 所示。

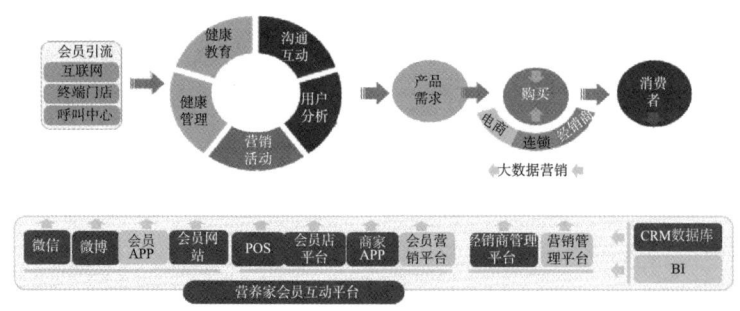

图 6-4 汤臣倍健营养家平台模式

目前汤臣倍健营销师会员运营管理平台,现在已经拥有超过两百万的活跃消费者会员,销售收入大部分来自于闭环,5 年时间销售额从 3.25 亿元飙升至 33 亿元;90.6% 的销售额来自于会员;通过平台 O2O 模式,每个月给线下门店带来超过 1 亿元的销售额;会员综合复购率 40% 以上,远超行业水平,单一客户年销售贡献过万元的比例 20% 以上;闭环内,消费者享有个性化的营养师服务及相对应的健康干预方案;线上线下品牌商、经销商与零售商以消费者为核心建立起一个新的价值网;消费者健康干预与服务成为公司内部最重要的职能;在闭环内与消费者平等、坦诚沟通,各种信息能精准双向流通,传统的广告费用大幅下降到2%,不再惧怕媒体的负面新闻,自媒体成为沟通主渠道;闭环内销售更多的相关产品与服务成为可能。如图6-5所示。

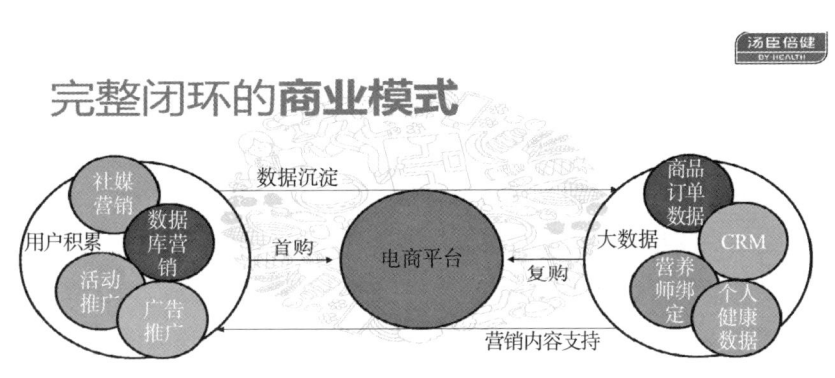

图6-5 汤臣倍健完整闭环的商业模式

在会员开发上,汤臣倍健强调先服务再营销。首先要找到消费者,让消费者感兴趣,这是最核心的。关键在于一定要给线下的零售终端带来新的价值和亮点,营养家做了三大落地推广工作:

一是推动营养家会员店建设。加入汤臣倍健营养家会员店,终端将获得额外会员增值服务、精准营销工具及活动和会员店培训及激励。

二是推进营养家会员平台应用(会员店APP)。可为会员店提供门店业务和客户关系管理,可实现对门店的精细化管理,随时随地帮助会员分、兑换,进行客户关怀和精准营销。

三是推进会员店开展积分兑换服务。购买产品获得建议零售价5%积分利益,可兑换店内产品。

同时,为实现终端的营养会员家服务的提升,汤臣倍健完成了自媒体系统的建立,自媒体体系的建立,本质上是建立一个与企业与特定对象的一个更直接有效的沟通服务平台,它的定义和属性是媒体,分内部与外部两部分。

- 外部自媒体，指在汤臣倍健营养学院微信公众号的基础上，打造一个药店店号为主的专业的新媒体，给终端销售提供不一样的支持与服务。这个公众号的已经拥有超过10万级经认证的高黏度粉丝。通过这个自媒体平台，可以对终端人员进行培训，推广更多专业知识，以便让他们更好地在终端与消费者沟通、推广新品、促销联动，成熟后还可成为中立的专业媒介平台。

- 内部自媒体，指在营养家会员模式上形成一个消费者自媒体圈。实现包括动态方案、营养师互动、社区、激励等功能。

营养家积极布局移动健康管理：设立了一个专门的移动健康管理项目组集中研究，收集健康数据，生成健康干预方案，最后转化为产品需求。第一步是用户及其健康数据的收集，将通过智能手环、蓝牙秤、智能血压计等移动外设收集健康数据，同时也在以通过手机APP、营养家会员中心、自媒体体系为用户提供一个"在线"健康管理平台，包括健康问诊、饮食管理、运动管理、其他专项管理等，为用户实现移动健康管理，再转化为个性化的产品需求。在这个过程中，通过合作的方式，把大量的资源整合到传统的业务中。如图6－6所示。

会员激励不只针用户会员，还包括零售商会员。先以积分换购把会员联系起来，有了这些服务才有后面的精准营销。营养家还将为会员店提供会员服务的工具（APP）、会员分析和营销的平台（会员店平台）。累积积分记录和沟通行为，有利于开展会员分析和精准营销；而实现数据分析和查看，可帮助开展精准营销活动。

六、终端服务情感化的拓展案例

拓展案例如下：

1. 社区建设的方法和案例

会员运营和管理的进一步深化，就是能走出终端，深入线上线下社

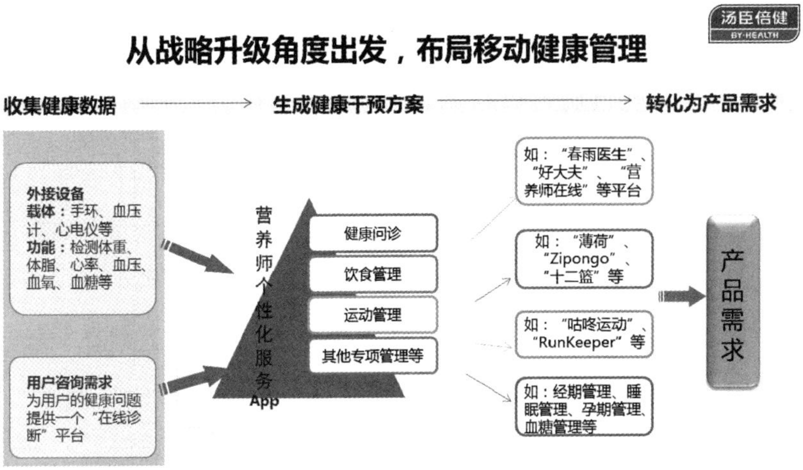

从战略升级角度出发，布局移动健康管理

图6-6　"在线"健康管理平台

区，构建消费者的社区模式。在消费者社区中，每一个人都有可能和别人产生交集。在交集中创造和消费，这是最新的常态，让原本毫无关系的人变得密切相关。回过头来你会发现，这些联结竟然是这么稀松平常，而且可以泰然自若地谈论它们，这是消费者社区构建的理想。

孩子王的隐形社区构建

孩子王隐形社区构建就是典型的案例。通过电子商务＋线下门店的方式无缝隙服务消费者，拥有实体门店、线上微商城、移动端APP等全渠道购物体验。

孩子王秉承C2B的商业理念，提出新零售的四要素：

- 场景（特有的全渠道全场景）。
- 内容（以育儿顾问为核心的生态内容）。
- 关系（以情感连接为依托经营顾客关系）。
- 数字化（有温度的大数据为导向的智能化系统）。

希望与顾客建立关系，为顾客搭建场景、构建社区，从而为顾客提供产品和内容。社交方面，孩子王会开展各种线下互动活动，每年线下门店举办超过700场互动活动，每天自动化、智能化、动态化为顾客贴标签，通过短信群发、微信群发、粉丝群发、链接群发，全方位营销顾客，促进消费，提升店面营业额，打造母婴人群的超级社区。在线下，会员可以在"妈妈俱乐部"体验专区，与孩子王育儿顾问进行育儿经验的深度交流，在童乐园、妈妈课堂等场所感受温馨的育儿互动时光。除了线下的各种专属育儿服务，妈妈们可以到线上社区，在时光机晒图、发帖、分享亲子互动时光，同时可以参加社区的抽奖、游戏等互动环节，线下体验，线上分享。

线上线下无界融合孩子王，真正实现了购物的无边界、服务的无边界和用户需求的无边界满足，已经渗透到用户需求的每个角落。基于消费升级和消费者全面移动互联网化的新时代背景，孩子王的核心要素体现在关系、场景、内容和数字化上，其商业模式的核心是以用户为中心的创新型C2B模式。同时，孩子王也不忽视加盟商社群的建立，在江苏当地成立了孩子王加盟体系，当地经销商会联合起来抱团发展，包括各种孩子王服务、社交营销等。

2. 圈层互动的方法和案例

终端服务情感化延伸的另一个方向就是基于同类客户的生活方式，以一体化的思维，开展跨界合作模式的创新，打造圈层互动的模式。基于终端的跨界营销问题，本质是增加流量，价值相乘，条件是相融、互补、对等，构建要有创意、联络、谈判结盟。品牌只靠自身单一的影响力已经不能达到更好的营销效果时，在新零售信息基础上，跨界营销更上一层楼。在注重市场细分和资源整合的今天，跨界最核心的价值是粉丝人群的精准互补，以达到品牌效应叠加的营销目的。比如ofo与小黄人组成的最黄CP、农夫山泉与网易云音乐联合制作的乐瓶、小米与初音未来等推出联名款，跨界对于粉丝人群的精准出击令人印象深刻，都在其自身品牌的基础上树立更加多元和立体的品牌形象。

在农夫山泉与网易云音乐联合制作的乐瓶案例上充分体现了圈层互动的精要。网易云音乐2017年年初的"乐评专列"在大获成功的同时，还带火了地铁广告，主要归功于网易云音乐的用户群体产生的高质量UGC内容，而UGC内容再一次让网易云音乐收获了大家的瞩目。网易云音乐与农夫山泉合作，精选了30条乐评，印在4亿瓶农夫山泉天然饮用水瓶身，制成"乐瓶"。毫无疑问，一条条扎心的UGC内容让乐瓶在一众瓶身营销中脱颖而出。双方将情感和生活场景相结合的跨界合作无疑再次加深了用户的代入感。而农夫山泉也从"大自然的搬运工"成功转换成"好乐评的搬运工"。

与超级IP合作算是非常讨巧的营销方式了，京东的案例就比较典型。2017年，京东就有了这方面的全新尝试和突破，京东在"双十一"期间提出无界营销的概念，提出向社会提供"零售即服务"的解决方案。先后与"乐高""变形金刚""正义联盟"等热门IP合作，拍摄《红的任务》（MISSION RED）系列大电影，为平台商家提供了场景化的销售渠道，完成从大电影到实体IP产品打造，再到在线购买的完整闭环，为平台商家提供了源源不断的消费人群，实现多方共赢。

京东和《妖猫传》联合的跨界营销合作，上线期间在业内引起了轰动。《妖猫传》没有采用传统的电影宣传发行方式，而是将六七成的宣传预算给了京东。京东和《妖猫传》的一系列动作，也在诉求打破生产商、品牌商、平台商的界限，产业融合已经成为商业发展标志性的动作。产品设计融入IP文化，渠道共享扩大宣发途径。京东以平台的力量融入更多的文化、娱乐、体育IP资源，跨界营销核心要素的融合已经开花结果。

小米在构建自我消费者社区的同时，也注重跨界的圈层互动模式构建，在OV异军突起后，小米的压力确实不小。小米2017年先与初音未来合作，后又签下吴亦凡作为代言人，又重金冠名《中国有嘻哈》，同时又首度重金买了史上第一条纯网超级中插广告。在2月14日，红米Note 4X和初音未来互动，发布了初音未来的定制手机，并选择将销售渠道放在了二次元的聚集地B站。从双方的合作不难看出，小米在聚焦二次元文化领域的年轻消费群体，目的就是为了拉拢二次元消费者，而双方的合作量级也引起了不小的市场反响。小米销量大幅提升，也证明了这一系列圈层互动营销的成功。

就连一向稳重的华为也大玩圈层互动模式，联合肯德基在2017年7月推出了一款肯德基定制款的手机后，肯德基干脆将餐厅开进了华为总部的食堂，为华为员工提供更加便捷的餐饮服务。此次跨界营销通过巧妙设计，轻松打破不同领域之间的壁垒，从各个角度全方位的传播品牌价值。在双方粉丝大多数是年轻人的前提下，将两个品牌的粉丝相互转化，从而获取更多的用户。

化妆品领域也常常进行跨界整合，比如水密码。这个化妆品并不高档，但它和孩子王整合，做到月月有活动，妈妈和孩子做完活动、买完纸尿裤，到下面拿一个水密码半价套餐，就能形成互动。郑州的一个店一天卖380套水密码，一套399元。其实屈臣氏、莎莎这样的专卖店，一天的活动就能达到这样的业绩，还不是在星期六、星期日。这种联合搞活动，就是终端促销的一种创新。

高端餐饮业也是做圈层互动的高手，它们往往会和汽车俱乐部、高尔夫俱乐部、高端房产销售公司进行有效的互动。笔者认识的一家北京的高端米其林餐厅就深谙此道，餐厅坐落于朝阳区外企聚合地，位置在公园里，环境十分幽雅。企业就利用自身的优势，和外企的俱乐部经常进行圈层互动活动，利用白天的淡季时间，组织外企的高端冷餐会或者私人聚会，为客户提供了优雅细致的服务，又有效地利用了时间和空间。

在大健康产业强调健康管理的消费升级背景下，医药行业的圈层营销也屡有创新案例，如片仔癀跟银之杰圈层合作，看重的是银之杰丰富的客户资源和强大的精准营销能力。银之杰和几大银行、电信运营商长期合作，旗下子公司亿美软通有5亿多客户信息和几十万家公司客户，借助大数据分析平台能够将用户资源进行分类，为片仔癀筛选出优质的高端客户并提供有针对性的营销服务，逐渐发展为公司的会员。双方还将建立专业O2O服务平台销售片仔癀高端保健品、日用品和化。

康美药业与新华网联合成立新华康美健康智库，打造国内最权威的大健康数据平台，与广发证券组建"康美健康保险公司"，全方位促进大健康产业保险服务发展。广誉远通过"产品+服务"布局大健康产业链。广誉远将中医药产业与现代人的健康生活需求充分结合起来，通过产业园、博物馆等形式，以吃、住、游、购、养、娱等功能为主题，打造中医药文化旅游产品体系和健康养生服务功能，让优秀的中医药文化在日常生活中潜移默化，为老百姓带去健康福祉。

同 KISS RUN 合作，借助定坤丹打造"运动+滋补"养生理念；开设茶馆，茶馆除了聊天、商谈、会友等常备功能外，还有专业的中医通过"望闻问切"为每一位客人量身配制出适合自己身体状况的调理茶品。

同仁堂海外拓展中就有效地利用了中国文化的圈层互动营销模式。2010 年，北京同仁堂与中国国家汉语国际推广领导小组办公室孔子学院总部正式签订战略合作协议书，建立了海外文化传播新平台，推荐中医药文化专家到孔子学院巡讲，在孔子学院地区联席会议和全球孔子学院大会及院长培训班举办中医药普及知识讲座，把同仁堂分店作为孔子学院师生的培训示范基地，以此赢得当地居民对中医的信任。而当病人的顽疾被中医医治好后，他们对中国文化更加痴迷。

第七章
新终端运营管理的升级

第七章
新终端运营管理的升级

☞ **梁明杰**

零售业经历了三个时期：商品主权时期、渠道主权时间、消费主权时期。

- 商品主权时期发生在商品短缺时代，中国零售的商品主权时代发生在2000年以前。在这一时期，零售的价值是供应商品，只要能组织到商品，零售就有价值。
- 渠道主权时期是已经经历并还在继续的时期。这个时期，零售的价值在于占领市场，谁的店多、覆盖范围广，谁的渠道就有价值。
- 消费主权时期是当前已经进入的时期。在这一时期，商品极大丰富，零售市场竞争高度激烈，有线下各种大店、小店、专业店、专门店的布局，也有线上各种电商渠道的竞争等。2016年以来，除了线下与线上的竞争之外，线上线下融合发展的新业态更在加速发展，不断创造新的消费者体验，使消费者有了更多的购买选择。

一般认为，中国零售业态蓬勃发展是在2000年之后，大致也经历了三个阶段：

第一个阶段是线下零售粗放式发展的阶段，这个时候零售的价值在于占领地域红利：基本上是开店就能赚钱。

第二个阶段是线下零售的精细化运营阶段，大约是 2006 年到 2010 年，主要体现在供应链的精细化上。这个时候并不是开店就能赚钱了，需要零售商和品牌商做各种品类的管理、货架的管理等，供应链优化才能获得利润。

第三个阶段是 2011 年到 2015 年，这个五年的时间是电商蓬勃发展时期，也是互联网红利的五年。

现在可以看到 2015 年之后，纯电商也不灵了，为什么呢？追溯中国零售发展轨迹，会发现无论是哪种模式的零售，最主要的变化在于获客成本的变化。2000 年到 2005 年，中国房地产虽然发展比较快，但是房租不是很高，人员成本也不是很高，因此线下的获客成本不高。2005 年之后，房租成本提升，人员成本也逐年提高，所以线下的获客成本提高了，粗放式零售面临压力，需要品牌厂家、经销商及零售商优化供应链，对商品进行品类管理，针对顾客进行品牌推广等活动等。只有这样才能获得顾客，促使顾客实现购买行为。2010 年之后电商迅速发展，获客成本比较低，即便是粗放式管理，电商也能覆盖掉运营成本，仍然能获取部分利润。但 2015 年之后，阿里系及京东系的两大互联网平台形成垄断，线上的获客成本又在提高，所以电商的盈利空间被压缩掉了。如图 7-1 所示。

随着线上线下及线上线下融合等零售形式不断推陈出新，消费者获得了前所未有的选择便利和购物主动权，消费者的购买力也不断提升。同时，社交媒体也对消费者的购物决策产生越来越大的影响。对于那些未能让他们满意的零售商，消费者可以通过这些社交媒体面向无限受众发布不容忽视的"负面"信息，当然消费者也同样可以分享自己满意的购物体验。通过社交媒体、购物信息汇总网站及海量的在线促销，消费者能够轻易获取商品及价格信息。这些都促进了当今消费者对随时随地购物的需求。在"互联网+"的大背景下，诞生了越来越多的企业对传统的零售行业源源不断地注入新的理念与技术，从而进入了以动态消费者为驱动的全渠道供应链时代。

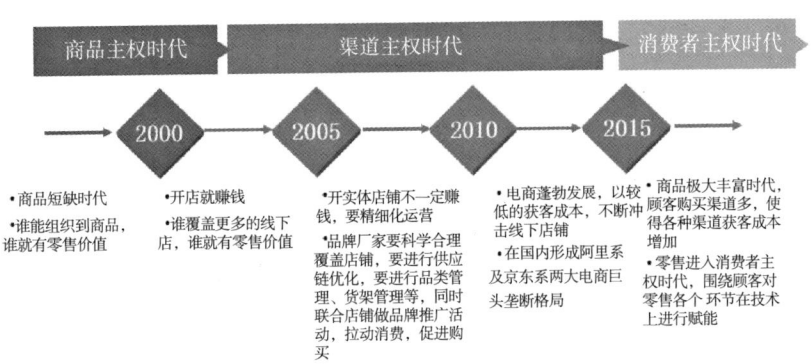

图7-1 中国零售发展阶段

在这种情况下，对于品牌厂家、终端零售带来的影响是流量不足、流量到顶。当前的市场表现是：品牌厂家市场渗透率在下滑、终端零售店来客数量在急剧减少。2016年马云提出新零售的理念，即围绕着顾客对于零售，在技术上对供应链、商品及店铺进行赋能，降低获客成本，提升顾客运营价值。

无论是线上还是线下的零售终端，必须从头设计购物体验，把网购和实体店购物两方面的体验完美地融合起来。可以在顾客购物路径的每一个环节上利用各种先进的数字化工具，设计富有吸引力的互动方式，把逛商店变成一种令人兴奋、既娱乐又享受的体验，用实体店来推动相关的网上销售。

因此，在目前及未来，流量已经成为终端零售最主要的经营资源，而不是商品，商品只是经营流量的一种工具。在这样的环境下，终端门店的价值已经发生了改变，不仅仅是售卖功能，其核心功能是引流。如何把终端打造成一个重要的流量入口，打造成顾客连接器、社交中心，这就是在新零售环境下，品牌厂家与零售商必须携起手来共同打造的终端新价值，通过对终端赋能提升终端运营管理能力。

一、新终端特点及运营管理要点

新零售背景下，我们要关注新终端特点及运营管理要点。

1. 新终端主要特点

新零售背景下，新终端不仅仅要实现简单的商品售卖、品牌推广（培养消费者忠诚度的需要）功能，还要成为顾客的连接器、社交中心、娱乐场所等，成为顾客的流量入口。这些功能的升级是为了实现精准营销，从而降低获客成本，提升效率和顾客价值。

新终端功能的升级要求其运营管理也要进行升级，要求品牌厂家不仅仅做之前的基础的终端管理工作，更重要的是要求厂家针对新终端功能升级进行赋能。"新零售"崛起的背景下，品牌厂家要提供新终端建设的解决方案，以前是以产品销售为主的，现在是需要终端赋能的解决方案。新终端功能的升级需要终端的信息管理手段的提升、消费者互动能力的提升、人员素质能力的提升等，这些方面零售商是无法独立完成的，因此品牌厂家必须参与其中，发挥更重要的作用。

2. 新终端"人、货、场"运营管理的要点

2017年2月20日，阿里巴巴集团与百联集团在上海宣布达成战略合作。在发布会上，阿里巴巴集团CEO张勇表示，"新零售"是利用互联网和大数据，将"人、货、场"等传统商业要素进行重构的过程，包括重构生产流程、重构商家与消费者的关系、重构消费体验等。

无论零售业态如何细分与进化，"人、货、场"是零售终端不能抛弃的命根子。大致来说，就是抓住、留住顾客，替顾客筛选他们需求的商品，以及提供足够贴心的高品质的购物体验。新零售终端必须要建立可视化的"人、货、场"数据平台，才能更有效地适应消费者主权时代的零售运营。具体来说，可视化的数据平台就是提供智能导购、巡店管理、客流分析、电子标签、RFID 库存管理、顾客行为分析、智能 VIP 等功能。

- **人**

传统零售管理中,"人"指的是店长(负责人)。店长作为店铺的灵魂人物、最高负责人,应该关注店铺人员的工作安排、新进人员的教导,从而改善员工的工作状态,提升销售业绩。

新零售下"人"不仅仅包括传统零售的"员工管理",还包括"顾客管理",而且"顾客管理"显得更加重要。企业要根据顾客的流量及流转来布局终端(线上和线下),同时进行顾客的精细化管理,而不仅仅是传统零售意义上的终端员工的激励管理。

传统零售中的"人"更偏向于战术,在零售框架都已经确定的前提下,尽可能安排、管理和激励员工,促使其发挥主观能动性,多卖货。新零售中的"人"更偏向战略,是终端的选址(线上的多渠道开店可以视为传统零售中的选址)及选址后各科的精细化管理,可以决定你的生意格局、容量及顾客转化率和忠诚度。

盒马鲜生获客及经营顾客的理念和方式就发生了颠覆性的变化。盒马鲜生根据精准定位的目标消费群体,打造"高大上"的时尚门店,可以相对快速地放大门店的商圈影响;超市+餐饮的复合模式,可以双倍增强获客能力;门店环境体验+商品体验+餐饮体验+到家体验+粉丝互动情感体验,满足顾客的多维体验需求;线上 APP+支付宝为主的支付手段+公众号互动,获取顾客准确信息,与顾客保持链接,强化互动,逐步产生粉丝营销效果。逐步打通线上交易平台,实现线上更大的"一站式"消费,"无限"放大门店的经营空间,逐步挖掘顾客的"单客贡献度";在逐步强化粉丝营销效果的基础上,整合"吃喝玩乐"更多场景,实现更大范围、更广空间的"零售"。

- **货**

在传统零售管理中,"货"指的是出样货品、仓库库存、畅滞销款等。货品是店铺生存发展的基础,每位员工都应该了解店中每款货品的功能、性能、设计风格、价位、库存量等,以便有针对性地销售或向顾客推荐,增加流转。

"货"由传统零售"货物的现场销售管理"进化到"选品","选品"是以商圈内顾客的大数据挖掘为基础前提,对终端货品结构进行重构,尤其是在连锁型的新终端中,每个店的商品结构都是有差异的。这是由新终端所覆盖的顾客消费需求决定的,而不是零售商决定的,这样才可能实现"千店千面",真正做到为顾客服务。传统零售中货品的选品全凭"经验",选品确定后,在货品既定的前提下,通过有效组织、分类分层的陈列、导购或促销的方式卖更多的货,讲的是"怎么卖"的问题。新零售直接就是选什么样的货才能更好地销售,讲的是"卖什么"的问题。

盒马鲜生门店的最大亮点是,商品结构已完全不同于以往的大卖场、超市、便利店。盒马模式改变了传统超市、卖场的品类组合原则,重构了商品结构,使整体的品类组合更浅、更加扁平化。

盒马鲜生的追求的是:不是为顾客提供简单商品,而是提供一种生活方式的经营理念,期望的是,更多以往在家庭完成的事情放到店里完成,为顾客提供的是可以直接食用的成品及简单加工就可以食用的半成品。因此,改变了传统超市的商品结构。盒马鲜生做了大量的半成品和成品,以及大量加热就可以吃的商品,希望让吃这个品类的结构更加完善、丰富,这些品类给盒马鲜生带来了巨大的毛利空间。

盒马鲜生已经放弃了客单价的理论,把所有的商品都做成小包装,今天买今天吃,一顿正好吃完。餐饮+超市的融合,让盒马鲜生颠覆了传统餐饮业、零售业。餐饮不仅是盒马鲜生里的体验中心,更是加工中心,它可以提供更多的半成品、成品在互联网上销售,丰富线上销售结构。加工能力使得整个结构发生了颠覆性的变化。

当然,新终端中"货"同样包括订单处理的问题、货品售卖的问题及库存管理的问题,也就是传统中的"进销存"。但是新终端的"进销存"需要在传统的基础上进行有效升级,才能适应未来新零售的要求。

新终端的"进销存"的升级要求,笔者认为是订单处理(进),是要以顾客为中心预测订单;货品售卖(销)要从货品的陈列展示到演示,是要与顾客互动,要求的不仅仅是介绍产品知识,更是要有产品的使用场景，以及顾客的"痛点""爽点"的呈现，要围绕着顾客产品使用方面的相关问题做助销，达到超出顾客预期的目的；库存管理（存）方面的要求是，要满足顾客个性化，库存不能太大（挤占零售商资金），要以顾客需求信息代替传统的库存管理，做到前台信息管理柔性化、响应及时，能够合理地解决库存问题。

ZARA 法人库存管理方式是行业内学习的楷模。ZARA 把服装款式分为固定款和流行款，分别占 60% 和 40%。固定款的库存量相对充裕，可以保证供给，而新款上市时，ZARA 会尽量把库存压到最低，甚至到 25%，而行业标准一般是 50%，然后根据市场的反馈不断调整策略。新款的低库存运营让 ZARA 保留了较大的余地，避免了上新后库存积压的风险。

- 场

在传统零售管理中，"场"的管理主要指卖场卫生、陈列维护、卖场氛围等。卖场是公司的前端形象，店铺每位员工应时刻保持卖场干净整洁，为自己、为顾客提供良好的工作和购物环境，从而刺激顾客的购买欲望。

"场"在传统零售，更多强调的是"现场管理"——卫生、陈列、氛围，而新零售把它进化到全流程、全接触点的顾客体验，有售前、售中和售后。

在新零售的背景下，新终端功能更多是顾客与品牌的连接器、商品的前置仓，以及顾客的社交中心。运用互联网技术、人工智能技术等赋能门店，使门店数字化、智能化、媒体化、娱乐化，真正成为顾客流量的入口。

"场"在移动互联网时代，有了新的演绎和延伸——"场景化"。新终端场景化的管理是需要品牌厂家联合零售商共同完成的，首先要打通场景化管理流程，包括场景创意设计、场景搭建、场景呈现、场景运营维护等。

盒马鲜生模式克服了以往零售业态以商品为中心、相对缺乏顾客深度关注的经营理念的缺陷，重构了以目标消费者中心、以目标消费者特定需

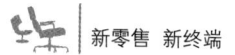

求场景为中心的经营理念。

盒马鲜生的消费者，80%是80后、90后。他们是互联网的原住民，是改革开放以后富裕起来的中国成长的一代消费者。他们更关注品质，更关心对品质的追求，对价格的敏感度不高。盒马鲜生是基于场景定位的，围绕"吃"这个场景来构建商品品类，而"吃"的商品品类的构成远远超越其他超市卖场。

二、新终端建设对品牌厂家提出新的要求

在新零售背景下，新终端是消费者主权时代的必然升级要求。要讨论新终端的建设要求，有必要进一步理解新零售，新零售可以用三个关键词来概括：效率、个性、体验。

首先，效率。效率就是提高产出、降低成本。

其次，个性。就是说在整个商业领域里，会把消费者还原成一个个鲜活、生动、有个性的个体——以（海量）数据的形式。

最后，体验。

一方面，消费者本身的需求（包括很多消费者自身还没有意识到和表达出来的）会更加精准，那么品牌企业生产的、商家提供的商品都会更加满足消费者要求，并且厂家、商家将会花更多精力来提升服务水平，消费者在整个商业环境中都会感觉到更加舒适、愉悦、有满足感。

另一方面，由于人们较少受到各种商业营销手段的干扰（对世界和自身的认知将会更准确），也更容易从商品中得到切实的满足，人们将会有更多的时间、精力来享受生活、研发新技术、探索新领域，甚至连各种由于资源争夺和社会分配不公造成的战争、社会冲突都会大幅度减少。

总体上来说，社会效率的提升，就是新零售的本质和目的；个性的（数据）还原和相关应用技术的成熟，是新零售的基础和手段；而体验的优化，是新零售的最终表现和影响结果。

在新零售时代，品牌厂家应该如何进行"新终端"建设策略的创新

呢？可以说，"新终端"建设策略是品牌厂家商业模式转型中最重要的环节，也是新终端建设对品牌厂家提出的新要求。

首先看渠道终端的职能，品牌厂家在设计渠道终端模式与运作过程中，要根据品牌发展的不同阶段、产品的不同属性、产品高/低价值的不同、产品高/低关注度的不同，采取不同的策略。

渠道终端有物流（含交易）、产品展示、信息传递、消费者教育四大职能，形式可以千变万化，但渠道的这些职能必须存在。

所以，品牌厂家运营渠道终端，首先不要看形式，电商、百货、商超、便利店、药房、餐都是表面的形式，要看下面埋藏的本质职能。

四个职能哪个最重要？答案是缺哪个，哪个就最重要。

物质短缺时代，一定是物流和产品展示最重要；但信息大爆炸的时候，能够进行信息有效传递和消费者教育最重要；高关注度、高价格产品，缺的是向消费者灌输信息，信息传递更重要；新品类产品，消费者教育重要；低关注度产品，通过产品的即时刺激就能引发购买，产品展示更重要。

再从消费者角度谈谈品牌厂家如何进行渠道运作。现在最具活力、最具购买力、最具影响力的消费者的购买行为过程发生了根本性的变化。

消费者要购买商品或服务时，首先要进行搜索，如今已经进入信息透明化、碎片化、自媒体的时代，这就要求品牌企业要在目标消费者能触碰到信息的所有渠道进行产品或服务信息的发布（顾客搜集信息使用的渠道越来越多），否则就会失去被消费者发现和选择的机会。

第二个阶段是消费者选择商品或服务。消费者会利用更多的渠道进行比较，这是因为商品或服务的选择是建立在信息搜集基础上的，消费者通过多渠道搜集信息，自然就会进行覆盖线上线下多渠道的商品或服务的比较。

第三阶段是消费者购买商品或服务。狭义的购买过程包括下订单、付款、收货三个阶段，以往这三个阶段基本是在一个时间和空间完成的。换句话说，是通过单一渠道完成的，比如都是在一家百货商店或是超级市场完成的。在多屏幕的互联网时代，普遍存在着多渠道购买的现象。一个最简单的例子是：顾客在网上挑选自己满意的商品，然后去实体店铺进行实物查看和试用、试穿等，用手机拍照发给朋友、家人等来征求意见，如果满意，再去网店下订单，用手机支付，通过快递公司将商品送达自己小区的便利店，下班后去便利店拿取。顾客购买过程的完成，无论是下订单，还是付款、取货，都面临着多种渠道选择，每次选择也带有一定的随机性。因此，消费者群体的多渠道购买行为的变化，要求品牌企业考虑是否进行更多渠道销售，否则你会由于消费者购买过程选择余地有限而失去他们。

第四阶段是消费者消费后的反馈和传播。人类天生就有表达和分享的本性，特别是对于感到好的和不好的，就更会与他人分享，互联网和移动网催生的微博、微信、帖子等使人们的分享和传播变得简单、迅速和广泛。因此，消费者的多渠道反馈和传播，要求品牌企业必须考虑是否进行多渠道提供与消费者沟通的路径，及时接受和处理他们的赞美和抱怨，否则你有可能会由于反应不及时而给企业带来灭顶之灾。

因此，从新终端功能和消费者需求变化就是品牌厂家新终端建设的要求。

三、新终端运营管理体系的升级方向

在新零售时代，品牌厂家应迅速探索出适合自己的新终端运营管理体系，以拥抱这些变化。品牌厂家的新终端运营管理应考虑从以下几个方面进行升级：

一是转变思维，终端已经远非仅仅是销售渠道，要进行数字化门店的建设。

原来意义上的终端仅仅是销售渠道，但是现如今已经远非仅仅是销售渠道。比如在线上渠道，品牌厂家可以进行更有针对性和有效性的营销和品牌推广；在线上，品牌厂家可以更便捷地获取客户数据和信息，更充分地了解新一代消费群体和目标客户的特点，并基于此开展大数据应用，进一步优化产品和服务；在社交网络和平台上，品牌厂家可以更便捷的和低成本的进行客户维护。

终端布局选址上，从终端广域覆盖转到精准定位（一店一策），从 sell in 转到 sell out，从以前的买卖关系转型综合赋能，从以前搞定老板娘转向经营消费者转变。

以前的终端管理就是要短期的销量，给终端做压舱促销，现在要转向给消费者做服务、做消费者产品体验、做消费者有效动销，以前跟老板娘、店员的各种现金激励现在要转向赋能。

总之，品牌厂家要从理念到行为、到素质、到技能、到能力对终端进行赋能，转变管理的导向，才能真正为顾客服务。

二是管理模式和手段要升级。

品牌厂家要运用客户化的终端运营管理工具，使新终端的运营管理模式和手段升级。

终端管理的模式和考核方式要变，要从简单的销量考核转向顾客满意度、员工满意度、终端的基础管理方向转变，从短期的急功近利的短期销量目标考核转型到经营本质的考核。比如海底捞门店考核指标是员工满意度和客户满意度两大维度，其原则是"只有员工满意了，他（她）才能更好地服务客户，才能使客户满意"。

终端管理手段要变，以前是全国"一盘棋"，从南到北，"穿衣戴帽"，现在要转向以顾客场景为中心，不同店有不同场景呈现，允许个性化和差异化的存在，刚性和柔性相结合，围绕消费者场景进行个性化展示及演示。5S 店、4S 店、3S 店、2S 店匹配什么场景，首先要基本标准到位，但允许个性化，结合当地的一些元素，从统一性变成统一＋个性化。基础元素强调刚性管理，个性化的元素充分放权，调动员工的积极性，进行个性化差异，但是总部要进行跟进指导，防止跑偏，战略上有统一性，策略上有灵活性，执行上有刚性。

个性化，需要不断总结，反复迭代，鼓励创新，自上而下、自下而上要结合，要员工成为岗位的主人，每一个标准都是为顾客心智而制定的，而不是"拍脑袋"按照我们的要求来的。

三是构建具备大数据分析能力的闭环生态系统，进行整合营销与推广。

联合价值链上的合作伙伴,建立一个闭环的生态系统,满足客户的情感和理性的需求;培养生态系统中的客户的行为和黏性,逐渐将业务的增长融入生态系统;建立大数据分析能力,提供客户洞察和商业智能,从而在恰当的接触点提供定制化的建议,甚至定制化的购物情景。

四是终端配置的资源方式和管理方式要变。

以前是终端的费效比是统一的标准,现在要求终端资源配置要针对不同终端的场景进行配置。"该吃皇粮吃皇粮",保证刚性执行和战略统一性;"该吃杂粮吃杂粮",保证不同的场景,充分发挥员工的创新能力。总部不是一竿子捅到底的,但也不是各自为战。基础建设中要统一配置、统一形象,这是刚性的;个性化的,要靠机制进行管理,增量换增量资源,顾客的满意度、纳新也能当销量。

比如飞鹤乳业在2017年亲子嘉年华终端活动中,总部只要求做"亲子嘉年华"活动,但活动的形式不做统一要求。同时,在活动的目标设定和考核方式上各异,有的地方主要是为了纳新,现场售卖就不是其主要的考核指标。以下是选取两个城市的嘉年华现场活动图片集锦,以飨读者。如图7-2、图7-3所示。

图7-2 葫芦岛飞鹤"高适应舒适成长计划"嘉年华主题活动

图7-3 岭城飞鹤奶粉嘉年华"放礼回馈新老顾客"主题活动

四、新终端运管职能发育及流程优化

大家都有过这样的经历：因为看到微博、微信上某个博主、网红的文章而"种草"。在下决定购买之前，你会去周边的官方体验店试一试，最后，浏览完商品的口碑和其他网友的评价才下单。当收到的商品超出预期时，你又会顺手在朋友圈或微博上分享体验和感受，并将你的"种草清单"推荐给好友……

从以上例子看出，消费行为的变化要求新终端的运营管理职能及流程在传统的逻辑中进行优化，匹配新终端运营升级的方向的要求。新终端运营管理职能发育及流程优化的核心转变是从过去的以商品为中心转向以顾客为中心，终极目标是打造顾客价值。

首先，组织架构的调整，新的组织架构需要能够支撑顾客运营的目标实现。品牌厂家及零售商要专门设立顾客价值运营的部门，协同运作，数据打通。这个组织架构中，至少是公司副总级别的人来担任会员顾客运营中心的负责人。

其次，工作流程、KPI等各种工作机制转向以顾客运营为依据来设计。原来传统的终端运营管理中，真正接触顾客的人，可能是公司里职位最低的。比如店员、业务员或客服人员，并且不是进行运营赋能、数据赋能和工具赋能的方法，而是凭经验、凭传统的对口培训来让这些人员去服务所谓的"上帝"。业务流程优化的方向为以顾客为中心，产品研发和生产、供应采购、服务、财务、门店等都围绕顾客设计。品牌厂家要给接触顾客的这些门店进行赋能，门店可以更好地了解顾客和服务好顾客，真正把顾客当成朋友和知己。

在组织架构优化后，职能发育及流程优化可以从以下方面进行：

1. 职能发育

新零售背景下，品牌厂家和零售商要在原来终端管理基础职能上进一步升级，在职能发育上，包括多场景塑造能力、产品管理能力、信息管理能力、客户服务能力和精准营销能力。

（1）多场景塑造能力

多场景的塑造是新零售的核心。传统的零售模式之所以被人诟病，是因为其面孔的大面积的雷同，消费者不管去哪家实体店，看到的都是近似的景况，时间一久，消费者就失去了新鲜感。在新零售实体店落地前，业内人士一致强调"个性化和差异化"发展。因此，根据商圈消费者的差异，打造多场景的能力将成为品牌厂家和零售商未来必须要具备的能力。

新近开业的这些新形式的实体店，都有明确的目标消费者，也有明确的经营定位，像盒马鲜生和超级物种都是为了满足对产品有品质要求的年轻的消费者，都把餐饮项目作为重点经营类别，但又给出了不同的解读。解读方式的不同就避免了产品的雷同，强化了产品的个性。

说起门店的场景塑造，很多人首先会想到"超市+餐饮"，想到海鲜，这固然和"盒马鲜生"的活跃有关，但难道餐饮是线下门店场景塑造的唯一方案吗？显然不是。线上平台由于消费者数量巨大，所以用户特征的变化难以马上体现出来。线下则不同，由于是针对性的服务某一群体，消费者需求的变化会迅速表现出来，近而影响到零售商的业绩。

（2）产品管理能力

品牌厂家的产品经理必须对整个产品生命周期负责，从前期产品策划中协调各种资源进行设计开发、跟进产品上线，到产品上线后的运营推广，产品经理都必须予以关注，以便协调不同的部门安排工作。同时在运营中对于来自各方需求及市场的新变化必须时刻关注，以便安排产品的迭代更新。产品经理对于一款产品来说，就是既当爹又当妈。

同时，产品的库存管理无论对品牌厂家还是对零售商家来说，都是最大的挑战。过高的库存与过低的库存都存在风险。高库存占压资金、占用仓库和货架资源，浪费人力、物力、财力……但库存过低，意味着缺货，消费者不能买到想买的商品，如果不能满足消费者，消费者就有流失的风险。

在产品库存管理的平衡点上，不能以原来的平均库存周转天数来衡量库存管理是否规范，而是要深入内部看本质。随着技术的升级，我们借助前端积累的大数据，对消费者的消费行为进行预判，再来合理配置库存，则将为科学合理的库存配置找到一个可行的路径。

（3）信息管理能力

在传统零售时代，对于品牌厂家和零售商来说，最重要的是选择店面的位置。实体店面的位置在某种程度上决定了店铺的客流和消费能力。到了新零售时代，店铺形式不拘一格，实体与虚拟并存，这就让情况发生了重大变化，现在最重要的是信息、信息，还是信息。信息决定了企业的发展与未来。谁拥有更多、更全面的信息，谁做出的决策就更有可能是正确的。

因为掌握了大量的消费者信息，线上零售企业能轻易统计出消费者的购买特性、购买习惯、购买金额，甚至消费者的年龄、性别、职业都可以摸得一清二楚。线下实体零售企业受制于信息系统和统计工具的限制，未能掌握精确大量的消费者信息，他们对消费者的揣摩大多靠经验与直觉。市场瞬息万变，实体店面面临的首要问题是信息系统的升级和管理能力的提升。

实体店面在系统建立之初，大多数是只要满足消费者的基本要求就好，就像对食物的最初级要求，仅仅是能解决充饥问题就可以。但随着对食物多样性的要求和精细化要求的不断提高，饱腹已经不能满足消费者的需求，现在要做的是满足味蕾寻求多样化体验的需求。因此，实体店都要面临信息系统升级的问题。无论用什么方法和途径，升级的共同目标是满足消费者多维度的需求。信息系统升级应围绕着消费者进行，而不是简单的满足管理的要求。

信息管理系统要变成供应链、订单、库存、消费者体验活动等，打通品牌厂家、零售商家、消费者的通道。因此，品牌厂家在零售信息管理系统建设和管理方面必须成为领头羊，必须成为零售商的赋能者。

（4）客户服务能力

随着消费升级的进行，消费者已经从价格敏感转向注重体验服务。同时，随着新生代消费者的快速增加，购物已经从"需要"向"想要"的方向发展。消费者开始注重品质、情调、要求体验，品牌厂家只有在这些方面做得足够好，才能立足。

满足客户服务的模式和能力的升级，无不需要新技术的应用。当下，无论是软件还是硬件，技术升级不再是梦想，而已成为现实，包括人脸识别、VR虚拟现实、人工智能、机器人等技术现已广泛应用。

（5）精准营销能力

因为大数据的引入，线上与线下大规模的结合，营销已经由原来的粗放式运作变成精准运作。精准化的推荐方式，让营销由公众化变得更加私密和亲密。

精准化营销是如何实现的呢？消费者留下的过往数据成为推荐的基础，比如购买、浏览、参与过的社交论坛、购买网站等的行为记录，都会成为个性化推荐的数据积累。在经过复杂的、瞬间完成的数据分析之后，商家向消费者推荐的商品就会不同，往往更符合消费者需求，转化率也大幅提升。

每位消费者都是个性化的，个性化的需求需要用个性化的营销来满足。比如国美在线利用大数据为顾客打造了与众不同的营销体验：在国美在线搜索"笔记本电脑"，每个人搜索出来的结果都不一样，因为系统会根据消费者行为猜测喜好，向他或她推荐可能更合适的商品。这就是个性化的推荐，个性化总是更能让消费者心动。

2. 流程优化

流程优化内容如下：

（1）供应链流程

如果把供应链比喻成为一条传送带，那么传送带的简单功能就把原材料运送到制造商，制造商完成最终产品后，再把产品运送到消费者手里。那么，传送带的速度的快慢、质量的优劣、运量的大小、距离的远近关乎另一边零售商的服务质量、商品价格和外在形象等。

效率是新零售背景下的关键点，其中供应链效率的提升是重点。

盒马鲜生推出10款"日日鲜"蔬菜，以绿叶蔬菜为主。而绿叶蔬菜存在运输难度大、保存难度高、稍有不新鲜就滞销等诸多问题，为了保证蔬菜的品质，盒马鲜生每天从产地直采、全程冷链运输，经过精细包装后，直接到达实体店冷柜存储销售。产地直采、采摘及时、运输过程严谨，这些不仅仅保证了蔬菜的新鲜，还确保了成本优势。

因此，在新零售背景下，作为供应链上关键厂家和零售商要共同优化供应链，打通信息通道，优化厂商间对接接口，优化内部供应链管理流程，提升效率。

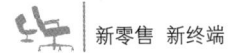

（2）全渠道运作流程

购买渠道是由消费者决定的，消费者自由地在各个渠道之间转换、游走。如果消费者到其中一个渠道，而品牌厂家在这个渠道缺席，那就意味着有损失客流的风险。

品牌厂家必须联合零售商，根据目标消费者的定位，建立全渠道"驿站"，等候消费者，也吸引消费者，同时让"驿站"之间的通道畅通，这就需要重新设计全渠道的运作流程。

（3）接触点管理流程

在全渠道运作过程中，由于消费者在商品信息获取、比较、比价、购买、支付、售后、分享等各个环节都会有不同的选择，因此在各个与消费者接触的接触点都要有实现"以客户为中心"的流程的优化和建立。

五、终端营销团队的建设与提升

一个组织的持续生命力，在于与时俱进的建设与提升。对于营销组织来说，营销环境的不确定性、风险性、竞争的残酷性，要求营销团队更加具有旺盛的生命力和战斗力。

新零售终端的运营需要品牌厂家及零售商的营销团队进行一体化运作，要求终端经营人员、品牌厂家的终端服务与运维支持人员、经销商的终端服务与运维支持人员、品牌厂家的后台人员四位一体、有效协同，取得整体效率，更加需要依靠整体团队的力量来解决市场与顾客界面上的新问题。

这个四位一体的团队，是一个诸多利益构建起来的"集中营"，还是一个具有共同愿景的"命运共同体"？这主要取决于以品牌厂家为龙头的营销团队建设上的战略选择，以及在经营上的利益取向和在管理上的文化偏好。

首先，零售商、经销商和品牌厂家要转变思路，要清晰认识新零售趋势,要对新技术、新模式认知和理解,并且要引进新模式与新技术升级传统模式,要建立利于分享利益的企业治理结构,要建立以顾客价值为导向的目标体系和考核体系。

1. 新零售终端的经营人员

终端经营人员一般包括店长、店员、店内服务人员。在所有权和经营权没有分开的终端,一般店主承担着店长的主要经营职能。

(1) 店长

新零售终端的店长一般需要具备以下能力:
- 新技术系统的应用能力。
- 产品管理能力。
- 基于数据渠道的顾客管理能力。
- 全渠道营销能力。
- 场景塑造能力。
- 综合化的客户服务能力。
- 团队管理能力。

(2) 店员

新零售终端对于店员提出以下能力要求:
- 货品管理能力。
- 顾问式营销能力。
- 顾客交互与客户维护能力。
- 基于顾客体验的场景布置能力。

(3) 店内服务人员

新零售终端要求店内服务人员具备以下能力:
- 专业系统服务能力。

- 快速响应能力。
- 服务衍生营销能力。

2. 新终端服务与运维支持人员

无论是传统终端还是新终端，终端的服务与运维支持人员都包括品牌厂家和经销商两个层面的人员。在新零售背景下，品牌厂家和经销商的服务与运维支持人员需要具备的能力及发挥的作用要在传统终端运管的基础上进行升级。

以前的终端服务及运维更加关注 SELL–IN，而新终端的服务与运维需要首先关注 SELL–OUT，进而才是 SELL–IN。原来我们"掌控终端，关注终端动销"大多停留在口号上，因为没有技术支持，对消费者需求的预判是基于经验，所以终端服务与运维人员嘴上说要"动销"，其实是缺乏数据支持动销的。但是现在，在新零售背景下，新技术被运用到了"以消费者为中心"的各个环节，让我们真正更懂得消费者了。

2008 年 OPPO 的第一批手机上市，既没有强势品牌背书，又没有惊艳的产品性能与特色，连进店都很难，何谈掌控终端？但是经过近 10 年的发展，目前 OPPO 在全国控制了近 25 万个终端，拥有多达 100 万个各类促销导购人员，仅在江苏一个省，省级经销商就拥有 2 万名各类营销人员。让我们来看看，这些年 OPPO 的终端服务与运维人员究竟做了什么？

OPPO 手机的终端运管人员首先是搞定了各类零售门店的老板娘，洗脑到位，保证其销量与利润，使她们能有效配合，让出最好的位置，出钱配合各种促销活动。然后进行有效的助销与动销活动，如各种产品体验的方式、各种卖点的说法和各种拦截对手的方法等，就是给你一个"套路"，很快见效，能在现场让多达 70% 具有买其他品牌手机的意向的顾客改变主意购买 OPPO。也就是说，非指定 OPPO 品牌的消费者被现场转换了 70%，所以它能在门店销量中遥遥领先，据此 OPPO 就能进一步调动老板娘的配合，压制对手。

OPPO 的业务员把老板娘的店变成了 OPPO 品牌的专卖店，陈列、促销、店员管理及激励全部管完，老板娘成了租门面的，所有的运营活动全是 OPPO 业务员（OPPO 品牌厂家和经销商的业务员）在做，同时指挥店员在做，绝对是 sell out 拉动 sell in 的。

同时，终端动销的手段要变，销售人员要真正成为客户顾问，从简单客情维护转向终端诊断（经营的问题、销售的问题、管理的问题）提出相应改进的建议，帮助解决问题，帮助创新思路（促销怎么调整、员工激励怎么做）要见利见效的帮着提升业绩，提升店老板和店员的能力。

3. 厂家后台人员的提升

厂家后台人员的提升要点：

（1）基于大数据应用的研发、选品能力的提升，让顾客参与产品的设计和制造

以往顾客选择商品的决策：购买谁的商品，选择什么品牌。全渠道顾客还要加上一个决策：是否参与商品设计和生产。全渠道顾客群在选择商品时有两个明显的特征：一是利用诸多渠道进行比较，这是因为商品选择是建立在信息搜集基础上的，顾客进行全渠道的搜集信息，自然就会进行覆盖线上线下全渠道的商品比较；二是个性化特性会使他们参与商品的设计和制造，顾客期望新产品带来更多的好处，就会投入更多的精力参与产品的设计，如耐克的运动鞋、Cannondale 的自行车等。

为什么顾客参与设计和制造的热情高涨起来？除了个性化社会来临外，还有一个重要原因是互联网等信息技术的发展，提供了顾客参与的便利性。既可以通过线上完成，也可以通过线下完成，同时设计过程也变得简单化，无非是现有板块或图案的取舍和组合。

因此，顾客群的全渠道商品比较，要求公司考虑是否进行全渠道商品展示和说服，否则你会由于信息不充分而被顾客淘汰掉；顾客群的全渠道参与产品设计，要求企业考虑是否进行全渠道的顾客参与产品设计（包括是否允许顾客改变设计和是否全渠道让顾客参与设计），否则你会由于产品的过度标准化而失去个性化的顾客群体。

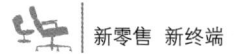

(2) 全渠道的产、供、销衔接能力

消费者主权时代，为什么需要品牌厂家后台支持全渠道的产、供、销衔接能力呢？答案是因为在这个时代背景下，顾客会全渠道地购买、全渠道地消费。

因此，顾客群的全渠道购买，要求企业考虑是否进行全渠道销售，否则你会由于顾客购买过程选择余地有限而失去他们。比如诸多天猫、京东平台上的品牌商，由于不支持货到付款而流失掉一些谨慎和保守型顾客群体。

对于一些文化、教育和娱乐类型的商品，呈现的商品形态为信息形态，可以不依赖于物质实体而存在，这就催生了线上消费的模式，比如可以通过 PC 机、iPad 和手机在网上读报刊、玩游戏、听课程，也可以看电影、听歌曲等，同时为了有现场体验，也可以读实体报刊，到教室听课、去电影院看戏等。在地铁里，我们会看到有人拿着报纸看新闻，但更多的人是用手机浏览网页或是刷微信，而当人们回到家里时，是手机、iPad、电视、实体书刊同时享用的状态。

因此，顾客群的全渠道消费，要求教育、出版、文化、艺术、影视等机构进行全渠道引导，否则会由于顾客的全渠道消费而被淘汰。比如今天纸媒已经风光不再了，下一个受到巨大冲击的可能是电视、教育等行业。可以想象，未来可能会有一大批学校、医院、影院、剧院、音乐厅消失，他们会像北京 798 一样成为人们回忆的场所。

(3) 全渠道提供与顾客沟通的路径

人类天生就有表达和分享的本性，特别是对于感到好的和不好的，就更会与他人分享，互联网和移动网催生的微博、微信、帖子、E-mail 等使人们的分享和传播变得简单、迅速和广泛。

比如一个洋快餐店的食品材料出了问题，如同将一块巨石扔在水中，很快引起无限延伸的传播涟漪。同样，一位顾客的赞美可能仅仅选择一条渠道，但是抱怨往往会是全渠道抱怨，抱怨越深选择的渠道会越多。

因此，顾客群的全渠道反馈和传播，要求企业必须考虑是否进行全渠道提供与顾客沟通的通道，及时接受和处理他们的赞美和抱怨，否则你会由于反应不及时而给企业带来灭顶之灾。

六、智慧终端运营管理——欧珀莱化妆品终端运营管理升级

欧珀莱终端运营管理升级是化妆品行业的成功案例之一。

（1）背景

欧珀莱1994年1月诞生于中国，系日本资生堂与北京丽源公司的合资品牌；作为国内化妆品市场的主流品牌，欧珀莱已经在全国多家百货商场开设了1200多个形象专柜，成为最受中国消费者喜爱的化妆品品牌之一。

不过，虽然美妆业拥有较快的发展速度，但随着整体经济环境与客户市场的快速变化，欧珀莱也面临一些重要的业务挑战：

营销方面：品牌数量上升，客户争夺越加激烈，如何通过更有效的方法获取新客，维系老客，提升客户忠诚度。

管理层面：门店经营成本与日俱增，如何实现运营管理成本的控制，提升净利润。

数据应用领域：在互联网和电商的冲击下，原有的系统已不能适应复杂的市场需求，如何帮助门店拥有更强的数据利用与业务能力。

围绕这些业务挑战，构建了一套以用户数据为基础、门店零售终端系统为载体的整体解决方案。最大突破就是将过去只具备业务结算与简单查询功能的终端系统，提升为以客户体验中心的、满足客户咨询服务的智慧系统。以此应对新零售时代下三个核心要素"人、货、场"及其之间的互动，把"人、货、场"的多元互动内化到每一次购物体验中。

因此，零售终端系统再构建及CRM系统全新构建，成为欧珀莱核心系统改革的开始。

（2）欧珀莱终端系统的改善再升级

欧珀莱原有的终端系统是于2007年至2008年开发上线，随着业务发

展很多地方已不适合现在的营销开展，对其系统的改善与升级，主要体现在以下几点：

● 数据共享。

过去：会员数据无法做到专柜及全企业的共享，导致在门店营销时问题较多。

现在：各门店会员数据壁垒打通，实现实时、全面的数据共享，实现更加精准的品牌营销。

● 报表。

过去：报表经常在业务繁忙期运行非常缓慢，无法正常支持数据查询和统计业务。

现在：报表数据实时能得到更新，随时可以查看，对于门店的运营帮助巨大。

● 操作体验。

过去：系统的操作页面不够友好，功能点的页面过于分散化导致店员在操作时非常不方便。

现在：优化操作页面，形成一套易操作、页面简洁的操作系统，同时可通过手持移动终端随时获取和录入数据。

欧珀莱的这套全新一代部署于门店的零售终端系统，被称为"智慧零售终端系统"，支持移动端与 PC 端的使用。该系统于 2016 年中正式上线，在大陆 1200 多家门店进行了实施和部署。这是一套庞大精密的系统，对接部门涵盖欧珀莱的市场营销、业务、IT、CRM 及决策部门。如图 7-4 所示。

目前，改造后的欧珀莱终端零售系统核心功能分为前台功能与后台功能。前台功能包括会员 360 度、活动管理、销售管理等；后台功能包括库存管理、绩效管理、报表统计等。如图 7-5 所示。

智能零售终端系统是以用户数据管理为中心，通过与其他业务系统的高度整合，保证门店各项数据实时有效更新，营销和销售情况的实时统计，与大量数据的业务化可用。

系统的改善再升级是如何帮助欧珀莱实现营销价值、管理价值和数据

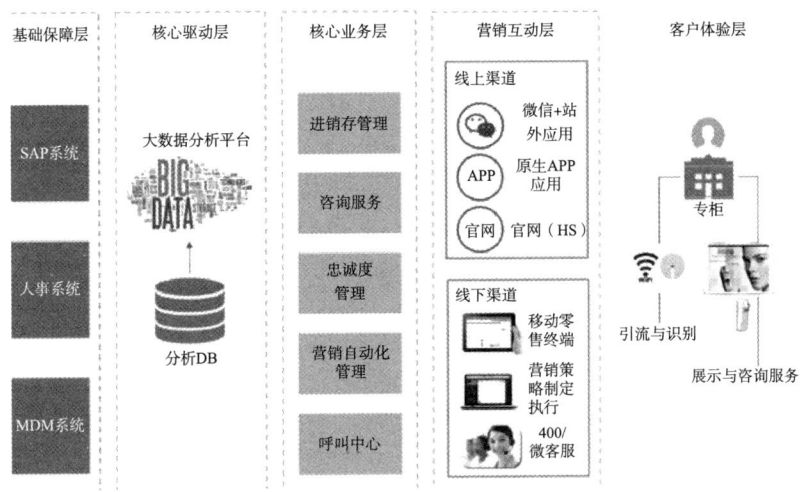

图 7-4 智慧零售终端系统

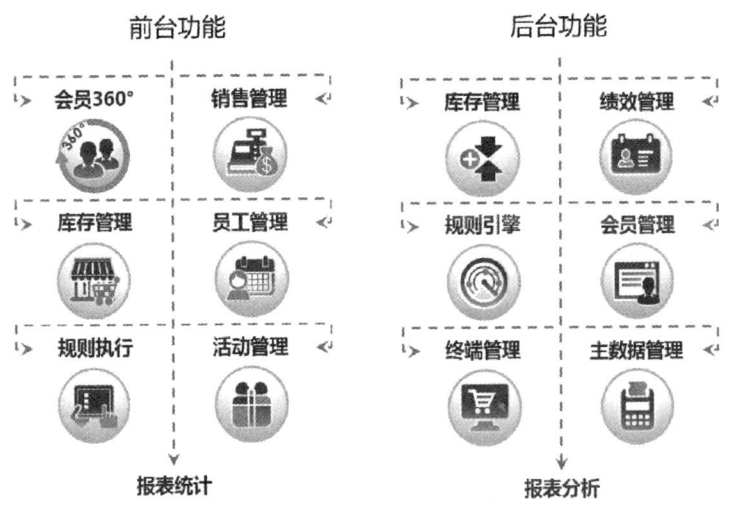

图 7-5 欧珀莱终端零售系统核心功能

价值的全面提升的。

第一,营销价值。

在过去,零售终端系统往往只用于销售结算等与业务直接有关的场景；而作为最佳客户体验的接触点，线下门店应不再单纯以追逐销售额为目标，终端系统也应围绕营销转化进行升级。

- 场景化营销促进品牌招新。

有效的营销交互不只是增加新用户或让营销活动获得更高的ROI，其本质是用户数据的每次更新、每个点击、每次转发等产生的数据都会让品牌加深对用户的认知。同时，每次交互的内容还要和客户所在的场景及细分需求有机整合，形成高效的场景化营销，促进品牌招募新客。如图7-6所示。

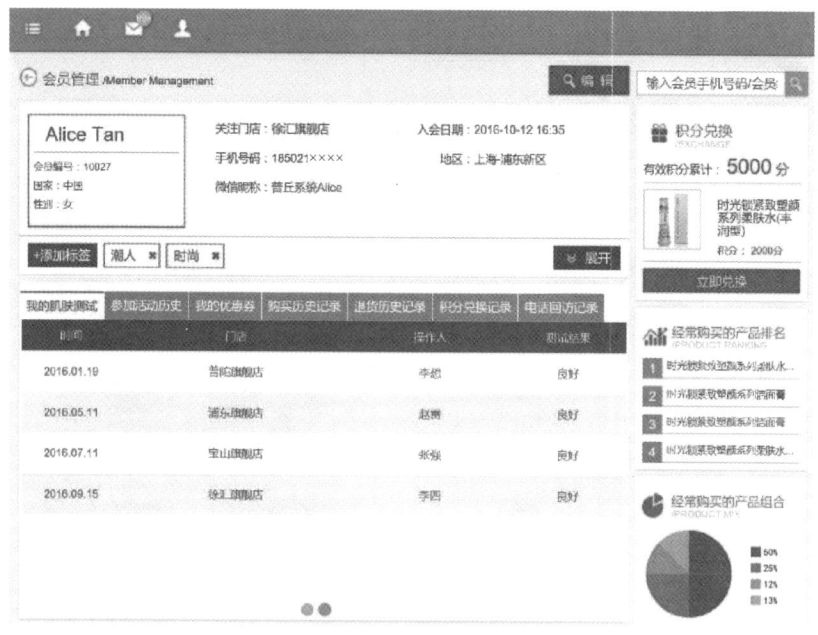

图 7-6 会员管理

比如当客户在线下专柜进行二维码扫描关注微信后，终端系统可以结合不同地区或活动场景给出一个定向且不同的内容推送。欧珀莱线下1200多家门店均可以定制化各自不同的微信推送信息。门店导购则可以帮助首次到店的非会员客户快速注册成为欧珀莱会员。重要的是，客户成功注册成为会员后，导购可以在终端系统即时可见该会员的权益，这也促使会员权益得到即时兑现，令会员有更多可能性形成有效购买或者交互，同时保持会员稳定增长。

- 优化客户体验提升会员活跃度。

客户营销体验贯穿整个客户生命周期，起点从新用户招募入口到场景化营销信息推送，最终到零售门店的营销体验，涉及技术、营销创意、门店服务等多个业务的交叉。门店作为线下唯一与客户面对面接触的地点，终端系统对于改善门店营销体验、提升会员活跃度极其重要。

终端系统帮助集团层面营销部门将更多营销能力赋予了最前端的导购，让导购实现了营销数据的直接利用，也成为营销数据的重要入口，这是一次质的飞跃。另外，在营销形式与内容方面，会员也可以在终端便捷地进行积分兑换、使用各类优惠券、参加不同的促销活动。同时，终端系统新上线了肌肤测试功能，导购可以结合肌肤测试仪等硬件设备，掌握客户肌肤变化数据。它整合了销售、营销、客户肌肤数据，提高了会员活跃度。

- 增强用户洞察促进营销转化。

导购的业务能力是影响门店的营销效率重要因素，然而传统终端系统无法全方位会员信息体现，导购与客户的互动也只存在于当下节点的接触，在增强客户洞察方面仍有较大改善空间。现在，智慧零售终端系统具备更强大的用户数据收集与呈现功能，它可以帮助收集线下门店烦琐但高质量的营销数据，同时呈现客户完整画像。

如图7-7所示，智慧终端系统可以实时调用后台数据，呈现更完整的客户全景数据，并且将多渠道的客户数据整合后形成业务建议，向导购推荐高购买率产品组合，帮助导购抓住面对面的营销机会。另外，欧珀莱的门店导购也可以利用客户消费频次与消费能力、交互与肌肤测试等数据，帮助她们利用更好的产品组合、更适合的促销模式、更个性的服务方法，灵活地进行营销转化，提升营销效率。此外，对于系统筛选出的高净值用户，门店可以采用更具针对性的营销策略。比如对于某些高频次门店顾客，门店可采用 VIP call 的方式，取代以往的短信推送联系客户，营销重点更加明确清晰。

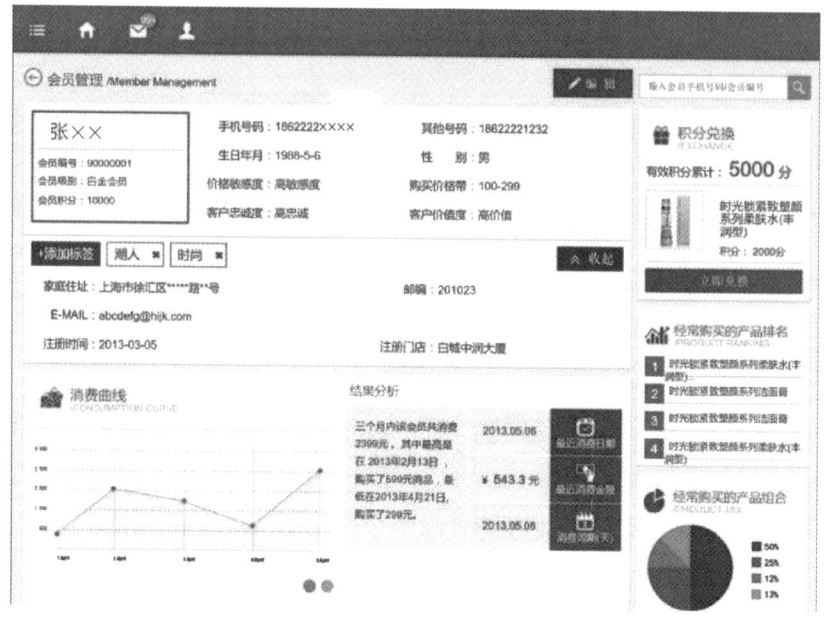

图 7-7 后台数据

第二,管理价值。

一套智慧的终端系统不仅可以改善店内客户体验,从企业管理者角度而言,还可以优化员工管理,实现成本控制。

- 优化员工管理。

美妆业的门店导购是一个流动性较大也比较辛苦的职业,导购销售工作的高效率、对企业较强的忠诚度、柜台工作经验的积累与传承是影响门店效益的重要因素。同样,对于员工而言,人性化的激励管理与绩效管理也极为重要。

零售终端可以帮助欧珀莱实现对每一位专柜导购的日常考勤管理(覆盖门店员工全方位的信息管理,包含基本属性、定期考评、培训信息、考勤与排班,以及整个员工入职的生命周期管理);绩效 KPI 设定并后台监控业绩;个性化地设置激励计划。重要的是,导购可以实时看到自己的绩效数据,无须等到月度或者季度的门店结算日,提升了员工对企业的认可度和忠诚度,促进了门店人效的提升。

- 实现成本控制。

美妆业门店的试用装及各种赠品、样品的库存量向来不是个小数目,成本占用较大。门店人员往往无计划、无规则、无记录地赠送各类试用品,不仅造成了巨大浪费,而且无据可查,客户信息碎片化。除了在一定程度上促进销售外,赠送试用品似乎别无益处。现在,零售终端可以支持现场积分兑换和小样申领,帮助欧珀莱促进对试用品库存的有效管理,节约成本。另外,它还可以帮助实现试用品、客户、消费这三种数据的精准关联,从而为客户建立属性特征,实现自动化标签与营销交互的过程,辅助设计下一步的营销策略。

第三,数据价值。

就当下而言,企业内部的 CRM、ERP 与社媒平台在不断产生大量的数据(包括营销数据、销售数据、运营数据、货物数据等)。通过实现企业全渠道数据的打通,品牌可以有效提升数据利用率,实现用户数据利用最大化,提升数据流转和应用效率,从而打破数据孤岛现象。尤其是以人为中心的客户数据的打通,有利于改善客户洞察,实现精准营销,这也是欧珀莱品牌达成高营销转化的必要条件。

新零售时代下,传统"人、货、场"的内涵已悄然发生改变。对于美妆品牌而言,单纯的以销售论成败的时代已经成为过去式,随之而来的是更强调客户体验的美妆新时代。门店将成为品牌吸引消费者、获取和巩固客户忠诚度的重要场所,也必将成为客户试妆与肌肤测试数据的重要入口。未来已经到来,对用户数据的整合,能够让品牌更好地掌握市场趋势和用户动向,为品牌进入美妆人工智能时代提供应用基础。

第八章

厂商协同下的新终端建设

第八章 厂商协同下的新终端建设

☞ 王义强

一、新零售给渠道商带来的挑战和机遇

新零售时代给渠道商带来了更多的挑战和机遇。

1. 新零售时代对渠道商的挑战

渠道商的挑战：

（1）生存的根本被挑战

- 市场环境促使厂家主动缩减层级。

优秀厂家具备了直营终端的条件。传统渠道价值链一般由厂家——渠道商——终端三级构成，渠道商承担了物流、分销的职能。在深度经营的条件下，优秀厂家具备了直达终端乃至消费者的条件，并且倒逼其他厂家跟进渠道扁平化。其他厂家如果不跟进，将会承担高昂的渠道费用，影响自身的市场竞争力。

渠道过长影响效率，不利于厂家对用户的深度运营。随着终端升级，终端运营要求更高，动作更复杂，对动作效率的要求也随之提高。如果渠道商不配合，厂家的规划和运作都难以落实到终端，这将大大影响面向用户的深度运营工作。

- 金融和支付手段及物流的发展，使渠道商原有职能失去了竞争力。

渠道商之所以能作为价值链的核心成员之一，从根本上说在于它能够为厂家和终端提供物流、资金流。当前，国内五大民营快递巨头顺丰、申通、圆通、韵达、中通已经全部实现上市，第三方物流体系建设已经足以满足多数行业的需求。同时，随着大数据的广泛应用，厂家生产预测也越来越精准，除传统政策压货型企业外，一般对渠道商的备货需求也在逐步降低、周转加快，厂家对渠道商的资金依赖也在降低。原有渠道商的"物流、资金"核心优势已经越来越弱，厂家推进渠道扁平化的时机也越来越成熟。

（2）渠道在下沉，主力市场在远离渠道商

国家统计局最新发布的数据显示，2017年年末，中国城镇常住人口81347万人，城镇人口占总人口比重（城镇化率）为58.52%，而该数据2007年为45.89%、1997年为31.91%。城镇化的推进，释放了巨大的消费力。如表8-1所示。

表8-1 2017年城镇化对消费的刺激估算

总人口（万人）	类别	人口（万人）	社商零售额（亿元）	人均消费（万元）
139000	城镇	81342.8	314290	3.87
	农村	57657.2	51972	0.9
	2030年城镇化率70%	97300	新增社商	47271.2

城镇化已经释放了巨大的消费量，如表8-1所示，到2030年，将实现4.7万亿元的消费，这些消费潜力基本上集中在四五级乡镇市场。传统

渠道商一般在地县级市场，如不改变经营方式，难以下沉到乡镇市场。

(3) 终端取代了部分渠道商功能

随着消费下沉和消费升级，消费者客单价越来越高，终端单位产出也随之提高。终端运营者也开始主动出击，尝试以终端为中心建设复合渠道，优秀终端在一定程度上，已经具备了原先渠道的网点开拓、辐射、服务功能。由于实力的增强，终端开始不再依赖渠道商的产品整合、仓储资金蓄水功能。

(4) 电商新渠道发展抢占市场

2017年我国网络零售额总计达到7.18万亿元，占社会商品零售总额（36.63万亿元）的19.6%，占我国GDP（82.71万亿元）的8.68%，互联网渠道已经从新渠道发展为常态渠道，成为企业渠道及运营平台的必要组成部分。

2017年"双十一"天猫实现交易额1682亿元，京东全球好购物节从11月1日到11月11日累计下单金额达1271元；阿里巴巴宣布将电商生态系统拓展到农村，计划未来3~5年投入100亿元发展千县万村计划，建立1000个县级运营中心和10万个村级服务站。京东配送站已覆盖全国495个城市，在4~6级市场中设立服务配送点。电商渠道下沉将对传统渠道终端造成极大冲击。

(5) 渠道玩法发生变化

在新零售环境下，消费者根据自己的消费特征、兴趣爱好自发的组成社群，通过有形场景（如线下沙龙）和无形的场景（如微信群）实现了渠道社区化。

渠道社区化，不仅是有型空间的社区化，更是基于消费者的集群化、场景化形成，本质上就是同一类标签用户的集群。用户标签决定了用户的消费场景和消费理念，用户在特定场景里接触的信息平台、社交平台与群体，对用户消费有着重要的影响作用。在社区化的环境下，消费者对社区内的主流媒体、意见领袖高度信任，容易形成跟风效应，同时社区成员有着相同的偏好，基于消费的话题很容易在社区中产生，社区活跃度也会因此而提升，这在很大程度上会促进"老带新"和二次购买、专业购买。以用户集群为特征的社区化从传统渠道分流了大量销售额，甚至导致传统渠道商"根本不知道用户在哪里就把产品买走了"的局面。

厂家自发加快下沉、下游终端竞争力加强、新渠道发展等多方面因素，导致传统渠道商逐渐处于不利地位，如果渠道商不能再为渠道带来价值，将无法避免被扁平化，在新零售时代的竞争中被淘汰出局。

2. 新零售为渠道商转型提供了机遇

传统渠道商在新环境下面对着种种挑战。市场经营的要素在升级，营销链条各个主体发挥的价值也在升级，新形势为渠道商重新寻找定位，提供了历史机遇。

（1）渠道商的核心价值没变，依旧是提升渠道效率

迈克尔·波特提出的"价值链分析法"，把企业内外价值增加的活动分为基本活动和支持性活动，基本活动涉及企业生产、销售、进向物流、去向物流、售后服务。支持性活动涉及人事、财务、计划、研究与开发、采购等，基本活动和支持性活动构成了企业的价值链。如图 8-1 所示。

一直以来，渠道商承担着从厂家进货、垫资、仓储，对下游提供物流服务等职责，部分优秀的渠道商还开展市场开拓、维护工作，并对下游提供终端建设支持和售后服务支持工作。分析本质，渠道商参与价值链的核心价值是提升产品流转效率，从而创造价值。进货、垫资、仓储、服务仅仅是提升产品流转效率的动作形式而已。

（2）渠道商创造价值的关键动作在变

传统模式下，渠道商通过进货、仓储实现物流效率的提升，通过淡季压货、旺季分销的方式实现整体营销链条资金效率的提升，通过开拓网

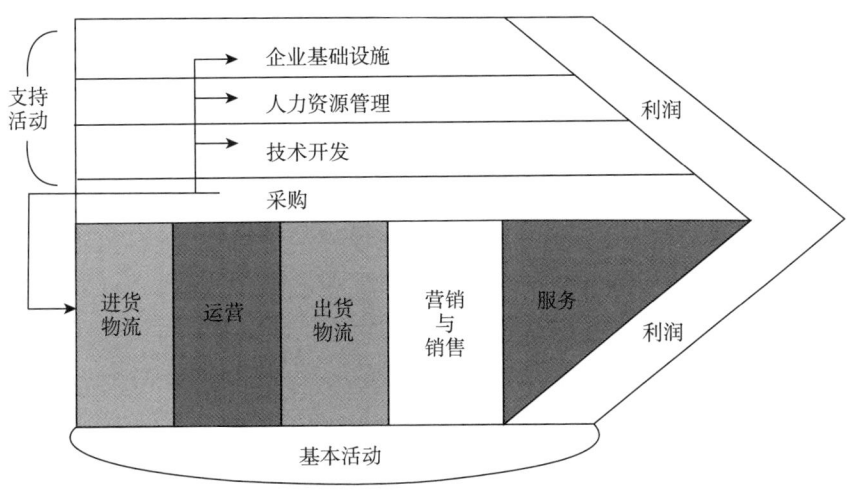

图 8-1 价值链分析法

点、铺货实现商流的提升。在新零售环境下，基于"终端建设场景化""终端促销娱乐化""终端服务情感化"三大要素，渠道商作为营销价值链成员，参与的动作也在变化。渠道商认清形势、及时转型，才能把握营销模式转型的历史机遇，在新零售的开局即打下良好的基础。

在新零售时代，仓储效率、物流效率已经成为基本要素，不能再创造额外价值。围绕用户运营的"店、客、货、人、服"五大要素，终端建设场景化、终端促销娱乐化、终端服务情感化三大动作成为趋势。在开展终端建设、促销、服务的过程中，渠道商能够成为厂家和终端的"纽带"。一方面，帮厂家在区域落地；另一方面，帮终端承接厂家，如此终端建设和运营的效率将得到整体提升。

二、新零售是营销动作逐步下沉的结果

中国改革开放以来，受消费者需求、厂家供应能力、市场竞争等要素的影响，市场逐渐成熟，厂家的动作逐步下沉。纵观过去的发展史，国内

市场营销动作经历了四个阶段。

（1）产品优先阶段

在改革开放初期，居民消费力迅速爆发，以"小三件"（手表、缝纫机、自行车）和"大三件"（冰箱、电视机、洗衣机）为代表的消费品迅速进入千家万户。彼时中国处于物质短缺的时代，供不应求，只要有产品，便不愁卖，工厂甚至经常会出现渠道商提现金在工厂排队抢货的局面。

接下来，供应逐步充足，竞争转向生产的"规模效益"：谁规模更大，谁的综合成本就更低，从而在竞争中获取优势，如格兰仕微波炉。

（2）渠道运作阶段

随着生产的企业越来越多，竞争出现，厂家开始主动走出去，开拓分销渠道，并以渠道商为主体开拓终端，批发放货，对终端的质量、运营没有太高要求。渠道成为决定销售成败的关键要素，依托物流集散地为中心，全国出现了大量的分销市场，如武汉汉正街、沈阳五爱市场等，典型的模式如美的电器的渠道模式。

（3）终端运作阶段

渠道批发成为主流后，各品牌在批发市场竞争趋于同质化。一方面，厂家开始关注终端、强化终端专卖店的建设和运作，如 TCL 速度抗击长虹；另一方面，以国美、苏宁为代表的卖场蓬勃发展，同时格力、美的也在专卖店建设上加大投入，大家电、建材等依托终端的行业也蓬勃发展，市场从渠道运作进入终端运作时代。

（4）用户运营阶段

随着消费升级，消费者也越来越理性，传统的终端销售、促销模式已经难以打动消费者，终端对消费者的运营从"眼睛、耳朵"到消费者的心智认同，让消费者从思想、心灵上认同品牌，从而实现用户的好评、复购、转介绍等，如海底捞、孩子王。

竞争是营销要素逐步下沉的核心动力。从产品为王阶段到用户运营阶段是一个长期的过程，不同行业、不同企业、不同区域的发展阶段各不相同，但是整体而言遵循这样的下沉趋势。一个新生模式从诞生到发展成熟，随着市场的发展，优秀厂家出于竞争和市场开拓的需要，动作逐渐贴近消费者，从而拉动了整个营销要素的下沉和升级。

消费升级、技术升级、产业升级加速了用户运营时代的到来。随着消费者的消费能力增强、理念升级，传统的大分销模式和店销模式都无法满足消费者的深度需求，信息产业的快速发展，大数据、人工智能等新技术的普及，第三方物流的蓬勃发展，厂家精益化、定制化生产成为现实，加速了新零售时代的到来。

三、渠道商如何参与新零售

基于上述分析我们得知，当前是市场运作的第四阶段，这意味着厂家、渠道商、终端的分工需要重构。总体而言，重构符合以下趋势：
- 终端的动作重心从产品销售到用户运营。
- 渠道商的职能重心从帮助终端整合商品到帮助终端运营用户。
- 支持渠道帮助终端运营用户，成为厂家的重要工作之一。

作为厂家与终端的纽带和桥梁，传统渠道商需要在新时代寻找到新定位，从而抓住历史机遇，获得新生。

1. 内省自察，避免成为"被淘汰"群体

虽然渠道商有机会继续在价值链中发挥作用，但并不是所有的渠道商都有这样的机会。以下类型的渠道商将被市场发展的车轮碾压，成为历史。

(1) 渠道的"庸员""利润扒皮商"

不少渠道商在早年享受了市场红利和信息红利，主动找到厂家，成为

区域"代理商",从事某个区域的分销,攫取了第一桶金。然而,随着时间的推移,渠道商自信心爆棚,失去了创新的动力,认为"渠道没有我就不行""这是我的区域,就该我挣钱",躺在功劳簿上睡觉,不为渠道做贡献,却获取经销价差收益。

面对厂家的要求,部分强势的渠道商甚至联合下游对抗厂家。殊不知地球离开谁都能转,厂家的区域经理可能会因短期的业绩压力而有所犹豫,然而在厂家的角度看,如果该区域的困境影响到厂家的整体规划,厂家绝对不会姑息迁就。

另外,对于这些渠道商,有想法的下游渠道商或者终端也会绕过他们,争取与厂家直接合作,或者下游渠道商认为上游渠道商给到经销价的同时,并没有提供应有的服务,于是,"窜货"就产生了。抛开渠道规则而言,渠道商讨厌下游窜货,而厂家其实是睁一只眼闭一只眼的。窜货的表象是渠道商追逐低价产品,厂家市场管理不规范,本质上是作为服务方的渠道商在享受经销价差利润的同时,并没有给到下游应有的等价服务。

(2)无优势产品、无核心区域、无分销网络、无稳定队伍的"四无"渠道商

"四无"渠道商,生存的唯一途径就是"靠天吃饭",表现是要么依托门店,要么依托客情关系,或者经常换项目,"打一枪换一个地方",游离在主流渠道的边缘。在竞争不充分、行情好、商品供不应求的时候,尚有一定的生存缝隙,一旦市场收缩或者进入淡季,或者市场上出现了正规、专业的竞争对手,就会在竞争中处于不利地位。

(3)失去上下游支持的渠道商

前面提到,渠道商的生存基点就是匹配厂家和终端的供需错位,提升效率,从而获取回报。如果渠道商失去了上下游支持,自然成了无本之木。

2. 修炼内功,提升创造价值的能力

提升创造价值的能力,是渠道商的重要能力之一。

(1) 公司化运营，完善团队专业能力

回到原点，假设渠道商还在创业期，抛开特定的现有合作厂家和终端考虑，首先需要具备完善的业务、推广、财务体系，实现公司化运营。当然，根据公司的团队规模、投入可以视阶段情况分步骤地优化提升。前期一人多岗、一岗多职并不是问题，但是至少要做到"麻雀虽小，五脏俱全"，并且让合适的人做擅长的事。比如经营者本人有社会资源，更擅长跑渠道，那么就不该只待在公司做运营，甚至待在店里做前台。

基本的公司化运作团队如图 8-2 所示。

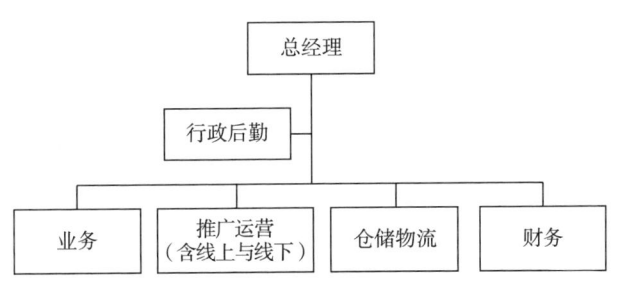

图 8-2 基本的公司化运作团队

(2) 提升产品的运作能力

由于厂家的产品面向全国，考虑到不同区域的消费者需求，产品线长，完全照搬容易出现与市场不匹配的结果，从而影响库存周转、资金周转。因此，渠道商需要在厂家产品线的基础上，结合区域特点、终端情况、消费需求、自身库存结构，合理安排选型、进货。一方面，满足厂家的主推要求；另一方面，符合自己的实际情况。

(3) 打造区域推广平台

终端的辐射半径有限，向消费者传递信息的渠道也有限，而消费者是流动的，同时接受多渠道的信息。渠道商在区域内开展品牌推广、联动促

销，能有效实现造势，从而促进用户的转化购买。

太阳雨的城乡联动

太阳雨是太阳能行业的代表品牌，2008-2010年的"城乡联动"模式，是太阳雨深入农村市场的典型做法。模式如下：

（1）县级代理商为区域操作平台。

太阳雨太阳能采取县级代理模式，县级客户直接面对厂家，以县为平台，深入每个乡镇开发客户。

（2）乡镇为辐射终端。

开展活动的活动现场在县城，提前由乡镇客户以"预存券"的形式预约锁定客户，活动当天由专车送到活动现场。

（3）活动现场为造势引爆点。

通过现场的造势，打造氛围，实现成交。

太阳雨太阳能的联动促销模式，是最朴素，也是最有效的活动模式，充分实现了"中心爆破、周边取量"的效果。现场成交的比例一般为提前锁定的1/3，前期推广时摇摆不定的1/3，活动现场吸引的1/3。

太阳雨的"城乡联动"，本质上是实现了渠道商为运营平台、终端为用户接触点的运营模式，渠道商实现了提升渠道效率的功能。如果没有县代，无法整合所有乡镇客户实现造势，这个工作是任何一个终端客户都无法实现的。

3. 向价值链上游整合资源

（1）结盟优秀品牌，向上一体化

渠道商在市场上立足，首先需要产品。优秀品牌商：

首先，能确保产品的认知度。

其次，优秀厂家的品牌势能能够提升渠道商的市场开拓效率。

最后，优秀厂家有成熟的销售和推广模式，这些是渠道商不需要花精力去试错和学习的，直接拿来用即可。虽然优秀品牌厂家给予渠道商的利润空间不高，但是提供的价值和帮助渠道商节省的机会成本，可以帮助渠道商提升市场竞争力。

（2）基于核心能力，适度增加补充品类，提升资源利用率

从厂家的角度看，"一夫一妻制"是最好的选择，但是对于具备良好基础的渠道商，在现有主营业务基础扎实和资源有结余的情况下，闲余资源如果不有效利用，其实也是一种浪费。在不影响主营业务的基础上，适度引进补充品类。一方面，可以充分利用资源；另一方面，对于整体经营的竞争力也是一种补充，如做五金的做水暖、做陶瓷的做卫浴。

4. 把握趋势，参与新玩法，承接线上品牌落地

渠道商要关注线上品牌落地工作。

（1）承接销售物流和服务

即使当前第三方物流体系十分发达，但是"最后一公里"的问题一直没有得到解决，尤其是乡镇市场由于路途长、客单价低，多数乡镇还有很多配送服务无法直达。渠道商可以通过乡镇网点的优势，为线上品牌提供配送服务，提升线上品牌的末端物流效率。同时，线上品牌最大问题是无法面对消费者，渠道商能够打造线下服务平台，实现消费者的面对面服务。

（2）承接推广立体组合

渠道商有良好的市场运营沉淀，能够通过下沉市场、发起终端等多种方式，为线上品牌实现良好的线下承接。

（3）承接用户运营（社区化的落地）

线上社群是基于兴趣、圈子的群体，仅仅通过线上工具无法实现最优化的沟通。我们也能看到很多微信群在发起的前三天火爆异常，但是随着时间的推移逐步沉寂成为死群。渠道商在行业群里通过组织线下交流会、俱乐部等形式进行本区域的线下沟通。一方面，可以更好地为线上社区创造活跃度；另一方面，可以成为区域的意见领袖，为自己的生意打造社群。

5. 横向跨界合作

在市场形势瞬息万变的今天，创造优势往往没有整合优势来得快，因此我们可以看到，很多渠道商已经开始走联合推广运营的路线，尤其在建材家居领域，砍价会、家博会等形式已经趋于成熟，成为一个独特有效的玩法。

6. 资源转化，向下游赋能

优秀的通过厂家对接、线上资源对接、线下用户运营、联盟资源整合等形式，创造了整合资源的价值，通过向下游赋能，提高了下游的运营效率，这种渠道商将成为终端渠道商的宠儿和意见领袖，因为很多终端很难直接做到。

四、厂家如何协同渠道商做好新零售

新零售时代，商业的核心是基于终端面向用户的运营，因此，厂家、渠道商要协同向终端赋能，实现从"sell in"到"sell out"的转型。在新零售环境下，营销动作从搞定终端到搞定消费者，促销由简单买赠组合、让利消费者到娱乐化组合，终端从销售产品到消费者深度运营，厂商必须实现更深的合作、更有效的分工，从而实现新零售时代的效率最大化。

1. 厂家要改变同渠道商的关系和合作模式：从交易关系变为一体化的事业合伙人

- 深化关系，将渠道商从交易对象到事业伙伴；从短期合作行为、简单的博弈关系到扶持核心渠道商、协同共赢发展。
- 构建优势，从粗放式扩张到区域精耕细作；从凭借政策与资源刺激销量，到基于消费者、以终端提升与市场基础建设为目标进行协作分工。
- 高效协同，从背对背操作到一体化运作；从费用转嫁、资源内耗、对立导向的博弈模式到费用共担、资源整合、运作对接、共创价值的共赢模式。

2. 厂家基于对渠道商的评估，针对性地设计支持方案

渠道商在所经营的区域，具备一个核心优势：能够基于当地深耕的基础，有效整合地区资源创造价值。这些资源在新零售环境中仍能发挥价值。厂家可以从渠道商"内部-自身创造价值"和"外部-整合资源创造价值"两个维度来建立"渠道商价值评估矩阵"模型，帮助厂家评估渠道商的经营贡献类型。如图8-3所示。

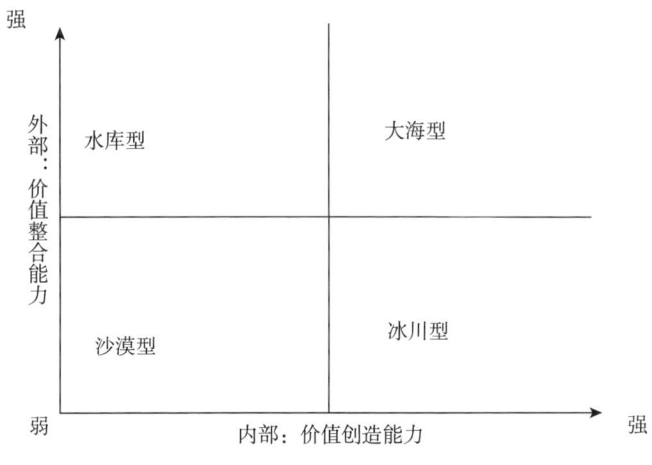

图8-3 "渠道商价值评估矩阵"模型

(1) 大海型渠道商

大海，能够通过与陆地和空气的比热差、对流、洋流等循环实现降雨，产生水源；又具备蓄水能力。相当于具备创造与整合双重能力。大海型渠道商，创造价值能力强、整合资源能力强。大海型渠道商，一般为市场沉淀多年、思维活跃、有创新意识的优秀渠道商。

厂家策略：战略整合，通过战略利益捆绑、联营合作等形式绑定大海型渠道商，与之共同合作开发市场。

(2) 冰川型渠道商

冰川，融化产生水，但是本身不能蓄水。冰川型渠道商，创造能力强，整合能力弱。冰川型渠道商，一般为创业型渠道商，有想法，但是沉淀不够。

厂家策略：重点扶持，适度倾斜资源或者关注度，培育渠道商尽早在区域扎根，成为忠实的合作方。

(3) 水库型渠道商

水库本身并不能产生水，但是蓄水能力强。水库型渠道商，整合能力强，创造能力弱，一般是基于传统模式做事的渠道商。目前多数渠道商属于这种类型。随着时间推移，部分群体容易形成躺在功劳簿上睡觉的陋习。

厂家策略：优化。一方面，根据公司发展规划，积极拉拢，合理引导，改变渠道商思维模式；另一方面，做好示范和扶持工作，帮助建设团队、打造区域平台，帮助渠道商实现重生。

(4) 沙漠型渠道商：弱整合能力，弱创造能力

典型的雁过拔毛型渠道商，一般由于特定历史原因获得了渠道经销权，或者由于某类非市场因素的资源获取经销权，思想封闭、不愿付出，产品过一道手就砍一刀，利益稍微受损就找厂家无理取闹。这种渠道商一

般是厂家的首选扁平对象。

（5）厂家换位思考，为渠道商制定发展规划

厂家希望渠道商能跟着一起走，首先需要厂家的发展能满足渠道商的发展预期。如果厂家长期不能实现扩张，没有给渠道商希望，不能满足渠道商自身的发展需求，则渠道商多元化甚至换品牌，都是厂家无法阻止的，这是优胜劣汰法则，不能对渠道商进行道德绑架。因此，厂家在制定公司发展战略的时候需要关注渠道商的发展规划，只有对渠道商负责，才能获得渠道商的支持。

某品牌厂家的渠道商分化

宁波某品牌厂家，早年引进了西方产品中国化，在市场上风靡一时，巅峰时期市场影响力不亚于当前的行业巨头，渠道商也获得了良好的回报。然而，多年以来公司发展停滞不前，渠道商实现了分化：一部分渠道商积极扩充品类，最终成为地方大渠道商，该品牌在经营中内占比极低；一部分转型做其他品牌，跟上品牌发展获取发展红利；还有一部分长期不温不火，一直停留在以前的状态，乃至被竞争冲击，规模越来越小，甚至退出经营。

3. 厂家改变管理导向，从要求、控制转向支持、赋能

为渠道商赋能，从压货收钱到设身处地帮助渠道商提升能力——提升渠道商经营意识、管理能力，帮助渠道商建设职业化团队。

（1）渠道商管理手段改变

- 考核目标改变：帮助渠道商分解目标——销售目标、市场建设目标、终端建设和用户运营目标，同时通过加强成长性目标考核，实现帮助

渠道商提升市场基本面的目标。

- 激励方式改变：从单一的按量返利转变为功能型返利、支持型返利与按量返利相结合，从而促进从做销售到做市场的转型。
- 政策和资源配置改变：从竞争导向转变为用户导向，如从考核销售额到考核新客户增量，销售资源从以推为主转变为以拉为主。

（2）渠道商支持改变——从管控型到支持型

厂家可以成立商学院和培训中心，完善培训体系，培训内容也要从简单的销售技巧转变为消费者运营能力系统提升。

建设内部机制，保障对渠道商和终端的支持落地；帮助渠道商制定管理工具，让渠道商成为管理专家。

（3）区域经理动作方式改变

要求区域经理对每个渠道商实施"5个1工程"，即每个月解决1问题、开1场会、讲1堂课、做1次活动、与渠道商展开1次经营和发展沟通，从而真正解决渠道商的问题。

4. 厂家搭建平台，支持渠道商转型

渠道商面对当下的市场环境，在行业趋势、消费升级、用户运营、内部管理等方面没有厂家的信息丰富，也没有厂家的技术、见识格局高，平台打造能力也不如厂家。厂家需根据行业趋势和公司规划，制定标准、搭建平台（包括品牌推广平台、培训学习平台、用户运营平台、物流服务平台、IT服务平台、渠道金融平台等），向渠道商赋能，支持渠道商转型。

5. 厂家终端布局一体化

在新零售环境下，终端布局从以区域为导向，向以人群为导向转变。厂家进行市场布局的时候，要改变原来按照"行政区域""社区商圈"等单一要素进行布局的模式。新零售环境下，需要基于消费人群的活动场所

科学布局，并遵循"客户无重叠"的基本原则和"用户覆盖最大化"和"效率最大化"的原则，构建厂家协同下的渠道一体化关系。

客户无重叠：线上渠道客户之间或线下渠道客户之间，不应该有重叠市场；线上与线下由于传播特性，可以降低要求。

用户覆盖最大化：最大限度地覆盖用户群，且所覆盖用户群体具备一定的共同习惯，能够通过推广拉动聚合。

效率最大化：渠道客户既有客户群与厂家推广的产品或服务相契合，或渠道客户所沉淀资源有利于低成本、快速、高效地进行客户转化或者新客户群体获取。

线上线下一体化：基于线上传播特性，厂家根据推广需要制定相应策略对线上线下进行整合。

6. 厂商协同一体化模型

新零售环境下的厂商协同一体化，是指厂家与渠道商基于自己的定位、资源和能力，有效分工、高效合作、各司其职，实现均衡发展。这要求厂商之间由博弈到共赢，实现厂商一体化，基于用户运营共创价值；要求厂商一体化建立管理型渠道价值链，实现资源整合和无缝对接；要求厂家降低渠道重心、掌控终端，实现区域精耕。

在新零售环境下，基于消费者运营的渠道厂商协同一体化，包括"市场开发（open up）、市场维护（save）、市场管理（supervise）、用户运营（operate）"四个一体化，并通过用户运营，形成二次开发闭环。如图8-4所示。

- 市场开发方面的厂商协同，包括目标计划一体化、营销策略一体化等。
- 市场维护方面的厂商协同，包括终端维护管理一体化、导购人员管理一体化、售后服务体系一体化、信息反馈体系一体化、市场秩序维护一体化等。
- 市场管理方面的厂商协同，包括沟通体系一体化、支持体系一体化、管理体系一体化等。

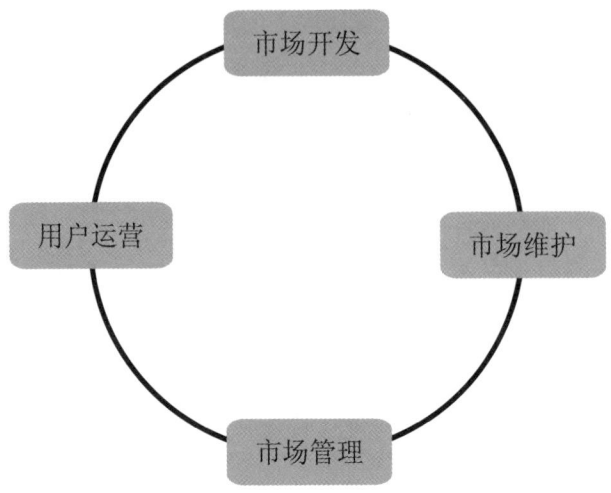

图 8-4　厂商协同一体化"OSSO 模型"

● 用户运营方面的厂商协同,包括用户信息一体化、用户传播一体化、用户推广一体化等。

附录

未来新零售畅想

中山市颐高厨卫科技有限公司国内营销中心 朱小康

零售工具的不断开发，促进了消费者购买便捷的程度越来越高，同时也带来了越来越精准销售方式。它是双向拉动的体现：一是零售工具不断贴近消费者；二是消费者通过工具的吸引越发主动靠近卖方，而这种工具的精准程度会让导入的流量转化率越来越高。其中，新工具的吸引力很大程度上是靠服务的下沉赢得的。所谓的服务下沉其实是便捷基础上所能带给消费者更多的消费体验，而很多的消费体验在没有新工具出现之前只有一小部分人能享有，比如量身定做的服饰。在此，我们先抛开所销售产品的价值大小与市场价格的高低，因为新的零售工具会在一定程度上缩小买方与卖方的买卖成本，比如这两年来传播度比较高的汽车买卖APP，"买家少花钱，卖家多赚钱"作为其平台的服务口号与宗旨。还有更能体现压缩成本的电商平台——必要，在市场固有观念的品牌效应之下所开发的平台，使其销售的通路另辟蹊径，做到了让消费者不必花费较高成本享受与品牌同样品质的商品。

针对新零售中服务下沉，在此做简单的说明，服务下沉会扩大消费群体，其实就是新工具在便捷程度上提高了服务含金量，而这种服务含金量可能只需一个点就可以撬动，大数据背景下新零售很大程度上靠的是扩大流量来实现，就是多年前还是以实体为主的销售模式下让实体走出去的一种最大程度的提升。不管是体验感的提升还是便捷程度的提升，其实都来自于创造更多的服务来换取销售机会，而这种服务机会通过新通路、新平台双向压缩成本实现原来所能创造的利润。

新零售，其实没有跳出营销的4C理论，通过工具的提升与服务的下沉来实现新零售。

新零售发展的未来

王义强

新零售未来是以技术升级为基础、消费升级为源泉，以厂商运营为动力的终极消费解决方案。

(1) 科技最懂用户

以最优性价比满足用户需求为出发点，通过大数据掌握用户在所有场景下的需求，用最优方式展现给用户，并根据用户当前和未来的经济能力，设置合理的消费阶梯。

(2) 用户完美体验

不受时空限制：通过虚拟现实设备，任何时候所想即所见，所见即所得。

100%逼真体验：以虚拟身份在消费场景出现，完美实现"眼耳鼻舌身意"的感官体验。

允许试错选择：给予用户无限体验机会，让用户选择最合适的产品或服务。

（3）高效无损运营

生产方面，通过技术与机制实现精益生产、精确计划实现零损耗；厂商无缝协同实现零库存；对用户传播实现定向精准推送，营销费用零损耗。

智能化客服端

程铉茹

企业对客户的反馈及时处理是一把双刃剑，处理得好，企业发展迅速；处理得不好，消费者频频流失，最终导致企业破产。

第一，销售时产品分析。在顾客购买的过程中，准确分析出顾客所需要的东西和所喜欢的东西，提高顾客消费体验。比如淘宝APP有一个特殊的隐形功能，就是任何人打开的淘宝页面都是不一样的，它会分析每个人的购物车、收藏夹，以及点开某件商品的频率，分析出消费者可能喜欢的东西，把它呈现在客户面前。这种智能化产品无形中拉近了消费者和企业的距离，缩短了消费者选择物品及购买的时间，从而企业可以在短时间内获得更高的利润。这种智能化产品也可以放在实体店内，比如服装店内每个放衣服的架子上有一个隐形感应器，感应器链接一个网络终端，一天下来，终端产品会按照衣服从衣架上拿下的频率和销售情况进行排序，商家可以根据这些数据，进行筛选、上新。

第二，销售中客户服务。以最快、最简洁的付款方式，完成商品交付，比如支付宝、微信等付款软件的使用。付款完毕后推荐一些顾客可能还需要的东西，比如买了苹果手机，顾客可能需要手机壳、充电线、无线蓝牙耳机等配套产品,再次营销,增强顾客体验,从心理上暗示,获得更多利润。

第三,售后客户反馈。对购买过产品的客户进行人脸识别,准确了解客户当前的生活状态、消费水平。避免不停地让客户写调查问卷、注册会员等烦琐的步骤,提高客户满意度,更准确、更快地了解市场动向,让商家在短时间内提高服务质量、及时变更产品,从而获得更多的消费者信任和赚取更多的利润。当顾客要反馈问题时,客服端立刻显示出最近顾客买单的商品、购买频率及个人偏好,使得人工客服以最快、最恰当的方式解决顾客所提出的问题,让顾客得到最满意的反馈。

未来世界的超级综合体

范保禄

未来的零售一定是充满人性化的,充分的人性化一定是靠高科技支撑实现的。

我认为,实体零售终端不会消失,相反,它会迎来空前的繁荣。未来的实体零售终端很可能以一种超级城市综合体的形式呈现。零售终端不再是单纯的卖东西的地方,也不是简简单单的像现在的大型 shopping mall 的形式,而是把工作、居住、日常生活、社交、教育、休闲、娱乐、购物功能有机融为一体的 mini 城市。每一个超级综合体相当于一个小城市,一个大都市中有许许多多这样的超级综合体,每一个综合体各有各的风格、特色。

一个人进入一个超级综合体,首先会接受这个综合体的扫描和身份识别,这个人可以是短暂停留,也可以是长期居住,综合体的信息系统会根据这个人的目标设定为他智能化地推荐行动路线。来到超级综合体的人,不用考虑烦琐的事物,一切都是职能分配的。比如要来这里住酒店,不用麻烦地订酒店、check in、结账缴费……人只要到了,系统直接会推荐符合个人需求、偏好和经济能力的酒店，入住人只需要选择确认，到达预订房间通过生物识别技术，可以推门就进房间。

如果是购物，超级综合体的信息系统也可以做出智能推荐，比如买衣服，系统会根据每个人平时的活动轨迹、衣橱里的"库存情况"、每日的穿衣情况、年龄、职业身份等推荐品牌、店铺，形成智能购物路线。挑选衣服的时候，可以利用增强现实技术在消费者面前呈现出他试穿每一件衣服的全息影像，并给出智能化形象打分供消费者参考。最后结账的时候，系统会根据个人的经济状况（包括收入状况、日常开销状况等）给出购买建议，消费者只需确认购买方案就可以直接把商品拿走，系统自动完成结算。

其他方面，超级综合体的信息系统会给出各种建议和提示。比如根据个人的身体情况提示作息时间，提出饮食建议并推荐餐厅和食谱，提示健身时间并给出健身方案（相当于智能私教）……

推荐作者得新书!
博瑞森征稿启事

亲爱的读者朋友:

感谢您选择了博瑞森图书!希望您手中的这本书能给您带来实实在在的帮助!

博瑞森一直致力于发掘好作者、好内容,希望能把您最需要的思想、方法,一字一句地交到您手中,成为管理知识与管理实践的桥梁。

但是我们也知道,有很多深入企业一线、经验丰富、乐于分享的优秀专家,或者忙于实战没时间,或者缺少专业的写作指导和便捷的出版途径,只能茫然以待……

还有很多在竞争大潮中坚守的企业,有着异常宝贵的实践经验和独特的洞察,但缺少专业的记录和整理者,无法让企业的经验和故事被更多的人了解、学习……

对读者而言,这些都太遗憾了!

博瑞森非常希望能将这些埋藏的"宝藏"发掘出来,贡献给广大读者,让更多的人从中受益。

所以,我们真心地邀请您,我们的老读者,帮我们搜寻:

推荐作者

可以是您自己或您的朋友,只要对本土管理有实践、有思考;可以是您通过网络、杂志、书籍或其他途径了解的某位专家,不管名气大小,只要他的思想和方法曾让您深受启发。

可以是管理类作品,也可以超出管理,各类优秀的社科作品或学术作品。

推荐企业

可以是您自己所在的企业,或者是您熟悉的某家企业,其创业过程、运营经历、产品研发、机制创新,等等。无论企业大小,只要乐于分享、有值得借鉴书写之处。

总之,好内容就是一切!

博瑞森绝非"自费出书",出版费用完全由我们承担。您推荐的作者或企业案例一经采用,我们会立刻向您赠送书币1000元,可直接换取任何博瑞森图书的纸书或电子书。

感谢您对本土管理原创、博瑞森图书的支持!

推荐投稿邮箱:bookgood@126.com   推荐手机:13611149991

1120 本土管理实践与创新论坛

这是由100多位本土管理专家联合创立的企业管理实践学术交流组织,旨在孵化本土管理思想、促进企业管理实践、加强专家间交流与协作。

论坛每年集中力量办好两件大事:第一,"**出一本书**",汇聚一年的思考和实践,把最原创、最前沿、最实战的内容集结成册,贡献给读者;第二,"**办一次会**",每年11月20日本土管理专家们汇聚一堂,碰撞思想、研讨案例、交流切磋、回馈社会。

论坛理事名单(以年龄为序,以示传承之意)

首届常务理事:

| 彭志雄 | 曾 伟 | 施 炜 | 杨 涛 | 张学军 | 郭 晓 | 程绍珊 | 胡八一 |
| 王祥伍 | 李志华 | 陈立云 | 杨永华 |

理　事:

张再林	卢根鑫	刘文瑞	王铁仁	周荣辉	罗 珉	房西苑	曾令同
黄民兴	陆和平	孟广桥	宋杼宸	张国祥	刘承元	叶兴平	曹子祥
宋新宇	吴越舟	吴 坚	杜建君	戴欣明	仲昭川	刘春雄	刘祖轲
张茂泽	段继东	陈立胜	梁 涛	何 慕	秦国伟	贺兵一	罗海容
张小虎	陈忠建	郭 剑	余晓雷	黄中强	朱玉童	沈 坤	阎立忠
张 进	丁兴良	朱仁健	薛宝峰	史贤龙	卢 强	史幼波	黄剑黎
叶敦明	王 涛	李文才	王 强	张远凤	陈 明	廖信琳	岑立聪
方 刚	何足奇	周 俊	杨 奕	孙行健	孙嘉晖	张东利	郭富才
叶 宁	何 屹	沈 奎	王明胤	王 超	马宝琳	谭长春	杨竣雄
夏惊鸣	张 博	段传敏	李洪道	胡浪球	孙 波	唐江华	程 翔
翟玉忠	刘红明	杨鸿贵	伯建新	高可为	李 蓓	王春强	孔祥云
戴 勇	贾同领	罗宏文	张兵武	史立臣	李政权	余 盛	陈小龙
尚 锋	邢 雷	余伟辉	李小勇	苗庆显	孙 巍	陈继展	全怀周
林延君	王清华	初勇钢	陈 锐	高继中	聂志新	黄 屹	沈 拓
徐伟泽	潦 寒	谭洪华	崔自三	王玉荣	蒋 军	侯军伟	黄润霖
朱伟杰	金国华	吴 之	葛新红	周 剑	崔海鹏	李治江	陈海超
柏 槊	唐道明	刘书生	朱志明	曲宗恺	杜 忠	黄渊明	王献永
范月明	吕 林	刘文新	赵晓萌	张 伟	韩 旭	韩友诚	熊亚柱
秦海林	孙彩军	刘 雷	贺小林	王庆云	黄 娜	俞士耀	田 军
丁 昀	张小峰	黄 磊	罗晓慧	赵海永	伏泓霖	任彭枞	梁小平
鄢圣安	马方旭	乐 涛	杨晓燕	欧阳莉华	陈 慧	张 璐	

企业案例·老板传记			
	书名、作者	内容/特色	读者价值
企业案例·老板传记	你不知道的加多宝：原市场部高管讲述 曲宗恺 牛玮娜 著	前加多宝高管解读加多宝	全景式解读，原汁原味
	借力咨询：德邦成长背后的秘密 官同良 王祥伍 著	讲述德邦是如何借助咨询公司的力量进行自身与发展的	来自德邦内部的第一线资料，真实、珍贵，令人受益匪浅
	娃哈哈区域标杆：豫北市场营销实录 罗宏文 赵晓萌 等著	本书从区域的角度来写娃哈哈河南分公司豫北市场是怎么进行区域市场营销，成为娃哈哈全国第一大市场、全国增量第一高市场的一些操作方法	参考性、指导性，一线真实资料
	六个核桃凭什么：从0过100亿 张学军 著	首部全面揭秘养元六个核桃裂变式成长的巨著	学习优秀企业的成长路径，了解其背后的理论体系
	像六个核桃一样：打造畅销品的36个简明法则 王超 范萍 著	本书分上下两篇：包括"六个核桃"的营销战略历程和36条畅销法则	知名企业的战略历程极具参考价值，36条法则提供操作方法
	解决方案营销实战案例 刘祖轲 著	用10个真案例讲明白什么是工业品的解决方案式营销，实战、实用	有干货、真正操作过的才能写得出来
	招招见销量的营销常识 刘文新 著	如何让每一个营销动作都直指销量	适合中小企业，看了就能用
	我们的营销真案例 联纵智达研究院 著	五芳斋粽子从区域到全国/诺贝尔瓷砖门店销量提升/利豪家具出口转内销/汤臣倍健的营销模式	选择的案例都很有代表性，实在、实操！
	中国营销战实录：令人拍案叫绝的营销真案例 联纵智达 著	51个案例，42家企业，38万字，18年，累计2000余人次参与	最真实的营销案例，全是一线记录，开阔眼界
	双剑破局：沈坤营销策划案例集 沈坤 著	双剑公司多年来的精选案例解析集，阐述了项目策划中每一个营销策略的诞生过程，策划角度和方法	一线真实案例，与众不同的策划角度令人拍案叫绝、受益匪浅
	宗：一位制造业企业家的思考 杨涛 著	1993年创业，引领企业平稳发展20多年，分享独到的心得体会	难得的一本老板分享经验的书
	简单思考：AMT咨询创始人自述 孔祥云 著	著名咨询公司（AMT）的CEO创业历程中点点滴滴的经验与思考	每一位咨询人，每一位创业者和管理经营者，都值得一读
	边干边学做老板 黄中强 著	创业20多年的老板，有经验、能写、又愿意分享，这样的书很少	处处共鸣，帮助中小企业老板少走弯路
	三四线城市超市如何快速成长：解密甘雨亭 IBMG国际商业管理集团 著	国内外标杆企业的经验+本土实践量化数据+操作步骤、方法	通俗易懂，行业经验丰富，宝贵的行业量化数据，关键思路和步骤
	中国首家未来超市：解密安徽乐城 IBMG国际商业管理集团 著	本书深入挖掘了安徽乐城超市的试验案例，为零售企业未来的发展提供了一条可借鉴之路	通俗易懂，行业经验丰富，宝贵的行业量化数据，关键思路和步骤
互联网+	新营销 刘春雄 著	新营销的新框架体系是场景是产品逻辑，IP是品牌逻辑，社群是连接逻辑，传播是营销逻辑	助力品牌商实现由传统营销到新营销的理念和行动的跨越，助力企业打赢升级转型之仗
	企业微信营销全指导 孙巍 著	专门给企业看到的微信营销书，手把手教企业从小白到微信营销专家	企业想学微信营销现在还不晚，两眼一抹黑也不怕，有这本书就够
	企业网络营销这样做才对：B2B 大宗B2C 张进 著	简单直白拿来就用，各种窍门信手拈来，企业网络营销不麻烦也不用再头疼，一般人不告诉他	B2B、大宗B2C企业有福了，看了就能学会网络营销

续表

互联网+

书名．作者	内容/特色	读者价值
互联网时代的银行转型 韩友诚 著	以大量案例形式为读者全面展示和分析了银行的互联网金融转型应对之道	结合本土银行转型发展案例的书籍
正在发生的转型升级·实践 本土管理实践与创新论坛 著	企业在快速变革期所展现出的管理变革新成果、新方法、新案例	重点突出对于未来企业管理相关领域的趋势研判
触发需求：互联网新营销样本·水产 何足奇 著	传统产业都在苦闷中挣扎前行，本书通过鲜活的案例告诉你如何以需求链整合供应链，从而把大家熟知的传统行业打碎了重构、重做一遍	全是干货，值得细读学习，并且作者的理论已经经过了他亲自操刀的实践检验，效果惊人，就在书中全景展示
移动互联新玩法：未来商业的格局和趋势 史贤龙 著	传统商业、电商、移动互联，三个世界并存，这种新格局的玩法一定要懂	看清热点的本质，把握行业先机，一本书搞定移动互联网
微商生意经：真实再现33个成功案例操作全程 伏泓霖 罗晓慧 著	本书为33个真实案例，分享案例主人公在做微商过程中的经验教训	案例真实，有借鉴意义
阿里巴巴实战运营——14招玩转诚信通 聂志新 著	本书主要介绍阿里巴巴诚信通的十四个基本推广操作，从而帮助使用诚信通的用户及企业更好地提升业绩	基本操作，很多可以边学边用，简单易学
互联网精准营销：创造爆发式的商业价值 蒋军 著	怎么在互联网时代整体策划、包装品牌和产品，并在此基础上为企业设计商业模式，技术实现并运营落地	为有基础的小微企业（大企业的新项目）1年实现销售额过亿，2年对接资本，3年左右准IPO
今后这样做品牌：移动互联时代的品牌营销策略 蒋军 著	与移动互联紧密结合，告诉你老方法还能不能用，新方法怎么用	今后这样做品牌就对了
互联网+"变"与"不变"：本土管理实践与创新论坛集萃·2016 本土管理实践与创新论坛 著	本土管理领域正在产生自己独特的理论和模式，尤其在移动互联时代，有很多新课题需要本土专家们一起研究	帮助读者拓宽眼界、突破思维
创造增量市场：传统企业互联网转型之道 刘红明 著	传统企业需要用互联网思维去创造增量，而不是用电子商务去转移传统业务的存量	教你怎么在"互联网+"的海洋中创造实实在在的增量
重生战略：移动互联网和大数据时代的转型法则 沈拓 著	在移动互联网和大数据时代，传统企业转型如同生命体打算与再造，称之为"重生战略"	帮助企业认清移动互联网环境下的变化和应对之道
画出公司的互联网进化路线图：用互联网思维重塑产品、客户和价值 李蓓 著	18个问题帮助企业一步步梳理出互联网转型思路	思路清晰、案例丰富，非常有启发性
7个转变，让公司3年胜出 李蓓 著	消费者主权时代，企业该怎么办	这就是互联网思维，老板有能这样想，肯定倒不了
跳出同质思维，从跟随到领先 郭剑 著	66个精彩案例剖析，帮助老板突破行业长期思维惯性	做企业竟然有这么多玩法，开眼界

续表

行业类:零售、白酒、食品/快消品、农业、医药、建材家居等			
	书名．作者	内容/特色	读者价值
零售·超市·餐饮·服装	总部有多强大,门店就能走多远 IBMG 国际商业管理集团 著	如何把总部做强,成为门店的坚实后盾	了解总部建设的方法与经验
	超市卖场定价策略与品类管理 IBMG 国际商业管理集团 著	超市定价策略与品类管理实操案例和方法	拿来就能用的理论和工具
	连锁零售企业招聘与培训破解之道 IBMG 国际商业管理集团 著	围绕零售企业组织架构、培训体系建设等内容进行深刻探讨	破解人才发现和培养瓶颈的关键点
	中国首家未来超市:解密安徽乐城 IBMG 国际商业管理集团 著	介绍了乐城作为中国首家未来超市从无到有的传奇经历	了解新型零售超市的运作方式及管理特色
	三四线城市超市如何快速成长:解密甘雨亭 IBMG 国际商业管理集团 著	揭秘一家三四线连锁超市的经验策略	不但可以欣赏它的优点,而且可以学会它成功的方法
	涨价也能卖到翻 村松达夫 【日】	提升客单价的15种实用、有效的方法	日本企业在这方面非常值得学习和借鉴
	移动互联下的超市升级 联商网专栏频道 著	深度解析超市转型升级重点	帮助零售企业把握全局、看清方向
	手把手教你做专业督导:专卖店、连锁店 熊亚柱 著	从督导的职能、作用,在工作中需要的专业技能、方法,都提供了详细的解读和训练办法,同时附有大量的表单工具	无论是店铺需要统一培训,还是个人想成为优秀的督导,有这一本就够了
	百货零售全渠道营销策略 陈继展 著	没有照本宣科、说教式的絮叨,只有笔者对行业的认知与理解,庖丁解牛式的逐项解析、展开	通俗易懂,花极少的时间快速掌握该领域的知识及趋势
	零售:把客流变成购买力 丁昀 著	如何通过不断升级产品和体验式服务来经营客流	如何进行体验营销,国外的好经营,这方面有启发
	餐饮企业经营策略第一书 吴坚 著	分别从产品、顾客、市场、盈利模式等几个方面,对现阶段餐饮企业的发展提出策略和思路	第一本专业的、高端的餐饮企业经营指导书
	电影院的下一个黄金十年:开发·差异化·案例 李保煜 著	对目前电影院市场存大的问题及如何解决进行了探讨与解读	多角度了解电影院运营方式及代表性案例
	赚不赚钱靠店长:从懂管理到会经营 孙彩军 著	通过生动的案例来进行剖析,注重门店管理细节方面的能力提升	帮助终端门店店长在管理门店的过程中实现经营思路的拓展与突破
耐消品	商用车经销商运营实战 杜建君 王朝阳 章晓青 等著	从管理到经营,从销售到服务,系统化运作全指导	为经销商经营开阔思路,掌握方法
	汽车配件这样卖:汽车后市场销售秘诀100条 俞士耀 著	汽配销售业务员必读,手把手教授最实用的方法,轻松得来好业绩	快速上岗,专业实效,业绩无忧
	跟行业老手学经销商开发与管理:家电、耐消品、建材家居 黄润霖 著	全部来源于经销商管理的一线问题,作者用丰富的经验将每一个问题落实到最便捷快速的操作方法上去	书中每一个问题都是普通营销人亲口提出的,这些问题你也会遇到,作者进行的解答则精彩实用

续表

	书名/作者	简介	推荐语
白酒	酒水饮料快消品餐饮渠道营销手册 朱伟杰 著	主要针对快消品(酒水、饮料)的餐饮渠道,提供了区域、商圈、不同业态的规划和促销安排等多种工具,并提出了经销商、批发商等相关人员的管理方法	一本酒水饮料如何在餐饮渠道销售的全能手册,内容深入翔实,可以直接照搬套用,这样的便利简直千金不换
	白酒到底如何卖 赵海永 著	以市场实战为主,多层次、全方位、多角度地阐释了白酒一线市场操作的最新模式和方法,接地气	实操性强,37个方法、6大案例帮你成功卖酒
	变局下的白酒企业重构 杨永华 著	帮助白酒企业从产业视角看清趋势,找准位置,实现弯道超车的书	行业内企业要减少90%,自己在什么位置,怎么做,都清楚了
	1. 白酒营销的第一本书(升级版) 2. 白酒经销商的第一本书 唐江华 著	华泽集团湖南开口笑公司品牌部长,擅长酒类新品推广、新市场拓展	扎根一线,实战
	区域型白酒企业营销必胜法则 朱志明 著	为区域型白酒企业提供35条必胜法则,在竞争中赢销的葵花宝典	丰富的一线经验和深厚积累,实操实用
	10步成功运作白酒区域市场 朱志明 著	白酒区域操盘者必备,掌握区域市场运作的战略、战术、兵法	在区域市场的攻伐防守中运筹帷幄,立于不败之地
	酒业转型大时代:微酒精选2014-2015 微酒 主编	本书分为五个部分:当年大事件、那些酒业营销工具、微酒独立策划、业内大调查和十大经典案例	了解行业新动态、新观点,学习营销方法
快消品·食品	中国快消品营销的这些年 史贤龙 著	作者精华文章的合集,一本书浓缩了过去十五年,中国营销的实战历程与前沿思考	快消品营销行业的案例和方法都原汁原味呈现,在反映当时风貌的同时,展望与反思
	营销中国茶:2小时读懂茶叶营销 史贤龙 著	从不同视角对中国的茶营销进行了思考,内容涉及中国茶产业战略困境、茶企规模化、茶品牌崛起、茶文化、茶营销、茶消费、茶零售、茶道等	内容丰富扎实,文字流畅,浓缩的都是精华,让你2小时读懂茶叶营销
	这样打造快消品标杆市场 罗宏文 著	帮助你解决如何成功打造标杆市场和进行持续增量管理两大问题	一套系统的方法论,通俗易懂,可以直接套用
	5小时读懂快消品营销:中国快消品案例观察 陈海超 著	多年营销经验的一线老手把案例掰开了,揉碎了,从中得出的各种手段和方法给读者以帮助和启发	营销那些事儿的个中秘辛,求人还不一定告诉你,这本书里就有
	快消品招商的第一本书:从入门到精通 刘雷 著	深入浅出,不说废话,有工具方法,通俗易懂	让零基础的招商新人快速学习书中最实用的招商技能,成长为骨干人才
	乳业营销第一书 侯军伟 著	对区域乳品企业生存发展关键性问题的梳理	唯一的区域乳业营销书,区域乳品企业一定要看
	食用油营销第一书 余盛 著	10多年油脂企业工作经验,从行业到具体实操	食用油行业第一书,当之无愧
	中国茶叶营销第一书 柏龑 著	如何跳出茶行业"大文化小产业"的困境,作者给出了自己的观察和思考	不是传统做茶的思路,而是现在商业做茶的思路
	调味品营销第一书 陈小龙 著	国内唯一一本调味品营销的书	唯一的调味品营销的书,调味品的从业者一定要看
	快消品营销人的第一本书:从入门到精通 刘雷 伯建新 著	快消行业必读书,从入门到专业	深入细致,易学易懂
	变局下的快消品营销实战策略 杨永华 著	通胀了,成本增加,如何从被动应战变成主动的"系统战"	作者对快消品行业非常熟悉、非常实战

续表

快消品·食品	快消品经销商如何快速做大 杨永华 著	本书完全从实战的角度,评述现象,解析误区,揭示原理,传授方法	为转型期的经销商提供了解决思路,指出了发展方向
	一位销售经理的工作心得 蒋 军 著	一线营销管理人员想提升业绩却无从下手时,可以看看这本书	一线的真实感悟
	快消品营销:一位销售经理的工作心得2 蒋 军 著	快消品、食品饮料营销的经验之谈,重点图书	来源与实战的精华总结
	快消品营销与渠道管理 谭长春 著	将快消品标杆企业渠道管理的经验和方法分享出来	可口可乐、华润的一些具体的渠道管理经验,实战
	成为优秀的快消品区域经理(升级版) 伯建新 著	用"怎么办"分析区域经理的工作关键点,增加30%全新内容,更贴近环境变化	可以作为区域经理的"速成催化剂"
	销售轨迹:一位快消品营销总监的拼搏之路 秦国伟 著	本书讲述了一个普通销售员打拼成为跨国企业营销总监的真实奋斗历程	激励人心,给广大销售员以力量和鼓舞
	快消老手都在这样做:区域经理操盘锦囊 方 刚 著	非常接地气,全是多年沉淀下来的干货,丰富的一线经验和实操方法不可多得	在市场摸爬滚打的"老油条",那些独家绝招妙招一般你问都是问不来的
	动销四维:全程辅导与新品上市 高继中 著	从产品、渠道、促销和新品上市详细讲解提高动销的具体方法,总结作者18年的快消品行业经验,方法实操	内容全面系统,方法实操
农业	新农资如何换道超车 刘祖轲 等著	从农业产业化、互联网转型、行业营销与经营突破四个方面阐述如何让农资企业占领先机、提前布局	南方略专家告诉你如何应对资源浪费、生产效率低下、产能严重过剩、价格与价值严重扭曲等
	中国牧场管理实战:畜牧业、乳业必读 黄剑黎 著	本书不仅提供了来自一线的实际经验,还收入了丰富的工具文档与表单	填补空白的行业必读作品
	中小农业企业品牌战法 韩 旭 著	将中小农业企业品牌建设的方法,从理论讲到实践,具有指导性	全面把握品牌规划,传播推广,落地执行的具体措施
	农资营销实战全指导 张 博 著	农资如何向"深度营销"转型,从理论到实践进行系统剖析,经验资深	朴实、使用!不可多得的农资营销实战指导
	农产品营销第一书 胡琼球 著	从农业企业战略到市场开拓、营销、品牌、模式等	来源于实践中的思考,有启发
	变局下的农牧企业9大成长策略 彭志雄 著	食品安全、纵向延伸、横向联合、品牌建设……	唯一的农牧企业经营实操的书,农牧企业一定要看
医药	在中国,医药营销这样做:时代方略精选文集 段继东 主编	专注于医药营销咨询15年,将医药营销方法的精华文章合编,深入全面	可谓医药营销领域的顶尖著作,医药界读者的必读书
	医药新营销:制药企业、医药商业企业营销模式转型 史立臣 著	医药生产企业和商业企业在新环境下如何做营销?老方法还有没有用?如何寻找新方法?新方法怎么用?本书给你答案	内容非常现实接地气,踏实谈问题说方法
	医药企业转型升级战略 史立臣 著	药企转型升级有5大途径,并给出落地步骤及风险控制方法	实操性强,有作者个人经验总结及分析
	新医改下的医药营销与团队管理 史立臣 著	探讨新医改对医药行业的系列影响和医药团队管理	帮助理清思路,有一个框架
	医药营销与处方药学术推广 马宝琳 著	如何用医学策划把"平民产品"变成"明星产品"	有真货、讲真话的作者,堪称处方药营销的经典!
	医药行业大洗牌与药企创新 林延君 沈 斌 著	一方面,围绕着变革,多角度阐述药企的应对之道;另一方面,紧扣实践,介绍近百家医药企业创新实践案例	医药变革10年,医药企业如何应对大洗牌?重磅出击的药企人必读书
	新医改了,药店就要这样开 尚 锋 著	药店经营、管理、营销全攻略	有很强的实战性和可操作性

续表

分类	书名	内容简介	特点
医药	电商来了,实体药店如何突围 尚锋 著	电商崛起,药店该如何突围?本书从促销、会员服务、专业性、客单价等多角度给出了指导方向	实战攻略,拿来就能用
	OTC医药代表药店销售36计 鄢圣安 著	以《三十六计》为线,写OTC医药代表向药店销售的一些技巧与策略	案例丰富,生动真实,实操性强
	OTC医药代表药店开发与维护 鄢圣安 著	要做到一名专业的医药代表,需要做什么、准备什么、知识储备、操作技巧等	医药代表药店拜访的指导手册,手把手教你快速上手
	引爆药店成交率1:店员导购实战 范月明 著	一本书解决药店导购所有难题	情景化、真实化、实战化
	引爆药店成交率2:经营落地实战 范月明 著	最接地气的经营方法全指导	揭示了药店经营的几类关键问题
	引爆药店成交率:专业化销售解决方案 范月明 著	药品搭配分析与关联销售	为药店人专业化助力
	处方药零售这样做 田军 著	阐述了处方药零售的重要性,以及做处方药零售市场的具体措施和方法	系统性了解和掌握处方药零售方法
建材家居	成为最赚钱的家具建材经销商 李治江 著	从销售模式、产品、门店等老板们最关注和最需要的方面解决问题、提供方法	只要你是建材、家具、家居用品的经销商老板,这就是一本必读的书
	家具行业操盘手 王献永 著	家具行业问题的终结者	解决了干家具还有没有前途?为什么同城多店的家具经销商很难做大做强等问题
	建材家居营销:除了促销还能做什么 孙嘉晖 著	一线老手的深度思考,告诉你在建材家居营销模式基本停滞的今天,除了促销,营销还能怎么做	给你的想法一场革命
	建材家居营销实务 程绍珊 杨鸿贵 主编	价值营销运用到建材家居,每一步都让客户增值	有自己的系统、实战
	家居建材门店6力爆破 贾同领 著	合盘道出一线品牌销量秘籍	6力招招见血,既有招数,又有策略
	建材家居门店销量提升 贾同领 著	店面选址、广告投放、推广助销、空间布局、生动展示、店面运营等	门店销量提升是一个系统工程,非常系统、实战
	10步成为最棒的建材家居门店店长 徐伟泽 著	实际方法易学易用,让员工能够迅速成长,成为独当一面的好店长	只要坚持这样干,一定能成为好店长
	手把手帮建材家居导购业绩倍增:成为顶尖的门店店员 熊亚柱 著	生动的表现形式,让普通人也能成为优秀的导购员,让门店业绩长红	读着有趣,用着简单,一本在手、业绩无忧
	建材家居经销商实战42章经 王庆云 著	告诉经销商:老板怎么当、团队怎么带、生意怎么做	忠言逆耳,看着不舒服就对了,实战总结,用一招半式就值了
工业品	销售是门专业活:B2B、工业品 陆和平 著	销售流程就应该跟着客户的采购流程和关注点的变化向前推进,将一个完整的销售过程分成十个阶段,提供具体方法	销售不是请客吃饭拉关系,是个专业的活计!方法在手,走遍天下不愁
	解决方案营销实战案例 刘祖轲 著	用10个真案例讲明白什么是工业品的解决方案式营销,实战、实用	有干货,真正操作过的才能写得出来
	变局下的工业品企业7大机遇 叶敦明 著	产业链条的整合机会、盈利模式的复制机会、营销红利的机会、工业服务商转型机会……	工业品企业还可以这样做,思维大突破
	工业品市场部实战全指导 杜忠 著	工业品市场部经理工作内容全指导	系统、全面、有理论、有方法,帮助工业品市场部经理更快提升专业能力

续表

分类	书名·作者	内容/特色	读者价值
工业品	工业品营销管理实务 李洪道 著	中国特色工业品营销体系的全面深化、工业品营销管理体系优化升级	工具更实战,案例更鲜活,内容更深化
	工业品企业如何做品牌 张东利 著	为工业品企业提供最全面的品牌建设思路	有策略、有方法、有思路、有工具
	丁兴良讲工业4.0 丁兴良 著	没有枯燥的理论和说教,用朴实直白的语言告诉你工业4.0的全貌	工业4.0是什么?本书告诉你答案
	资深大客户经理:策略准,执行狠 叶敦明 著	从业务开发、发起攻势、关系培育、职业成长四个方面,详述了大客户营销的精髓	满满的全是干货
	一切为了订单:订单驱动下的工业品营销实战 唐道明 著	其实,所有的企业都在围绕着两个字在开展全部的经营和管理工作,那就是"订单"	开发订单、满足订单、扩大订单。本书全是实操方法,字字珠玑、句句干货,教你获得营销的胜利
金融	交易心理分析 (美)马克·道格拉斯 著 刘真如 译	作者一语道破赢家的思考方式,并提供了具体的训练方法	不愧是投资心理的第一书,绝对经典
	精品银行管理之道 崔海鹏 何屹 主编	中小银行转型的实战经验总结	中小银行的教材很多,实战类的书很少,可以看看
	支付战争 Eric M. Jackson 著 徐彬 王晓 译	PayPal创业期营销官,亲身讲述PayPal从诞生到壮大到成功出售的整个历史	激烈、有趣的内幕商战故事!了解美国支付市场的风云巨变
	中外并购名著专业阅读指南 叶兴平 等著	在5000多本并购类图书中精选的200著作,在阅读的基础上写的读书评价	精挑细选200本并一一评介,省去读者挑选的烦恼,快捷、高效
	互联网时代的银行转型 韩友诚 著	以大量案例形式为读者全面展示和分析了银行的互联网金融转型应对之道	结合本土银行转型发展案例的书籍
房地产	产业园区/产业地产规划、招商、运营实战 阎立忠 著	目前中国第一本系统解读产业园区和产业地产建设运营的实战宝典	从认知、策划、招商到运营全面了解地产策划
	人文商业地产策划 戴欣明 著	城市与商业地产战略定位的关键是不可复制性,要发现独一无二的"味道"	突破千城一面的策划困局
	电影院的下一个黄金十年:开发·差异化·案例 李保煜 著	对目前电影院市场存大的问题及如何解决进行了探讨与解读	多角度了解电影院运营方式及代表性案例
能源	全能型班组:城市能源互联网与电力班组升级 国网天津市电力公司 编著	借鉴国内外优秀企业的转型升级思路,通过对于新型班组组织模式和运行机制的大胆设想,力图构建充分适应内外环境变化的全能型班组	看看庞大的国企在新环境下是如何顺应时代的
	国网天津电力全能型班组建设实务 国网天津市电力公司 编著	本书聚焦于天津电力公司在探索全能型班组转型升级时的优秀实践	电力行业的班组实践,具体、可操作性强

经营类:企业如何赚钱,如何抓机会,如何突破,如何"开源"

分类	书名·作者	内容/特色	读者价值
抓方向	让经营回归简单.升级版 宋新宇 著	化繁为简抓住经营本质:战略、客户、产品、员工、成长	经典,做企业就这几个关键点!
	混沌与秩序Ⅰ:变革时代企业领先之道 混沌与秩序Ⅱ:变革时代管理新思维 彭剑锋 尚艳玲 主编	汇集华夏基石专家团队10年来研究成果,集中选择了其中的精华文章编纂成册	作者都是既有深厚理论积淀又有实践经验的重磅专家,为中国企业和企业家的未来提出了高屋建瓴的观点
	活系统:跟任正非学当老板 孙行健 尹贤 著	以任正非的独到视角,教企业老板如何经营公司	看透公司经营本质,激活企业活力

续表

抓方向	重构:快消品企业重生之道 杨永华 著	从7个角度,帮助企业实现系统性的改造	提供转型思想与方法,值得参考
	公司由小到大要过哪些坎 卢强 著	老板手里的一张"企业成长路线图"	现在我在哪儿,未来还要走哪些路,都清楚了
	企业二次创业成功路线图 夏惊鸣 著	企业曾经抓住机会成功了,但下一步该怎么办	企业怎样获得第二次成功,心里有个大框架了
	老板经理人双赢之道 陈明 著	经理人怎养选平台、怎么开局,老板怎样选/育/用/留	老板生闷气,经理人牢骚大,这次知道该怎么办了
	简单思考:AMT咨询创始人自述 孔祥云 著	著名咨询公司(AMT)的CEO创业历程中点点滴滴的经验与思考	每一位咨询人,每一位创业者和管理经营者,都值得一读
	企业文化的逻辑 王祥伍 黄健江 著	为什么企业绩效如此不同,解开绩效背后的文化密码	少有的深刻,有品质,读起来很流畅
	使命驱动企业成长 高可为 著	钱能让一个人今天努力,使命能让一群人长期努力	对于想做事业的人,'使命'是绕不过去的
思维突破	盈利原本就这么简单 高可为 著	从财务的角度揭示企业盈利的秘密	多方面解读商业模式与盈利的关系,通俗易懂,受益匪浅
	移动互联新玩法:未来商业的格局和趋势 史贤龙 著	传统商业、电商、移动互联,三个世界并存,这种新格局的玩法一定要懂	看清热点的本质,把握行业先机,一本书搞定移动互联网
	画出公司的互联网进化路线图:用互联网思维重塑产品、客户和价值 李蓓 著	18个问题帮助企业一步步梳理出互联网转型思路	思路清晰、案例丰富,非常有启发性
	重生战略:移动互联网和大数据时代的转型法则 沈拓 著	在移动互联网和大数据时代,传统企业转型如同生命体打算与再造,称之为"重生战略"	帮助企业认清移动互联网环境下的变化和应对之道
	创造增量市场:传统企业互联网转型之道 刘红明 著	传统企业需要用互联网思维去创造增量,而不是用电子商务去转移传统业务的存量	教你怎么在"互联网+"的海洋中创造实实在在的增量
	7个转变,让公司3年胜出 李蓓 著	消费者主权时代,企业该怎么办	这就是互联网思维,老板有能这样想,肯定倒不了
	跳出同质思维,从跟随到领先 郭剑 著	66个精彩案例剖析,帮助老板突破行业长期思维惯性	做企业竟然有这么多玩法,开眼界
	麻烦就是需求 难题就是商机 卢根鑫 著	如何借助客户的眼睛发现商机	什么是真商机,怎么判断、怎么抓,有借鉴
	互联网+"变"与"不变":本土管理实践与创新论坛集萃·2016 本土管理实践与创新论坛 著	加速本土管理思想的孕育诞生,促进本土管理创新成果更好地服务企业、贡献社会	各个作者本年度最新思想,帮助读者拓宽眼界、突破思维
	消费升级:实践 研究(文集) 本土管理实践与创新论坛 著	38位管理专家及7位学者的精华思想,从经营、管理、行业及思想研究四个方面阐述中国企业在消费升级下的实践与研究	思想启发,行业借鉴
财务	写给企业家的公司与家庭财务规划——从创业成功到富足退休 周荣辉 著	本书以企业的发展周期为主线,写各阶段企业与企业主家庭的财务规划	为读者处理人生各阶段企业与家庭的财务问题提供建议及方法,让家庭成员真正享受财富带来的益处
	互联网时代的成本观 程翔 著	本书结合互联网时代提出了成本的多维观,揭示了多维组合成本的互联网精神和大数据特征,论述了其产生背景、实现思路和应用价值	在传统成本观下为盈利的业务,在新环境下也许就成为亏损业务。帮助管理者从新的角度来看待成本,进一步做好精益管理

续表

	书名·作者	内容/特色	读者价值
财务	财报背后的投资机会 蒋豹 著	以具体的公司案例分析,教你迅速看出财务报表与企业经营的关系、所反映的企业经营现状,从而找到投资机会	前四大会计所员工为读者解密财报,发现投资机会

管理类：效率如何提升,如何实现经营目标,如何"节流"

	书名·作者	内容/特色	读者价值
通用管理	让管理回归简单·升级版 宋新宇 著	从目标、组织、决策、授权、人才和老板自己层面教你怎样做管理	帮助管理抓住管理的要害,让管理变得简单
	让经营回归简单·升级版 宋新宇 著	从战略、客户、产品、员工、成长、经营者自身等七个方面,归纳总结出简单有效的经营法则	总结出的真正优秀企业的成功之道：简单
	让用人回归简单 宋新宇 著	从用人的原则、用人的难题与误区、用人的方法和用人者的修炼四大方面,总结出适合中小企业做好人才管理工作的法则	帮助管理者抓住用人的要害,让用人变得简单
	历史深处的管理智慧1：组织建设与用人之道 刘文瑞 著	对历史之典故、政事、人事、政制进行管理解析,鉴照企业人才的选用育留	推动理论与实践的对接,实现理性与情感的渗透,用中国话语说明管理智慧
	历史深处的管理智慧2：战略决策与经营运作 刘文瑞 著	对历史之典故、政事、人事、政制进行管理解析,鉴照企业战略设计与经营实践	推动理论与实践的对接,实现理性与情感的渗透,用中国话语说明管理智慧
	历史深处的管理智慧3：领导修炼与文化素养 刘文瑞 著	对历史之典故、政事、人事、政制进行管理解析,鉴照企业领导职业能力提升与文化修养	推动理论与实践的对接,实现理性与情感的渗透,用中国话语说明管理智慧
	管理的尺度 刘文瑞 著	对管理中的种种普遍性问题进行了批评	提高把握管理尺度的能力
	管理学在中国 刘文瑞 著	系统性介绍了管理学在中国的发展和演变	了解管理学在中国的发展脉络,更清晰理解管理学的本质
	看电影,懂管理 刘文瑞 著	16部经典电影,带你感悟管理智慧	能够帮助读者放松身心,驰骋想象,在不知不觉中增长智慧
	管理：以规则驾驭人性 王春强 著	详细解读企业规则的制定方法	从人与人博弈角度提升管理的有效性
	员工心理学超级漫画版 邢雷 著	以漫画的形式深度剖析员工心理	帮助管理者更了解员工,从而更轻松地管理员工
	老板有想法,高层有干法：企业中的将帅之道 王清华 著	深入剖析老板与高管的异同	各司其职,各行其是,相辅相成
	分股合心：股权激励这样做 段磊 周剑 著	通过丰富的案例,详细介绍了股权激励的知识和实行方法	内容丰富全面、易读易懂,了解股权激励,有这一本就够了
	边干边学做老板 黄中强 著	创业20多年的老板,有经验、能写、又愿意分享,这样的书很少	处处共鸣,帮助中小企业老板少走弯路
	成为敏感而体贴的公司 王涛 著	本书为作者对企业的观察和冥想的随笔记录。从生活中的一个现象入手,进而探索现象背后的本质	从全新角度认识公司
	中国企业的觉醒：正直 善良 成长 王涛 著	围绕着企业人如何发生转化展开,对中国人、中国文化及由此导致的企业现状的观察和思考	企业除了要利润,还需要道德
	有意识的思考：轻松化解问题的7个思考习惯 王涛 著	本书是对思想、思考过程、思考方式进行的细致观察	养成好的思考习惯,更深刻地看问题
	中国式阿米巴落地实践之从交付到交易 胡八一 著	本书主要讲述阿米巴经营会计,"从交付到交易",这是成功实施了阿米巴的标志	阿米巴经营会计的工作是有逻辑关联的,一本书就能搞定

续表

通用管理	中国式阿米巴落地实践之激活组织 胡八一 著	重点讲解如何科学划分阿米巴单元,阐述划分的实操要领、思路、方法、技术与工具	最大限度减少"推行风险"和"摸索成本",利于公司成功搭建适合自身的个性化阿米巴经营体系
	中国式阿米巴落地实践之持续盈利 胡八一 著	把企业做成平台,企业才能做大(格局);把平台做成阿米巴,企业才能做强(专业);把阿米巴做成合伙制,企业才能做久(机制)	中国式阿米巴落地实践三部曲的最后一部,告诉你企业如何做大做强做久
	集团化企业阿米巴实战案例 初勇钢 著	一家集团化企业阿米巴实施案例	指导集团化企业系统实施阿米巴
	阿米巴经营的中国模式 李志华 著	让员工从"要我干"到"我要干",价值量化出来	阿米巴在企业如何落地,明白思路了
	欧博心法:好管理靠修行 曾伟 著	用佛家的智慧,深刻剖析管理问题,见解独到	如果真的有'中国式管理',曾老师是其中标志性人物
	领导这样点燃你的下属 孟广桥 著	领导者如何才能让员工积极主动地工作?如何让你的员工和下属保持工作的热情,自动自发?看了这本书就知道	只要你希望手下的"兵将"永远充满工作的斗志,这本书将使你获益良多
流程管理	1. 用流程解放管理者 2. 用流程解放管理者2 张国祥 著	中小企业阅读的流程管理、企业规范化的书	通俗易懂,理论和实践的结合恰到好处
	跟我们学建流程体系 陈立云 著	畅销书《跟我们学做流程管理》系列,更实操,更细致,更深入	更多地分享实践,分享感悟,从实践总结出来的方法论
	人人都要懂流程 金国华 余雅丽 著	当前各企业流程管理方面最为典型的痛点现象及问题案例	通俗易懂,适合企业全员阅读
质量管理	IATF16949 质量管理体系详解与案例文件汇编:TS16949 转版 IATF16949:2016 谭洪华 著	针对IATF的新标准做了详细的解说,同时指出了一些推行中容易犯的错误,提供了大量的表单、案例	案例、表单丰富,拿来就用
	五大质量工具详解及运用案例:APQP/FMEA/PPAP/MSA/SPC 谭洪华 著	对制造业必备的五大质量工具中每个文件的制作要求、注意事项、制作流程、成功案例等进行了解读	通俗易懂、简便易行,能真正实现学以致用
	ISO9001:2015 新版质量管理体系详解与案例文件汇编 谭洪华 著	紧密围绕2015年新版质量管理体系文件逐条详细解读,并提供可以直接套用的案例工具,易学易上手	企业质量管理认证、内审必备
	ISO14001:2015 新版环境管理体系详解与案例文件汇编 谭洪华 著	紧密围绕2015年新版环境管理体系文件逐条详细解读,并提供可以直接套用的案例工具,易学易上手	企业环境管理认证、内审必备
	SA8000:2014 社会责任管理体系认证实战 吕林 著	作者根据自己的操作经验,按认证的流程,以相关案例进行说明SA8000认证体系	简单,实操性强,拿来就能用
	精益质量管理实战工具 贺小林 著	制造类企业日常工作中所需要的精益管理工具的归纳整理,并进行案例操作的细致分析	可以直接参考,实际解决生产中的具体问题
战略落地	重生——中国企业的战略转型 施炜 著	从前瞻和适用的角度,对中国企业战略转型的方向、路径及策略性举措提出了一些概要性的建议和意见	对企业有战略指导意义
	公司大了怎么管:从靠英雄到靠组织 AMT 金国华 著	第一次详尽阐释中国快速成长型企业的特点、问题及解决之道	帮助快速成长型企业领导及管理团队理清思路,突破瓶颈

续表

分类	书名/作者	内容简介	特点
战略落地	低效会议怎么改:每年节省一半会议成本的秘密 AMT 王玉荣 著	教你如何系统规划公司的各级会议,一本工具书	教会你科学管理会议的办法
	年初订计划,年尾有结果:战略落地七步成诗 AMT 郭晓 著	7个步骤教会你怎么让公司制定的战略转变为行动	系统规划,有效指导计划实现
人力资源	HRBP是这样炼成的之"菜鸟起飞" 新海 著	以小说的形式,具体解析HRBP的职责,应该如何操作,如何为业务服务	实践者的经验分享,内容实务具体,形式有趣
	HRBP是这样炼成的之中级修炼 新海 著	本书以案例故事的方式,介绍了HRBP在实际工作中碰到的问题和挑战	书中的HR解决方案讲究因时因地制宜、简单有效的原则,重在启发读者思路,可供各类企业HRBP借鉴
	HRBP是这样炼成的之高级修炼 新海 著	以故事的形式,展现了HRBP工作者在职业发展路上的层层深入和递进	为读者提供HRBP在实际工作中遇到种种问题的解决方案
	把面试做到极致:首席面试官的人才甄选法 孟广桥 著	作者用自己几十年的人力资源经验总结出的一套实用的确定岗位招聘标准、提升面试官技能素质的简便方法	面试官必备,没有空泛理论,只有巧妙的实操技能
	人力资源体系与e-HR信息化建设 刘书生 陈莹 王美佳 著	将作者经历的人力资源管理变革、人力资源管理信息化咨询项目方法论、工具和成果全面展现给读者,使大家能够将其快速应用到管理实践中	系统性非常强,没有废话,全部是浓缩的干货
	回归本源看绩效 孙波 著	让绩效回顾"改进工具"的本源,真正为企业所用	确实是来源于实践的思考,有共鸣
	世界500强资深培训经理人教你做培训管理 陈锐 著	从7大角度具体细致地讲解了培训管理的核心内容	专业、实用、接地气
	曹子祥教你做激励性薪酬设计 曹子祥 著	以激励性为指导,系统性地介绍了薪酬体系及关键岗位的薪酬设计模式	深入浅出,一本书学会薪酬设计
	曹子祥教你做绩效管理 曹子祥 著	复杂的理论通俗化,专业的知识简单化,企业绩效管理共性问题的解决方案	轻松掌握绩效管理
	把招聘做到极致 远鸣 著	作为世界500强高级招聘经理,作者数十年招聘经验的总结分享	带来职场思考境界的提升和具体招聘方法的学习
	人才评价中心.超级漫画版 邢雷 著	专业的主题,漫画的形式,只此一本	没想到一本专业的书,能写成这效果
	走出薪酬管理误区 全怀周 著	剖析薪酬管理的8大误区,真正发挥好枢纽作用	值得企业深读的实用教案
	集团化人力资源管理实践 李小勇 著	对搭建集团化的企业很有帮助,务实,实用	最大的亮点不是理论,而是结合实际的深入剖析
	我的人力资源咨询笔记 张伟 著	管理咨询师的视角,思考企业的HR管理	通过咨询师的眼睛对比很多企业,有启发
	本土化人力资源管理8大思维 周剑 著	成熟HR理论,在本土中小企业实践中的探索和思考	对企业的现实困境有真切体会,有启发

续表

	书名/作者	内容简介	推荐理由
企业文化	36个拿来就用的企业文化建设工具 海融心胜 主编	数十个工具,为了方便拿来就用,每一个工具都严格按照工具属性、操作方法、案例解读划分,实用、好用	企业文化工作者的案头必备书,方法都在里面,简单易操作
	企业文化建设超级漫画版 邢雷 著	以漫画的形式系统教你企业文化建设方法	轻松易懂好操作
	华夏基石方法:企业文化落地本土实践 王祥伍 谭俊峰 著	十年积累、原创方法、一线资料,和盘托出	在文化落地方面真正有洞察,有实操价值的书
	企业文化的逻辑 王祥伍 著	为什么企业之间如此不同,解开绩效背后的文化密码	少有的深刻,有品质,读起来很流畅
	企业文化激活沟通 宋杼宸 安琪 著	透过新任HR总经理的眼睛,揭示出沟通与企业文化的关系	有实际指导作用的文化落地读本
	在组织中绽放自我:从专业化到职业化 朱仁健 王祥伍 著	个人如何融入组织,组织如何助力个人成长	帮助企业员工快速认同并投入到组织中去,为企业发展贡献力量
	企业文化定位·落地一本通 王明胤 著	把高深枯燥的专业理论创建成一套系统化、实操化、简单化的企业文化缔造方法	对企业文化不了解,不会做?有这一本从概念到实操,就够了
生产管理	精益思维:中国精益如何落地 刘承元 著	笔者二十余年企业经营和咨询管理的经验总结	中国企业需要灵活运用精益思维,推动经营要素与管理机制的有机结合,推动企业管理向前发展
	300张现场图看懂精益5S管理 乐涛 编著	5S现场实操详解	案例图解,易懂易学
	高员工流失率下的精益生产 余伟辉 著	中国的精益生产必须面对和解决高员工流失率问题	确实来源于本土的工厂车间,很务实
	车间人员管理那些事儿 岑立聪 著	车间人员管理中处理各种"疑难杂症"的经验和方法	基层车间管理者最闹心、头疼的事,'打包'解决
	1. 欧博心法:好管理靠修行 2. 欧博心法:好工厂这样管 曾伟 著	他是本土最大的制造业管理咨询机构创始人,他从400多个项目、上万家企业实践中锤炼出的欧博心法	中小制造型企业,一定会有很强的共鸣
	欧博工厂案例1:生产计划管控对话录 欧博工厂案例2:品质技术改善对话录 欧博工厂案例3:员工执行力提升对话录 曾伟 著	最典型的问题、最详尽的解析,工厂管理9大问题27个经典案例	没想到说得这么细,超出想象,案例很典型,照搬都可以了
	工厂管理实战工具 欧博企管 编著	以传统文化为核心的管理工具	适合中国工厂
	苦中得乐:管理者的第一堂必修课 曾伟 编著	曾伟与师傅大愿法师的对话,佛学与管理实践的碰撞,管理禅的修行之道	用佛学最高智慧看透管理
	比日本工厂更高效1:管理提升无极限 刘承元 著	指出制造型企业管理的六大积弊;颠覆流行的错误认知;掌握精益管理的精髓	每一个企业都有自己不同的问题,管理没有一剑封喉的秘笈,要从现场、现物、现实出发
	比日本工厂更高效2:超强经营力 刘承元 著	企业要获得持续盈利,就要开源和节流,即实现销售最大化,费用最小化	掌握提升工厂效率的全新方法

续表

分类	书名/作者	内容简介	推荐语
生产管理	比日本工厂更高效3：精益改善力的成功实践 刘承元 著	工厂全面改善系统有其独特的目的取向特征，着眼于企业经营体质（持续竞争力）的建设与提升	用持续改善力来飞速提升工厂的效率，高效率能够带来意想不到的高效益
生产管理	3A顾问精益实践1：IE与效率提升 党新民 苏迎斌 蓝旭日 著	系统的阐述了IE技术的来龙去脉以及操作方法	使员工与企业持续获利
生产管理	3A顾问精益实践2：JIT与精益改善 肖志军 党新民 著	只在需要的时候，按需要的量，生产所需的产品	提升工厂效率
生产管理	手把手教你做专业的生产经理 黄娜 著	物流、信息流、资金流，让生产经理管理有抓手	从菜鸟到能把控全局
员工素质提升	TTT培训师精进三部曲（上）：深度改善现场培训效果 廖信琳 著	现场把控不用慌，这里有妙招一用就灵	课程现场无论遇到什么样的情况都能游刃有余
员工素质提升	TTT培训师精进三部曲（中）：构建最有价值的课程内容 廖信琳 著	这样做课程内容，学员有收获培训师也有收获	优质的课程内容是树立个人品牌的保证
员工素质提升	TTT培训师精进三部曲（下）：职业功力沉淀与修为提升 廖信琳 著	从内而外提升自己，职业的道路一帆风顺	走上职业TTT内训师的康庄大道
员工素质提升	培训师，如何让你的事业长青：自我管理的10项法则 廖信琳 著	建立了一套完整的培训师自我管理体系，为培训师的职业成长与发展提供有益的指引	培训师如何在自己的职业道路上越走越高，事业长青，一直有所收获与成长？本书将给你答案
员工素质提升	管理咨询师的第一本书：百万年薪 千万身价 熊亚柱 著	从问题出发，发现问题、分析问题、解决问题，让两眼一抹黑的新人快速成长	管理咨询师初入职场，让这本书开启百万年薪之路
员工素质提升	手把手教你做专业督导：专卖店、连锁店 熊亚柱 著	从督导的职能、作用，在工作中需要的专业技能、方法，都提供了详细的解读和训练办法，同时附有大量的表单工具	无论是店铺需要统一培训，还是个人想成为优秀的督导，有这一本就够了
员工素质提升	跟老板"偷师"学创业 吴江萍 余晓雷 著	边学边干，边观察边成长，你也可以当老板	不同于其他类型的创业书，让你在工作中积累创业经验，一举成功
员工素质提升	销售轨迹：一位快消品营销总监的拼搏之路 秦国伟 著	本书讲述了一个普通销售员打拼成为跨国企业营销总监的真实奋斗历程	激励人心，给广大销售员以力量和鼓舞
员工素质提升	在组织中绽放自我：从专业化到职业化 朱仁健 王祥伍 著	个人如何融入组织，组织如何助力个人成长	帮助企业员工快速认同并投入到组织中去，为企业发展贡献力量
员工素质提升	企业员工弟子规：用心做小事，成就大事业 贾同领 著	从传统文化《弟子规》中学习企业中为人处事的办法，从自身做起	点滴小事，修养自身，从自身的改善得到事业的提升
员工素质提升	手把手教你做顶尖企业内训师：TTT培训师宝典 熊亚柱 著	从课程研发到现场把控、个人提升都有涉及，易读易懂，内容丰富全面	想要做企业内训师的员工有福了，本书教你如何抓住关键，从入门到精通
员工素质提升	客诉处理金手指：客户投诉的应对与管理 孟广桥 著	立足于投诉处理的实践，剖析了不同投诉者投诉的特点和应对措施，并提供各种技巧方法、赢得客户信赖所需培养的品质修炼、处理投诉应掌握的法律法规等工具	是投诉处理人员适应岗位职能需要、提升工作技能的良师益友，是企业变诉为金、培养业务骨干的法宝

续表

营销类:把客户需求融入企业各环节,提供"客户认为"有价值的东西			
	书名.作者	内容/特色	读者价值
营销模式	精品营销战略 杜建君 著	以精品理念为核心的精益战略和营销策略	用精品思维赢得高端市场
	变局下的营销模式升级 程绍珊 叶宁 著	客户驱动模式、技术驱动模式、资源驱动模式	很多行业的营销模式被颠覆,调整的思路有了!
	卖轮子 科克斯【美】	小说版的营销学!营销理念巧妙贯穿其中,贵在既有趣,又有深度	经典、有趣!一个故事读懂营销精髓
	动销操盘:节奏掌控与社群时代新战法 朱志明 著	在社群时代把握好产品生产销售的节奏,解析动销的症结,寻找动销的规律与方法	都是易读易懂的干货!对动销方法的全面解析和操盘
	弱势品牌如何做营销 李政权 著	中小企业虽有品牌但没名气,营销照样做的有声有色	没有丰富的实操经验,写不出这么具体、详实的案例和步骤,很有启发
	老板如何管营销 史贤龙 著	高段位营销16招,好学好用	老板能看,营销人也能看
	洞察人性的营销战术:沈坤教你28式 沈坤 著	28个匪夷所思的营销怪招令人拍案叫绝,涉及商业竞争的方方面面,大部分战术可以直接应用到企业营销中	各种谋略得益于作者的横向思维方式,将其操作过的案例结合其中,提供的战术对读者有参考价值
	动销:产品是如何畅销起来的 吴江萍 余晓雷 著	真真切切告诉你,产品究竟怎么才能卖出去	击中痛点,提供方法,你值得拥有
	1000铁杆女粉丝 张兵武 著	连接是女性与生俱来的特质。能善用连接的营销人员,就像拿到打开女性荷包的钥匙	重新认识女性的传播力量
	360°谈营销:一位营销咨询师20年实战洞察 王清华 古怀亮 著	各个角度,全方位,多视点剥营销	思路单一,此书帮你破
	营销按钮:扣动一触即发的力量 老苗 著	提供各种奇形怪状的营销武器	一定会带给你不一样的思维震撼
销售	资深大客户经理:策略准,执行狠 叶敦明 著	从业务开发、发起攻势、关系培育、职业成长四个方面,详述了大客户营销的精髓	满满的全是干货
	成为资深的销售经理:B2B、工业品 陆和平 著	围绕"销售管理的六个关键控制点"一一展开,提供销售管理的专业、高效方法	方法和技术接地气,拿来就用,从销售员成长为经理不再犯难
	销售是门专业活:B2B、工业品 陆和平 著	销售流程就应该跟着客户的采购流程和关注点的变化向前推进,将一个完整的销售过程分成十个阶段,提供具体方法	销售不是请客吃饭拉关系,是个专业的活计!方法在手,走遍天下不愁
	向高层销售:与决策者有效打交道 贺兵一 著	一套完整有效的销售策略	有工具,有方法,有案例,通俗易懂
	卖轮子 科克斯【美】	小说版的营销学!营销理念巧妙贯穿其中,贵在既有趣,又有深度	经典、有趣!一个故事读懂营销精髓
	学话术 卖产品 张小虎 著	分析常见的顾客异议,将优秀的话术模块化	让普通导购员也能成为销售精英
组织和团队	升级你的营销组织 程绍珊 吴越舟 著	用"有机性"的营销组织替代"营销能人",营销团队变成"铁营盘"	营销队伍最难管,程老师不愧是营销第1操盘手,步骤方法都很成熟
	用数字解放营销人 黄润霖 著	通过量化帮助营销人员提高工作效率	作者很用心,很好的常备工具书

续表

分类	书名/作者	内容简介	推荐理由
组织和团队	成为优秀的快消品区域经理（升级版） 伯建新 著	用"怎么办"分析区域经理的工作关键点，增加30%全新内容，更贴近环境变化	可以作为区域经理的"速成催化器"
	成为资深的销售经理：B2B、工业品 陆和平 著	围绕"销售管理的六个关键控制点"——展开，提供销售管理的专业、高效方法	方法和技术接地气，拿来就用，从销售员成长为经理不再犯难
	一位销售经理的工作心得 蒋军 著	一线营销管理人员想提升业绩却无从手时，可以看看这本书	一线的真实感悟
	快消品营销：一位销售经理的工作心得2 蒋军 著	快消品、食品饮料营销的经验之谈，重点突出	来源于实战的精华总结
	销售轨迹：一位快消品营销总监的拼搏之路 秦国伟 著	本书讲述了一个普通销售员打拼成为跨国企业营销总监的真实奋斗历程	激励人心，给广大销售员以力量和鼓舞
	用营销计划锁定胜局：用数字解放营销人2 黄润霖 著	全方位教你怎么做好营销计划，好学好用真简单	照搬套用就行，做营销计划再也不头痛
	快消品营销人的第一本书：从入门到精通 刘雷 伯建新 著	快消行业必读书，从入门到专业	深入细致，易学易懂
产品	产品开发管理方法·流程·工具：从作坊式到规范化 任彭枞 著	产品研发管理体系全指导	既有工具，又能开拓思路
	新产品开发管理，就用IPD（升级版） 郭富才 著	10年IPD研发管理咨询总结，国内首部IPD专业著作	一本书掌握IPD管理精髓
	这样打造大单品： 案例 策略 方法 迪智成咨询团队 著	囊括十三个不同行业、企业的实际案例，从不同角度详细剖析、总结了这些品牌厂家打造大单品的成功经验或者失败教训	厘清大单品打造的策划与路径，得出持续经营的思路与方法
	资深项目经理这样做新产品开发管理 秦海林 著	以IPD为思想，系统讲解新产品开管理的细节	提供管理思路和实用工具
	产品炼金术Ⅰ：如何打造畅销产品 史贤龙 著	满足不同阶段、不同体量、不同行业企业对产品的完整需求	必须具备的思维和方法，避免在产品问题上走弯路
	产品炼金术Ⅱ：如何用产品驱动企业成长 史贤龙 著	做好产品、关注产品的品质，就是企业成功的第一步	必须具备的思维和方法，避免在产品问题上走弯路
品牌	中小企业如何建品牌 梁小平 著	中小企业建品牌的入门读本，通俗、易懂	对建品牌有了一个整体框架
	采纳方法：破解本土营销8大难题 朱玉童 编著	全面、系统、案例丰富、图文并茂	希望在品牌营销方面有所突破的人，应该看看
	中国品牌营销十三战法 朱玉童 编著	采纳20年来的品牌策划方法，同时配有大量的案例	众包方式写作，丰富案例给人启发，极具价值
	今后这样做品牌：移动互联时代的品牌营销策略 蒋军 著	与移动互联紧密结合，告诉你老方法还能不能用，新方法怎么用	今后这样做品牌就对了
	中小企业如何打造区域强势品牌 吴之 著	帮助区域的中小企业打造自身品牌，如何在强壮自身的基础上往外拓展	梳理误区，系统思考品牌问题，切实符合中小区域品牌的自身特点进行阐述
渠道通路	深度分销：掌控渠道价值链 施炜 著	制造商通过掌控渠道价值链，将管理触角延伸至零售层面及顾客现场，对市场根部精耕细作，从而挖掘需求，构筑区域市场尤其是三四级市场的竞争壁垒	深度分销是中国企业对世界营销的独特贡献。实践证明，互联网时代深度分销仍有生命力
	快消品营销与渠道管理 谭长春 著	将快消品标杆企业渠道管理的经验和方法分享出来	可口可乐、华润的一些具体的渠道管理经验，实战

续表

	书名·作者	内容/特色	读者价值
渠道通路	传统行业如何用网络拿订单 张 进 著	给老板看的第一本网络营销书	适合不懂网络技术的经营决策者看
	采纳方法：化解渠道冲突 朱玉童 编著	系统剖析渠道冲突，21个渠道冲突案例、情景式讲解、37篇讲义	系统、全面
	学话术 卖产品 张小虎 著	分析常见的顾客异议，将优秀的话术模块化	让普通导购员也能成为销售精英
	向高层销售：与决策者有效打交道 贺兵一 著	一套完整有效的销售策略	有工具，有方法，有案例，通俗易懂
	通路精耕操作全解：快消品20年实战精华 周 俊 陈小龙 著	通路精耕的详细全解，每一步的具体操作方法和表单全部无保留提供	康师傅二十年的经验和精华，实践证明的最有效方法，教你如何主宰通路

管理者读的文史哲·生活

	书名·作者	内容/特色	读者价值
思想·文化	德鲁克管理思想解读 罗 珉 著	用独特视角和研究方法，对德鲁克的管理理论进行了深度解读与剖析	不仅是摘引和粗浅分析，还是作者多年深入研究的成果，非常可贵
	德鲁克与他的论敌们：马斯洛、戴明、彼得斯 罗 珉 著	几位大师之间的论战和思想碰撞令人受益匪浅	对大师们的观点和著作进行了大量的理论加工，去伪存真、去粗存精，同时有自己独特的体系深度
	德鲁克管理学 张远凤 著	本书以德鲁克管理思想的发展为线索，从一个侧面展示了20世纪管理学的发展历程	通俗易懂，脉络清晰
	王阳明"万物一体"论：从"身-体"的立场看(修订版) 陈立胜 著	以身体哲学分析王阳明思想中的"仁"与"乐"	进一步了解传统文化，了解王阳明的思想
	自我与世界：以问题为中心的现象学运动研究 陈立胜 著	以问题为中心，对现象学运动中的"意向性""自我""他人""身体"及"世界"各核心议题之思想史背景与内在发展理路进行深入细致的分析	深入了解现象学中的几个主要问题
	作为身体哲学的中国古代哲学 张再林 著	上篇为中国古代身体哲学理论体系奠基性部分，下篇对由"上篇"所开出的中国身体哲学理论体系的进一步的阐发和拓展	了解什么是真正原生态意义上的中国哲学，把中国传统哲学与西方传统哲学加以严格区别
	中西哲学的歧异与会通 张再林 著	本书以一种现代解释学的方法，对中国传统哲学内在本质尝试一种全新的和全方位的解读	发掘出掩埋在古老传统形式下的现代特质和活的生命，在此基础上揭示中西哲学"你中有我，我中有你"之旨
	治论：中国古代管理思想 张再林 著	本书主要从儒、法墨三家阐述中国古代管理思想	看人本主义的管理理论如何不留斧痕地克服似乎无法调解的存在于人类社会行为与社会组织中的种种两难和对立
	车过麻城 再晤李贽 张再林 著	系统全面而又简明扼要地展示了李贽独到的学术眼力和超拔的理论建树	帮助读者重新认识李贽的思想
	中国古代政治制度(修订版)上：皇帝制度与中央政府 刘文瑞 著	全面论证了古代皇帝制度的形成和演变的历程	有助于读者从政治制度角度了解中国国情的历史渊源
	中国古代政治制度(修订版)下：地方体制与官僚制度 刘文瑞 著	全面论证了古代地方政府的发展演变过程	有助于读者从政治制度角度了解中国国情的历史渊源
	中国思想文化十八讲(修订版) 张茂泽 著	中国古代的宗教思想文化，如对祖先崇拜、儒家天命观、中国古代关于"神"的讨论等	宗教文化和人生信仰或信念紧密相联，在文化转型时期学习和研究中国宗教文化就有特别的现实意义

续表

思想·文化	史幼波《大学》讲记 史幼波 著	用儒释道的观点阐释大学的深刻思想	一本书读懂传统文化经典
	史幼波《周子通书》《太极图说》讲记 史幼波 著	把形而上的宇宙、天地,与形而下的社会、人生、经济、文化等融合在一起	将儒家的一整套学修系统融合起来
	史幼波《中庸》讲记(上下册) 史幼波 著	全面、深入浅出地揭示儒家中庸文化的真谛	儒释道三家思想融会贯通
	梁涛讲《孟子》之万章篇 梁涛 著	《万章》主要记录孟子与万章的对话,涉及孝道、亲情、友情、出仕为官等	作者的解读能帮助读者更好地理解孟子及儒学
	两晋南北朝十二讲(修订版) 李文才 著	作为一本普及性读物,作者尊重史实,运用"历史心理学"的叙事方法,分12个专题对两晋南北朝的历史进行阐述	让读者轻松了解两晋南北朝的历史
	每个中国人身上的春秋基因 史贤龙 著	春秋368年(公元前770-公元前403年),每一个中国人都可以在这段时期的历史中找到自己的祖先,看到真实发生的事件,同时也看到自己	长情商、识人心
	与《老子》一起思考:德篇 史贤龙 著	打通文史,回归哲慧,纵贯古今,放眼中外,妙语迭出,在当今的老子读本中别具一格	深读有深读的回味,浅尝有浅尝的机敏,可给读者不同的启发
	说服天下:《鬼谷子》的中国沟通术 翟玉忠 著	由内圣而外王,从心力的培育到具体的说服理论,再到生动的说服案例	从商业到军事再到日常生活,沟通说服已经变得越来越重要
	读《管子》,知天下财富:轻重术与中国古典经济思想 翟玉忠 著	中国农业社会规模庞大的市场产生了复杂发展的经济理论——以《管子》轻重十六篇为核心的轻重术	本书分为道、术两大部分,有思想、有谋略,相信你会从中有所收获
	中国商道:从古典商书说开去 翟玉忠 著	对中国先秦和明清两个商品经济大发展时期商业典籍的第一次系统整理和诠释	中华商道一脉相承,造就了无数商业奇迹,成就了无数商业巨子。今人读之,必能获益
	跟陈忠建学写名家书法Ⅰ 跟陈忠建学写名家书法Ⅱ 陈忠建 著	中国台湾著名书法教育家,用视频手把手教你摹写历代名家笔触	用拟古千字文的形式,学习名家的技巧
	像美国人一样讲话:教你记住800句最地道的美语 马方旭 著	本书基本囊括了在美国最常用最地道的800习惯用语表达,包含中英双语翻译,以及清晰明了的注解帮助增强记忆,加入视频等流行的记忆方法	易读易懂,趣味十足
	郑子太极拳理拳法 杨竣雄 著	走进郑子太极拳完整训练体系的大门,随着书中另一主角——师父的课程安排与每日功课的练习	当您学完这套书后,在掌握拳架的同时必备诸多正确的太极理念与系统知识
	内功太极拳训练教程 王铁仁 编著	杨式(内功)太极拳(俗称老六路)的详细介绍及具体修炼方法,身心的一次升华	书中含有大量图解并有相关视频供读者同步学习
	中医治心脏病 马宝琳 著	引用众多真实案例,客观真实地讲述了中西医对于心脏病的认识及治疗方法	看完这本书,能为您节约10万元医药费